Kay Hoffman

DAS TAO MODELL DES SELBSTMANAGEMENTS

«Das Feld bestellen»

Mehr Kreativität und Inspiration
im Leben durch das Phasen Konzept
der Fünf Wandlungsstufen des
menschlichen Bewusstseins

Die fünf Farben des Glücks:
Die Chinesische Fünf-Elemente Lehre
in Verbindung mit den Fünf Buddha Familien
und den afrobrasilianischen Göttern im Kult des Candomblé

Gewidmet dem Magier, der Meisterin

Haftung: Alle Angaben in diesem Buch sind nach bestem wissenschaftlichen Können der Autorin gemacht. Weder die Verfasserin noch der Verlag können für Angaben über die Wirkung Gewähr übernehmen. Es bleibt in der alleinigen Verantwortung des Lesers, diese Angaben einer eigenen Prüfung zu unterziehen. Auf die geltenden gesetzlichen Bestimmungen wird ausdrücklich hingewiesen.

Alle Rechte, insbesondere die des Nachdrucks, der Übersetzung, des Vortrags, der Radio- und Fernsehsendung und der Verfilmung sowie jeder Art der fotomechanischen Wiedergabe, der Telefonübertragung und der Speicherung in Datenverarbeitungsanlagen und Verwendung in Computerprogrammen, auch auszugsweise, vorbehalten.

© 2004 BACOPA Handels- & Kulturges.m.b.H., BACOPA Verlag
4521 Schiedlberg/Austria, Waidern 42
e-mail: bookstore@bacopa.at
www.bacopa.at

Druck: MA-TISK
Printed in Slovenija

ISBN: 3-901618-13-9
Alle Rechte vorbehalten
1. Auflage, 2004

Es gibt ein Ding, das ist unterschiedslos vollendet.
Bevor der Himmel und die Erde waren,
ist es schon da, so still, so einsam.
Allein steht es und ändert sich nicht.
Im Kreis läuft es und gefährdet sich nicht.
Man kann es nennen die Mutter der Welt.
Ich weiß nicht seinen Namen.

        LAOTSE, TAO TE KING

Vorwort: Bestelle dein Feld 06

I. THEORIE:
MODELLE UND STRATEGIEN DES SELBSTMANAGEMENTS 09

Das Feld bestellen – Metapher für eine Lebensaufgabe 10
Unterwegs zum Glück 21
Gestaltung des Selbstmanagements 28
Weshalb ein Tao-Modell? 40
Innere Alchimie: der taoistische Umgang mit der Energie 53
Yin und Yang im Tao-Modell . . . .
Im Übergang von der Theorie zur Praxis
offenbart ein Traum den tieferen Sinn 72

II. PRAXIS:
DAS TAO DES ALLTAGS 75

Das Glück liegt im richtigen Umgang mit Veränderungen 76
    Das Leben als Fluss 77
    Im Leben stehen wie ein Baum 79
Das Phasen-Modell der Veränderung 82
    Wie aus Energieschluckern Energiespender werden 83
    Arbeitsaufträge für Ihr Unterbewusstsein 84
Erfolg zu allen Jahreszeiten 87
    Im Kreislauf der Jahreszeiten 90
Selbsteinschätzung nach Typen und Phasen 94
Standortbestimmung 100
    Was macht Menschen glücklich? 100
    Was hilft Ihnen im Unglück? 102
    Schicksalsmuster im Märchen 103
    Aus den Tugenden der Helden und Heilsbringer lernen 104
    Aus den Lastern der Mächtigen und Herrscher lernen 106
    Das Leben wie ein Unternehmen führen 109
Ängste bringen uns in Kontakt mit unseren Gefühlen 111
    Was macht Ihnen am meisten Angst? 111
    Eigene Ängste entdecken 112

Alte Verletzungen heilen 114
Emotionen, Gefühle als Reaktionsmuster 115
Kreisläufe des Pechs, Kreisläufe des Gelingens 118
„Lasterkreis», der von negativen Reaktionen gespeist wird 119
Erstrebenswerte Eigenschaften und Lernziele im Phasen-Modell 120
„Tugendkreis», der von positiven Zuständen des Bewusstseins
gespeist wird 121
Tugenden sind Lernziele 121
Lernen aus Erfahrung, Umsteigen im Leben 122
Wellenreiten im Tao 123
Tao-Trick. Weniger machen, mehr lassen 126
Farben, Götter, Weisheitsenergien - Die Bedeutung der Archetypen 130

III.
DIE FÜNF ELEMENTE 135
Glücksfarbe GRÜN 137
Glücksfarbe ROT 146
Glücksfarbe GELB 156
Glücksfarbe WEISS 169
Glücksfarbe BLAU/ SCHWARZ 182
Der Tao Tanz 191
Das Tao Team 193
Tao- Coaching 196

IV.
ALLTAGSMEDITATIONEN AUF DEM WEG 199
Zur Erinnerung 200
Die Quellen des Glücks 203
Wie wir mehr Qualität ins Lebens bringen können 206
Zur Quelle des Glücks - Kreativität als Königsweg 209

Nachwort: Zur Aktualität ökologischen Denkens 213
Literaturangaben 214
Kontaktadressen 215

Vorwort: Bestelle dein Feld

Wo es mehr gibt als ein begrenztes Feld, da entsteht Raum.

Seit ich als gestresste Schülerin das erste Mal das Tao Te King in die Hände bekam, aufschlug und irgendwo mittendrin zu lesen begann, hat für mich dieser Text seine Faszination nicht mehr verloren. Aussagen, die das Nichtwissen aufwerten, sind Balsam für die Seele, wenn man unter Leistungsstress leidet. Das dialektische Denken hat mir geholfen zu verstehen: Je mehr ich in eine Richtung strebe, desto mehr gewinnt die andere Seite, die ich vermeiden wollte, an Gewicht und Bedeutung. Später entdeckte ich in der Philosophie Hegels jenes Gesetz, nach dem die Gegensätze sich gegenseitig bedingen und beeinflussen. Aber die philosophischen Texte von Hegel sind schwer zu verstehen und haben nicht die poetische Leichtigkeit jener Zeilen des Tao Te King, die in ihren widersprüchlichen Aussagen an das Paradox im Leben erinnern: Je mehr ich meine, etwas erfasst zu haben, desto weniger habe ich etwas begriffen. Das immer wieder zu hören, zu lesen und zu beherzigen tut gut, wenn man kurz vor dem Abitur steht, denn wir alle haben schon einmal erlebt, dass das Gelernte im Augenblick der Prüfung unter Stress von der Bildfläche verschwindet und einen leeren Fleck im Bewusstsein hinterlässt. Mir reichte es, mich an die «Mutter der Welt» zu erinnern. Sofort entstand eine schimmernde Fläche als Bild in mir, und dieses Bild beruhigte meine Nerven, so dass das Gelernte sich wieder einfinden und zur Verfügung stehen konnte. Ich fühlte mich in dieser schimmernden Fläche aufgehoben und hatte das Gefühl, dass auch alles andere dort Platz finden konnte. Ich konnte wieder durchatmen.

Wenn du danach suchst, ist nichts zu sehen.
Wenn du darauf horchst, ist nichts zu vernehmen.
Wenn du es benutzt, ist es unerschöpflich.
LAOTSE, TAO TE KING

Auch später half mir diese Vorstellung vom Unsichtbaren, Unerhörten, das sich als unerschöpfliche Quelle der Lebenskraft und Freude erweist, wenn ich es in meinem Leben umsetze. Was könnte das anderes sein als das, was wir im Westen das Chaos nennen und fürchten? Im Chaos sind noch alle Möglichkeiten enthalten. Mit jeder Entscheidung, die wir treffen, grenzen wir alle anderen Möglichkeiten aus, die wir nicht wahrnehmen, d.h. nutzen. Sie verschwinden einfach aus unserem Bewusstsein. Mit der Zeit kommt es zu einer selbstgewählten Beschränkung, die uns unbewusst an bestimmten Verhaltensmuster und Vorstellungen von Ordnung anhaften lässt, auch wenn diese sich schon längst überlebt haben. Das Leben fordert uns dazu auf, immer wieder das ursprüngliche Chaos zuzulassen, um in Kontakt mit all jenen verlorenen Möglichkeiten zu kommen, die aus unseren Blickfeld verschwunden sind.

Dunkelheit in der Dunkelheit.
Das Tor zum Verstehen.
LAOTSE, TAO TE KING

Das Tor zum Verstehen führt durch das Chaos.
Das Chaos ist archaisch, jenseits aller Domestizierungsversuche. Es ist «unkultiviert», ohne Absicht, Zweck und Bestimmung, ohne (vorgefassten) Sinn und (angestrebten) Nutzen.
Das Chaos ist schöpferisch. Um wirklich schöpferisch zu werden, muss ich ins Chaos absteigen. Mich einlassen. Mich sinken lassen, tragen lassen, schweben. Aushalten, dass mein Leben in der Schwebe ist.
Das Leben bietet ständig Prüfungen an, z.B. der Geduld, der Achtsamkeit, der Ausgeglichenheit, die auch als Gelegenheiten zum Lernen umgedeutet werden können. Das heißt für mich leben lernen. Das Tao-Modell des Selbstmanagements bietet ein System an, mit dem ich meine eigenen Erfahrungen machen und auf ihnen aufbauen kann, ohne an etwas glauben, oder durch schlechte Erfahrungen z.B. von Frust und Resignation «daran glauben zu müssen».
Das Buch entstand im Anschluss an meine jahrelange Erfahrung im Umgang mit der Fünf-Elemente-Lehre der traditionellen chinesischen Medizin, die ich vor allem meinem Kollegen Franz Redl verdanke. Gemeinsam hielten wir Seminare ab und organisierten Feste für die einzelnen Elemente. Mein Beitrag besteht weniger in der Anwendung dessen, was den Gesundheitsbereich betrifft, sondern bezieht sich auf den Bereich des (Selbst-) Managements, das strategisches Vorgehen in der Planung oder Durchführung von unternehmerischen Projekten ebenso wie der Gestaltung des eigenen Lebens beinhaltet.
Bei einer entsprechenden Beratung (Bodymind-Coaching) hat mir mein Wissen um die Fünf-Elemente-Lehre gute Dienste geleistet. Es ist ein Mittel der Diagnostik und eine Hilfe zur Orientierung. Durch meine ethnologische Erforschung anderer Systeme eröffnete sich mir eine Vielfalt von Ressourcen und Potentiale, die sich sowohl leicht vermitteln als auch je nach Situation und

Zusammenhang als Kraftzuwachs und Lebenshilfe nutzen lassen. Dazu gehört das System der fünf Buddha Familien in der tibetisch buddhistischen Meditation oder das Pantheon der Yoruba Götter mit ihren typischen Gesten, Haltungen und Bewegungen in den afroamerikanischen und afroamerikanischen Kulttänzen, die ja mit katholischen Heiligen in Verbindung gebracht werden. Dazu habe ich Übungen entwickelt, die sich allein oder auch im Austausch in kleinen oder großen Gruppen machen lassen. Meine Kenntnis des Neurolinguistischen Programmierens befähigt mich, solche Übungsabfolgen wie kleine Choreographien in Szene zu setzen, so dass das Lernen zum Spiel wird und Spaß macht. Als Beraterin, die sich mit inneren Prozessen auskennt und im systemischen Denken ausgebildet ist, sind mir Vorgänge vertraut, die nicht geradlinig und logisch schlüssig verlaufen. Die besten Einfälle kommen beim Dösen, im Tran. Im Kontakt mit dem Unbewussten kann ich meiner Intuition vertrauen. Lösungen ergeben sich dann, wenn ich nicht angestrengt danach suche, sondern mich finden lasse. Überhaupt: das Lassen nimmt einen weit größeren Teil in meinen Übungsprogrammen ein, als dies in den üblichen Managementkonzepten üblich ist. Ich kann mich getrost auf meine Erfahrungen mit Hypnose und Hypnotherapie (nach Milton Erickson) verlassen. Die heilenden und kreativen Kräfte der Selbstregulation unseres Systems im Sinne eines ganzheitlich verstandenen Organismus haben sich immer wieder bewährt. Die Belange von Körper, Seele und Geist greifen ineinander, sie sind in komplexen Wechselzusammenhängen miteinander verbunden. Immer wieder hat sich die Kurzsichtigkeit einer Perspektive erwiesen, die allein auf den guten Willen des Ichs, auf das Wachbewusstsein und auf die Vernunft setzt.

I.

THEORIE: MODELLE UND STRATEGIEN

*Tod und Leben, Existenz und Nichtexistenz, Erfolg und Misserfolg,
Wohlstand und Armut, Tugend und Laster, Klugheit und Dummheit,
Lob und Tadel, Durst und Hunger, Wärme und Kälte wechseln einander ab,
verwandeln sich ständig und formen das Schicksal.
Ebenso folgen Tage und Nächte aufeinander, wer weiß, seit wann ...
Aber alle diese Erscheinungen dürfen weder den Körper noch den Geist stören:
Es genügt, Tag für Tag seine Ruhe zu bewahren, in Frieden mit anderen
zu leben, sich den Umständen anzupassen und so seine
naturgegebenen Talente zu entwickeln.*

TSCHUANG TSE

Das Feld bestellen — Metapher für eine Lebensaufgabe

«Das Feld bestellen» ist eine Metapher für die Aufgabe, wie ich mein Wollen, Denken, und Handeln so ausrichten kann, dass das Feld Früchte trägt und auch noch auf weitere Jahre fruchtbar bleibt.

Das Wort «bestellen» hat im Deutschen zwei Bedeutungen:
1. im Sinne von «in Auftrag geben»,
2. im Sinne von «den Auftrag selbst auszuführen»,

«Das Feld zu bestellen» heißt «das Feld bearbeiten», was mit verschiedenen, den Jahreszeiten entsprechenden Tätigkeiten verbunden ist. Während das «Ackern» nach «Rackern» klingt und suggeriert, dass die Tätigkeit mühevoll ist, setzt «das Feld zu bestellen» voraus, über bestimmte Kenntnisse und Fähigkeiten zu verfügen, die gemäß der Situation aktualisiert werden.

«Das Feld bestellen» ist ein Tun *und* Lassen. Vieles hat mit dem «Machen» zu tun, mit aktivem Eingreifen, mit Entscheidungen und Tätigkeiten, die fruchtbare Ideen in die Tat umsetzen. Aber manches hängt auch von Dingen ab, die nicht meinem Willen unterliegen und außerhalb meines Einflussbereichs sind. Hier ist das Loslassen (von den eigenen Vorstellungen und Absichten) und das Zulassen (spontaner Einfälle, die als Boten der schöpferischen Intuition mir Glück bringen), auch das «Sein Lassen» (und vor allem die Kunst sich selbst so sein zu lassen und anzunehmen, wie man nun gerade eben mal ist), von richtungsweisender Bedeutung. Auch das Unterlassen kann ein Beweis von Kenntnis und Fähigkeit sein. Das Unterlassen bewirkt nicht ein Loch, eine Lücke im Arbeitsvollzug, sondern gibt Raum. Ein Feld ist nicht dasselbe wie der Raum, aber ein Raum kann zu einem Feld werden, und ein Feld kann geräumig sein und Raum geben, d.h. zu einem Raum werden. In dem Wort «Feld» steckt die altisländische Bezeichnung für Boden, «fold». In dem Wort «Flur», das eigentlich «flach gestampfter Boden» bedeutet, verbirgt sich die Wortwurzel von «flach», nämlich das altisländische «flana», was soviel heißt wie «herumlaufen; davon leitet sich unser Flanieren ab. Die Tätigkeit des Räumens schafft Raum. Und genau das sollte man ab und zu machen: Aufräumen macht Platz für Neues. Aber mit dem Aufräumen allein ist es nicht getan. Zunächst muss etwas geschaffen werden, was Raum einnimmt, nämlich Besitz. Und etwas zu besitzen lohnt sich nur, wenn es Früchte trägt (warum sollte ich es sonst behalten und deshalb sesshaft werden?). Früchte kann das Feld aber nur tragen, wenn die Blüten befruchtet wurden. Und das hängt nicht von mir und meinem guten Willen ab, sondern von den günstigen Winden, die die befruchtenden Pollen herantragen, von den Bienen, die das ihrige dazu tun; von der Fähigkeit der Knospe, sich zu öffnen und zu erblühen. Und damit all dies möglich wird, muss der Same aufgehen. Mein Zutun ist das Säen, der Rest ist «Schicksal». Aber auch wenn ich keinen direkten Einfluss darauf habe, wie die Dinge stehen und wie sie sich entwickeln werden, so kann ich doch dank meiner Kenntnis des richtiges Ortes (betreffend der Auswahl der Lage und Bodenbeschaffenheit des Feldes) und des richtigen Augenblicks (betreffend die klimatischen Verhältnisse, aber auch der erfahrungsgemäß passenden Phasen in den zyklischen Abläufen der Natur, so etwa der Mondphasen) mein Schicksal indirekt steuern, indem ich mich auf die Situationen und Zusammenhänge einstelle.

«Das Feld bestellen» als Metapher für ein gelungenes Selbstmanagement bedeutet, Boden unter den Füßen bekommen, sich den Aufgaben stellen, Position beziehen und die Einflüsse, die innerhalb eines bestimmten Aufgabenbereichs oder einer Lebensphase herrschen, kennen lernen, um sich besser darauf einzustellen und mit ihnen umzugehen wissen. Dabei sind drei Punkte zu beachten: Sie hängen mit den häufigsten Fehlern, die im Selbstmanagement unterlaufen, zusammen:

1. Gehören Sie auch zu den Leuten, die immer herausfinden wollen, was für ein Typ sie eigentlich sind, um das Beste daraus zu machen? Besser gehen Sie vor, indem Sie herausfinden, in welche Phase Sie sich gerade befinden und was das Beste im Augenblick ist. Sich auf einen Typ einzuschwören, verfestigt das Selbstbild und macht blind für die Chancen des günstigen Moments. Sie sind nicht entweder Sämann oder Erntearbeiter. Sie sind beides, denn wie könnten Sie sonst die Früchte Ihrer Arbeit genießen?
2. Kennen Sie das? Je mehr Sie sich anstrengen, desto weniger fruchtet Ihr Einsatz? Es ist, als würden Sie den Motor eines Fahrzeugs hochjagen, das mit den Rädern im Dreck steckengeblieben ist. Die Räder drehen durch, und Sie auch. Zuviel Dünger verdirbt das Feld. Probieren Sie etwas ganz anderes, wenn Sie einsehen müssen, dass die bekannten Lösungen nicht greifen. Durchbrechen Sie Ihre liebgewonnenen Gewohnheiten. Und akzeptieren Sie das Unvermeidliche, sonst wird sich nie etwas verändern und Sie bleiben dort, wo Sie sind: im Dreck.
3. Geht es Ihnen auch so? Sie haben Ihre Arbeit getan und möchten damit abschließen. Ein für alle Mal. Das Feld ist aber kein Muse-

umsstück: einmal bestellt, lässt es sich nicht auf das Abstellgleis schieben. Und dagegen ist kein Kraut gewachsen, es sei denn, Sie können das Unkraut als Hinweis auf eine ungebrochene Lebendigkeit Ihres Feldes wertschätzen. So sehr Sie dagegen ankämpfen: zum Feld gehört nicht nur das, was Sie ernten möchten. Das Feld ist eine Heimat für alle möglichen Wesen, auch wenn Sie das unmöglich finden.

Ein Feld ist ein Tummelplatz von Kräften und Einflüssen. Haben wir es mit einem physikalischen Feld zu tun, so lassen sich die Kräfte, die am Wirken sind, messen. Sie lassen sich als Vektoren abbilden, so dass man sich ein Bild machen kann, was hier am Laufen ist. Bei einem Feld, in dem andere Energien am Werk sind, die die Psyche beeinflussen, ist es nicht so leicht, Übersicht zu gewinnen, denn die Einflüsse, die z.B. in dem Feld zwischenmenschlicher Beziehungen zum Tragen kommen, sind vielschichtig und mehrdeutig. Die Zusammenhänge sind so unübersichtlich, weil sich keine einzelnen Kräfte erkennen lassen, sondern ein fein abgestimmtes Zusammenspiel der Wechselwirkungen das Ganze als «Stimmung», «Klima», «Atmosphäre», «Schwingung» oder kurz: als «Energie» erfahren lässt. Diese Erfahrung ist noch dazu subjektiv und kein objektiver Messwert. Und genau damit haben wir es zu tun, wenn wir «das Feld bestellen» und die Mittel für ein Selbstmanagement nach den Regeln des Tao einsetzen möchten. Das Feld konfrontiert uns mit einer komplexen Vielfalt und Mischung von Einflüssen. Wir müssen uns dem stellen. Dabei ist die Fähigkeit, die Einflüsse wahrzunehmen und annehmen zu können mindestens ebenso wichtig wie der (gute) Wille zur Veränderung, von der ich man sich so viel (in Richtung Besserung) verspricht. Das Tun und Machen ist ebenso wichtig wie das Lassen, Warten und Schauen. Auch das will gekonnt sein, denn Lassen, Warten und Schauen ist nicht Ausdruck einer Passivität, die entweder nichts mit dem Ganzen zu tun haben will (also sich innerlich schon verabschiedet und abgeschottet hat) oder es aufgegeben hat mitzumischen, dabei zu sein und zu bleiben, teilzunehmen (und somit ausgestiegen ist, noch bevor der Prozess das gewünschte Ergebnis erbracht hat). Eine solche «innere Kündigung» wirkt sich fatal aus. Innerer Abstand hilft zu erkennen, innere Abwesenheit verhindert Erkenntnis. Es ist eine Kunst, Tun und Lassen miteinander zu verbinden und der Situation angemessen einzusetzen. Sie verlangt die Fähigkeiten von Mut, Gelassenheit und Weisheit, um die es in diesem Gebet geht:

Herr, gib mir den Mut, die Dinge anzugehen, die zu verändern sind. Gib mir die Gelassenheit, die Dinge anzunehmen, die nicht zu verändern sind. Und gib mir die Weisheit, das eine vom anderen zu unterscheiden.
OETINGER

Tun und Machen wird im Westen als Stärke empfunden, nichts tun (im Sinne von *dolce far niente*) gilt als anstößig. Aktivismus ist «in», ein Film ohne Action langweilt. Es muss immer etwas passieren, etwas möglichst Dramatisches. Dabei gehen die leisen Töne, die kleinen Bewegungen, die minimalen Unterschiede und Veränderungen verloren. Die Wahrnehmung ist auf große Schritte und entscheidende Einschnitte geeicht. Das aktive Nicht-Tun, wie es zum Teil in bestimmten Therapien empfohlen wird, ist als ein Nicht-Eingreifen zu verstehen. Im Englischen nennt sich dies *non-directive*. Es ist ein Verhalten, das keine *directions*, keine Richtung und keine Anweisungen gibt, sondern es den selbstheilenden, sich selbst regulierenden Kräften des menschlichen Organismus (oder auch des sozialen Systems) überlässt, sich passend auszusteuern. *Fit* heißt passend, stimmig. Nichts anderes. Nicht von Außen wird Fitness in der Hoffnung auf Besserung eingeflößt wie eine Medizin, sondern von Innen her die eigenen Kräfte geweckt, gestärkt und unterstützt, so dass diese wieder zur Verfügung stehen. Heilung kommt von Innen. Die guten Einfälle kommen aus der Muse, dem Zustand der entspannten Absichtslosigkeit. Kreative Lösungen für Situationen und Zusammenhänge ergeben sich dann, wenn diese noch nicht zum Problem geworden, als solche definiert, fokussiert und fixiert wurden. In der Haltung der aktiven Passivität geschieht alles wie mit traumwandlerischer Sicherheit von selbst, mühelos, quasi nebenbei, es ergibt sich aus der Situation und aus den Zusammenhängen, es *emergiert*, sagen die Systemtheoretiker – es taucht auf, und urplötzlich ist es da. Dieses Geschehen entzieht sich unserer Kontrolle. Und doch kann etwas in uns darauf vertrauen, wenn wir immer wieder gute Erfahrung damit gemacht haben. Unser Unbewusstes weiß, wie die Dinge funktionieren.

Der Taoismus baut, wie die chinesische Lyrik, auf genauer Beobachtung auf. Die Beobachtung der Natur in all ihren Details und mit all ihren verschiedenen, in Wechselwirkung stehenden Abläufen führt zur Einsicht in ein komplexes Zusammenspiel vielfältiger Muster, die zusammen jeweils ein Sinnbild ergeben – wenn der Mensch die Bedeutung, die sich daraus ergibt, erkennen kann. Sinn ist also etwas, das nicht von vorneherein besteht, sozusagen mit der Schöpfung zusammen erschaffen wurde und bis in die Ewigkeit gültig ist, sondern sich von Mal zu Mal neu herstellt. «Das Feld bestellen» heißt: sich der jeweiligen Situation stellen. Von Unterliegen (Subjekt heißt wörtlich: das Unterliegende) und fatalistisch Sich- fügen kann keine Rede sein. Nur das aktive im Sinne von wache und bewusste Sich- stellen kann bewirken, den Sinn zu finden, der der Aufgabe ihren Wert verleiht und uns die Kraft, die Begeisterung dafür zufließen lässt. «Spring, und das Netz zeigt sich.» Die Lösung taucht erst auf, wenn ich den Sprung in das Neue wage und das Feld unvoreingenommen, absichtslos, «unschuldig», ja «naiv» wie ein Neugeborenes betrete und mich den Energien aussetze. Erst dann zeigt sich der Grund, der jenseits aller meiner (alten) Vorstellung zum Tragen kommt. Das ist der wahrhaft tragende Grund, das Netz, das mich auffängt, wenn ich falle. «Im Chaos sind alle Möglichkeiten enthalten» ist eine Weisheit, die niemand nachvollziehen kann, der es nicht selbst erlebt hat. In der Gefahr wächst das Rettende, und im Chaos wirkt das Schöpferische, ohne Rücksicht auf das Bewährte zu nehmen.

So wie eines Morgens Raureif gefallen ist, so ist plötzlich, von einem Moment zu anderen, alles anders, und nichts mehr so wie es eben noch war. In der Natur erleben wir es ständig, und mit einer gewissen Regelmäßigkeit. Doch wenn es uns im persönlichen Leben widerfährt, meinen wir, es mit einem Schicksalsschlag zu tun zu haben. Wir fixieren uns auf einen Zustand und weigern uns mitzugehen mit der Zeit. Wir sind dazu erzogen worden, unsere Gedanken an unsere Sprache anzugleichen und uns mit Hilfe von abstrakten Begriffen im Leben zurecht zu finden. Glück ist ein solcher abstrakter Begriff, ebenso wie Leistung, Erfolg und Ziel. Wir werden zum Opfer unserer eigenen Sprachkonstruktionen und verlieren dadurch den unmittelbaren Bezug, das sinnliche Erleben, die eigenständige Beurteilung, was Glück, Leistung, Erfolg und Ziel für uns heißt, wie es sich anfühlt, welche Qualität es hat, und welches Energiemuster dahinter steht. Wir alle sind als instinktsichere Wesen zur Welt gekommen, aber wir haben es verlernt, ein Gespür dafür zu haben, «woher der Wind weht» bzw. dieses Gespür dann einzusetzen, wenn wir uns informieren wollen.

Um das Feld zu bestellen, müssen wir zunächst rausfinden, welches Feld im Moment gemeint ist. Das können wir herausfinden, indem wir uns vor Augen führen, welche Felder in Frage kommen, d.h. welche Felder es (für uns, subjektiv) gibt, und welche uns zur Bestellung auffordern. Es geht hier nicht um die objektiven Felder der Physik, das Magnetfeld und andere Kraftfelder, zu denen interessante Theorien entwickelt wurden. Es geht um Felder des subjektiven Erlebens, die Aufgabengebiete und Lebensbereiche abstecken.

1. DAS FELD ALS SPIELFELD.

Spiel ist oft Kampf. Um den Kampf zu einem Spiel werden zu lassen, müssen bestimmte Regeln gelten. Sie gelten innerhalb des Spielfelds. Wer sich auf das Spiel einlässt und eine Rolle spielen möchte, sollte die Regeln kennen. Im Schachspiel werden die Figuren entsprechend der Regeln in Stellung gebracht und während des Spiels immer wieder neu positioniert, wobei jede Figur bestimmte Handlungsmöglichkeiten hat und sich aufgrund dieser Regeln bestimmte Spielräume eröffnen. Ein «Bauer» kann nicht springen, und ein «Pferd» hat nur eine bestimmte Fortbewegungsart zur Verfügung, nämlich ums Eck herum zu springen. Die Spieler stehen unter Zugzwang. Ein Zug folgt auf den anderen. Zunächst scheint das eine ziemlich lineare

Geschichte, da sich die Spielstrategien nach Buch lernen lassen. Aber jeder Spieler weiß, dass im Spiel, das live zwischen zwei Menschen gespielt wird, alles mögliche passieren kann, das außerhalb des Spiels liegt und trotzdem das Spiel in seinem Verlauf bestimmt. Ein Spieler kann abgelenkt werden, sein Interesse, seine Konzentration verlieren – und schon hat er verloren. Einem anderen Spieler kommt dies zugute. Er gewinnt Interesse, konzentriert sich, spielt aber weiter, als würde auch er nicht ganz bei der Sache sein – und schon hat er gewonnen. Er hatte sein Ziel im Auge, nämlich den anderen Schachmatt zu setzen, und plötzlich ist es soweit – er kann gelassen das Wort aussprechen und damit das Spiel beenden. Zum Spieler gehören Gewinner und Verlierer. Zum fair play gehören gute Verlierer und faire Gewinner. Der gute Verlierer identifiziert sich nicht mit seiner Niederlage, sondern nimmt es sportlich und wird sich auf neue Spiele einlassen. Auch der faire Gewinner weiß, dass sein Gewinn nur dieses eine Spiel betrifft und sich nicht darauf versteifen, nicht in die Falle zu tappen und zu meinen: einmal Sieger immer Sieger. Das Spielerische entfaltet sich durch das Nichtfesthalten an Rollen, durch den Verzicht auf Identifikation. Dieses Spielfeld betritt jeder, der «es zu etwas bringen möchte», Karriere macht, Erfolg hat, seine Ziele erreicht, «ein gemachter Mann ist». Trotz allem Machen, das die Form ehrgeizigen Gerangels um Stellung und Ansehen, um Position und Einfluss, um Macht annehmen kann, ist auch hier das Lassen, Warten und Schauen angebracht, denn selbst unter Zugzwang ergeben sich urplötzlich bislang ungeahnte Lösungen.

2. **DAS FELD ALS SPANNUNGSFELD.** Spannung entsteht durch Beziehung. Ohne Beziehung zu Menschen und Dingen, zu den Zielen und Plänen geht das Leben vielleicht ohne größere Dramen und Katastrophen über die Bühne, aber es bleibt auch ohne den nötigen Anreiz, sich einzulassen und hinzugeben, es bleibt ohne Leidenschaft und Engagement, ohne Begeisterung, und somit auch letztlich ohne *esprit*, ohne Geist. Das ganze Leben könnte zu einem Spannungsfeld werden, wenn wir uns entschließen unsere Beziehungen bewusst und achtsam zu leben. Ein Mensch der unter einer positiven Spannung wie unter Strom steht, wirkt attraktiv. Andere fühlen sich zu ihm hingezogen, weil er oder sie jenes innere Feuer verkörpert, das die Quelle von Eros, Liebe und Sex ist. Hier ist das Feld eine Bühne, ein Tanzparkett, oder auch ein Forum, ein Podium. Für das (öffentliche) Auftreten

braucht es einen Platz, der sich vom allgemeinen Raum abhebt. Wer sich derart aus der Menge heraushebt, ist sehr exponiert – ein Grund für viele Menschen, nie den Schritt zu wagen und sich diesem Wagnis zu stellen. Schon frühe traumatische Erfahrungen in der Tanzstunde wirken abschreckend, sich diesem Feld zu stellen, bzw. sich darauf oder darin zu bewegen. Platzhirsch und Diva beherrschen das Feld, es treten auf der Prinz und die Prinzessin, nicht nur im Karneval. Der König und die Königin nähren die Gerüchteküche, nach der ein breites Publikum lechzt und von der Regenbogenpresse bedient wird. Am Rande finden sich die Betrogenen, Verschmähten, Ausgestoßenen ein: das Mädchen, das sitzen geblieben ist oder schwanger sitzen gelassen wurde, der Bräutigam, dessen Ehre verletzt wurde und der blutige Rache schwört. Eifersucht liefert das treibende Motiv für Tragödien. Das Spiel mit dem Feuer lohnt sich in jeder Hinsicht, aber es empfiehlt sich auch hier für das persönliche Lebensglück das Tao-Management: ein wenig mehr Lassen, Warten und Schauen statt immer nur impulsives Ausagieren jeder Emotion. Die penetrante Macho-Anmache ist out, und erreicht oft nicht ihr Ziel. Laszivität ist in, und dazu braucht es Gelassenheit.

3. DAS FELD ALS UMFELD Hier ist das Terrain und Territorium zu finden, die Domäne und Heimat, das Biotop und Habitat, wo sich Generationen von Populationen angesiedelt haben. Das Feld wird bewohnt. Brutpflege und Nestbau verpflichten zur Kontinuität, Ackerbau zwingt zur Sesshaftigkeit, Szene, Kult und Kultur ergeben sich daraus. Das ist das Einsatzgebiet der Ethnologen, die Feldforschung betreiben. Die Experten der *cultural studies* untersuchen Kulturen als Zeugen und Produkte eines Wachstums, dessen Entwicklung und Ausrichtung nicht nur vordergründig von den sichtbaren Faktoren abhängt, sondern von vielen unsichtbaren Einflüssen geprägt ist. Das Klima trägt dazu bei, dass sich ein Milieu herausbildet; der Nährboden ist das Resultat langjähriger Ablagerungsprozesse – ob er wirklich nährt und trägt, oder erschöpft, vielleicht auch übersäuert ist, wird sich erweisen. Nicht nur Tiere und Pflanzen sind abhängig von Umwelteinflüssen. Auch Menschen gehen in Resonanz mit den Schwingungsmustern, die sie vorfinden, und reagieren darauf, meist ohne es zu merken. Hier herrscht eine Überfülle von Informationen. Unter Ethnologen hat sich eine Berufskrankheit herausgebildet: um besser zu verstehen «was läuft», identifizieren sie sich und verlieren die kritische Distanz, den Überblick, sie gehen in ihrer Umgebung auf, verlieren sich selbst, ein Phänomen, das früher zu Zeiten des Kolonialismus *go bush* genannt wurde. Die Partizipation wird zu einem Mittel der Beheimatung. Tun und Lassen finden in diesem Feld eine ausgewogene Verteilung, wobei das Lassen in Form des Zulassens überwiegt. Das führt zur Ansammlung von Überschüssigem und Überflüssigem, verursacht Stau und Chaos, zu einem Hang zur Passivität, einfach aus dem Grunde, weil man sich von der Überfülle überflutet und überwältigt fühlt. Die Anstrengung, gegen das Chaos anzugehen, wächst in dem Maße wie die Komplexität wächst. So ist in diesem Feld eine Haltung von Toleranz gepaart mit heiterer Skepsis anzutreffen, aber ebenso Kontrollsucht und Perfektionismus als Wunderwaffe zur Herstellung der (alten) Ordnung, die zunehmend zerfällt. Restauration und Konservatismus bemühen sich um die Wiederherstellung (Restauration) einer Einheit, die unwiederbringlich verloren ist. Das lässt in einen Sog geraten, Ansprüche auf Ruhe und Ordnung in Gewalt ausarten. Dabei würde es manchmal im Alltag reichen, beizeiten einfach einen Punkt zu machen. Und genau das fällt so schwer, weil das Feld seinen eigenen Zauber besitzt.

4. **DAS FELD UND SEINE GRENZEN** Nur wer das Feld von Außen betrachtet, wird seine Grenzen erkennen. Dies verlangt den Schritt aus dem Feld heraus. Der innere Abstand befähigt dazu, aus der Außenposition die Dinge anders zu sehen, ohne dass die Dinge selbst sich geändert hätten. Es ergibt sich daraus nicht nur eine Perspektive, die das Feld als Einheit und Ganzheit überschaut, sondern führt auch zur Frage, ob denn dies schon alles gewesen sei. Die ganze Wahrheit ist immer nur die halbe Wahrheit, sagt Adorno und trifft den Punkt. Wer den Schritt ins Außen wagt, riskiert, in ein Aus (aus dem Umfeld) zu geraten. Aber nur dem eröffnet sich eine neue Sicht, die nach vorne schaut und zu neuen Horizonten aufbricht. Die Frage, ob das schon alles sei, muss nicht in Trauer um die Vergänglichkeit enden. Der Schritt in die Freiheit führt über eine Schwelle, die das Gewohnte und Vertraute hinter sich lässt. Er verspricht Befreiung von einer alten Ordnung, die zu eng geworden ist. Schau nicht zurück, wird dem Orpheus in der Unterwelt geraten, als er seine Eurydike daraus retten will. Die Versuchung ist zu groß, der Zauber zu stark. Nicht jeder ist zum Helden geboren. Hier hilft nur, einen klaren Schnitt zu machen. Dieser Einschnitt vollzieht sich meist im Denken: das

konkrete, praktische Denken geht über in ein abstraktes Denken, das aus der beobachtenden Wahrnehmung Schlüsse zieht und diese als allgemeine Regeln auf andere Felder zu übertragen sucht. Hier fühlen sich die Philosophen wohl. Sie feilen an Konzepten, in die sie die Wirklichkeit einfügen, besser: hineinpressen, und schlecht ist es für die Wirklichkeit, wenn sie sich nicht dem System zu fügen weiß. Die Wirklichkeit des Feldes ist nur eine Art und Weise der Interpretation. Es gibt so viele Wirklichkeiten, wie es Interpretationen gibt. Das Feld ist das Gebiet, das eine Landkarte abbildet. Und je nach Interesse oder Wissensstand sind in den Landkarten die einen oder anderen Merkmale vermerkt, oder auch nicht. Doch nicht nur eine adäquate Beschreibung des Feldes durch immer gründlichere Auflistung der Vorkommen ist die philosophische Aufgabe, sondern und vor allem der Übergang zu weiteren Außenpositionen, die auch die erste Außenposition wiederum in Frage stellen und die damit verbundene Begrenzung des Blicks überwinden. Transzendenz bedeutet Übergang: Wo es mehr gibt als ein begrenztes Feld, da entsteht Raum.

5. DAS RUHENDE FELD ALS POTENTIAL Stellen Sie sich eine verschneite Winterlandschaft vor. Können Sie erkennen, was hier angebaut wird, und ob das Land fruchtbar ist oder nicht? Alles ruht und befindet sich in einem Zustand der verborgenen Kraft. Sie müssen abwarten, um zu entscheiden, ob Sie sich hier niederlassen wollen oder nicht. Sie müssen erleben, wie die Kräfte sich gestalten, wenn sie in Wirkung treten. Sie müssen am eigenen Leibe erfahren, wie es sich anfühlt, wenn das Leben erwacht, um zu beurteilen, ob Sie Teil davon sein möchten oder nicht. Jetzt können Sie gar nichts tun. Sie können nichts bearbeiten, nichts verändern, bevor Sie nicht Stoff in den Händen haben, Material bekommen, mit dem sie etwas anfangen können. Sie können nichts machen. Aber diese Phase des Nicht-Tun ist nicht umsonst. Nicht umsonst lässt man Felder im Turnus brach liegen, um ihre Tragfähigkeit zu erhöhen. Stellen Sie sich vor, Sie würden ein Feld in diesem Zustand erwerben – das wäre doch, wie die Katze im Sack erwerben. Das ruhende Feld mag sich als Niete erweisen oder als das große Los. Sie müssen denen, die das Feld kennen und Ihnen verkaufen, vertrauen, oder selbst Informationen darüber einziehen. Alles ist möglich. Alles ist offen. Ein Feld in ruhendem Zustand ist ein Potential, das reich an Bodenschätzen sein und über Quellen aller Art verfügen mag – sicher wissen Sie es erst, wenn Sie die Schätze heben und die Quellen anzapfen. In allen Kulturen finden wir magische Vorstellungen, Rituale und Mythen, die sich mit dem verborgenen Reich der Möglichkeiten befassen. Daran knüpfen sich die Wünsche und Ängste, die Hoffnungen, Weissagungen, Versprechungen, Offenbarungen, die großen und kleinen Träume der Menschheit.

«Das Feld bestellen» fordert von uns eine kluge Mischung von Tun und Lassen. Dies gelingt, wenn sich unser Weltbild dynamisiert, d.h. wenn wir uns auf das Abenteuer einlassen, die Wirklichkeit nicht als statisch und kontinuierlich wahrnehmen, sondern als ein Tanz der Energie und ständig, ja sogar sprunghaft sich verändernder Schwingungsmuster. Das hilft, Fixierungen aufzulösen und loszulassen. Die Idee von der Ewigkeit und Unvergänglichkeit des Seins (z.B. im Jenseits, im ewigen Leben) mag tröstlich erscheinen, vor allem wenn die Lebensbedingungen im Diesseits so deprimierend sind, dass es eines Leitbildes jenseits der Misere bedarf. Sobald jedoch diese Krücke aufgegeben werden kann, ermöglicht uns ein dynamisches Weltbild (z.B. als kosmischer Tanz, wie ihn der hinduistische Gott Shiva verkörpert), mit der Energie mitzugehen, statt an unseren (alten) Vorstellungen und Ansichten hängen zu bleiben. Jeder Tag bringt Neues, wenn wir uns darauf einstellen. Gewohnheiten sind zwar unerlässlich, da sie alltägliche Handlungsabläufe automatisieren und dadurch unseren Alltag reibungslos funktionieren lassen, aber Gewohnheiten haben eine Tendenz sich zu verselbstständigen und festzusetzen, so dass es scheint, dass es gar nicht mehr anders ginge als gewohnt. Gewohnheiten verstellen uns dann den Blick auf die Möglichkeiten und lassen uns nur mehr auf die Notwendigkeiten reagieren. Das Feld jedoch konfrontiert uns nicht nur mit den Notwendigkeiten des Lebens, sondern auch mit dem Unvorhersehbaren, mit dem Potential, mit immer neuen Möglichkeiten. Das Feld ist wie das Chaos – in ihm sind die Möglichkeiten enthalten.

Im Osten wie im Westen finden wir die Erkenntnis von Tun und Lassen im gelungenen Wechselspiel als die eigentliche Regel der Lebenskunst. Es geht darum, sowohl auf die (alten, bekannten) Notwendigkeiten zu reagieren als auch Entscheidungen zu treffen, die sich auf (neue, unbekannte) Möglichkeiten beziehen.

Hebe dein Segel einen Fuß hoch, und du bekommst zehn Fuß Wind.
                                                                CHINESISCHES SPRICHWORT
Wo kein Wind ist, muss man rudern. PORTUGIESISCHES SPRICHWORT
Vertraue auf dein Glück, und du ziehst es selbst herbei. SENECA
Mut ist das Handelns Anfang, Glück aber die Herrin des Endes. DEMOKRIT

Nichts entreißt dir das Glück, was es dir nicht vorher gegeben hat. SENECA
Halte nie einen für glücklich, der von äußeren Dingen abhängt. SENECA
Das Glück trägt seinen Sturz in sich selbst. SENECA
Das Glück deines Lebens hängt von der Beschaffenheit deiner Gedanken ab.
MARC AUREL

Beobachten Sie, wie es sich anfühlt, wenn Sie sagen:

- Es ist eben so (im Augenblick). Morgen sieht alles vielleicht ganz anders aus.
- Für mich ist es so (wie ich es erlebe). Aber ich kann meine Ansicht ändern.
- Ich bin eben so (wie du mich kennst). Aber ich kann auch ganz anders, wenn ich will. (oder du mich dazu herausforderst)

Spüren Sie, wie das verfestigte Weltbild zu pulsieren beginnt und Ihr Blick sich öffnet? Wie ist es, unterwegs zu sein, ohne eine festgelegte Meinung zu haben, wohin der Weg führen soll und ohne zu wissen, welchen Sinn es hat, sich überhaupt auf den Weg zu machen?

Unterwegs zum Glück

Unterwegs: *Bewegung verbindet sich mit Führung.*
Das Bild des chinesischen Schriftzeichens für «Folgen, Gehorchen»
zeigt zwei Menschen
Sie sind unterwegs, einer geht vor dem anderen her.
Dem Tao gehorchen ist die höchste und grundlegendste Handlung.
Die Frage stellte sich: Warum brachte der Weg, den die Alten so befürworteten, nach wie vor nicht nur Glück, sondern auch Unglück mit sich?
In Antwort darauf standen die Alten auf, schritten einen Kreis ab und setzten sich wieder.
DENG MING-DAO, DAO IM ALLTÄGLICHEN LEBEN

Ich bin mal wieder unterwegs. Wohin soll denn die Reise gehen?, frage ich mich. Nun ja, wie immer: Ich bin ein Mensch wie in den Märchen, einer, der ausgezogen ist, um sein Glück zu machen. Aber eigentlich wollte ich genau davon Abstand nehmen, Urlaub machen von diesem ewigen Machen und Tun, und nun bin ich doch wieder mittendrin, voll guter Absichten und Vorsätze. So geht es nicht weiter, sage ich mir, und mache weiter, nur mit noch mehr Fleiß und Schweiß als bisher, denn ich sage mir: Einmal muss es doch etwas werden mit mir. Einmal muss doch auch ich Glück haben! Aber nützt es etwas, Glück zu haben, geht es denn nicht darum, glücklich zu sein? Werde ich denn, wenn ich Glück habe, glücklich sein? Wenn nicht, könnte ich es gleich bleiben lassen, das Ganze sein lassen, und vielleicht ist das nicht die schlechteste Idee, es sein lassen und mich sein lassen, nur gewusst wie.

Unterwegs zum Glück: Unterwegs sein ist ein guter Kompromiss zwischen Machen und Lassen, denn statt den ganzen Weg planen und angehen zu wollen, reicht es, sich auf den nächsten Schritt einzulassen, und während ich ihn mache, bin ich schon dabei, ihn geschehen zu lassen: so kommt es, dass ich mein Glück mache und gleichzeitig mich vom Glück finden lassen kann. In der westlichen Philosophie habe ich wenig Unterstützung auf meiner Suche gefunden. *Glück*, meint Jackob Burckhardt, *ist ein entweihtes, durch gemeinen Gebrauch abgeschliffenes Wort*, und es sind schon zu viele Worte gemacht worden um das

Glück, das sich nur im eigenen Erleben erschließt. Es gibt keine allgemeingültigen Rezepte, keine Sicherheitsgarantien. Jeder ist seines eigenen Glückes Schmied, sagt das Sprichwort, und lässt uns damit allein, wie das gehen soll. Lichtenberg empfiehlt: *Um uns ein Glück, das uns gleichgültig scheint, recht fühlbar zu machen, müssen wir immer denken, dass es verloren sei, und dass wir es diesen Augenblick wieder erhielten. Es gehört aber etwas Erfahrung in allerlei Leiden dazu, um diese Versuche glücklich anzustellen.* Und die Erfahrung des Leidens könnte ablenken von der Offenheit, für das Glück bereit zu sein, meine ich. Zudem verstellt das Denken die Bewegung des Unterwegs-Seins. Aber vielleicht meint Lichtenberg eher, dass unsere Wahrnehmung für Glücksempfindungen nicht so recht aufgeschlossen ist, weil die Gewohnheiten der Bequemlichkeit, des Altbekannten, Erwarteten, der befriedigten Ansprüche, der erreichten Ziele und erledigten Geschäfte überwiegt. Die Wahrnehmung verschläft das Glück und wacht erst wieder auf, wenn es den Schmerz empfindet. *Le bonheur n'est qu'un reve, et la douleur est reelle. Das Glück ist nur ein Traum, und der Schmerz ist wirklich.* Schopenhauer zitiert Voltaire, und befindet, inspiriert von buddhistischen Schriften, dass das Glück nicht zum Leben gehört, im Gegensatz zum Leiden. *Es gibt nur einen angeborenen Irrtum, und es ist der, dass wir da sind, um glücklich zu sein... So lange wir in diesem angeborenen Irrtum verharren, auch wohl gar noch durch optimistische Dogmen in ihm bestärkt werden, erscheint uns die Welt voller Widersprüche.* Viele Philosophen pflegen ihren Pessimismus wie ein Markenzeichen ihrer Zunft, nach dem Motto *lieber ein unbefriedigter Sokrates sein, als ein befriedigtes Schwein* (John Stuart Mill). Das Glück wird als flüchtig erlebt, als flatterhaft. *Das Glück ist eine leichte Dirne,* schreibt Heinrich Heine: *Sie streicht das Haar dir von der Stirne. Und küsst dich rasch und flattert fort.* Aber ist das ein Grund, sich nicht schon auf den nächsten Kuss zu freuen und sogar Anstalten zu machen, die Nähe dieser Dame zu suchen, um ihr und sich selbst eine weitere Chance zu geben?

Was ist das eigentlich, Glück? Das Wort Glück (englisch: *luck*) bedeutet im Mittelhochdeutschen Geschick, Schicksal, Schicksalsmacht, günstiger Ausgang, auch Lebensunterhalt. Das Wort leitet sich ab von glücken; gelingen; es ist auch wortverwandt mit «leicht, schnell, flink» (lateinisch *levis*, wie die Jeans) und hat mit etwas zu tun, das schnell vonstatten geht. Das Lungern kann auch dazu gehören, um irgendwo hin zu gelangen. Lungern heißt nämlich, bis an einen bestimmten Ort zu kommen, und dann zu erkennen, dass es der richtige ist. Dann hat das Lungern seinen Zweck erfüllt und das Glück stellt sich ein. Alle Herumlungerer sind also Glückssucher, auch wenn sie es schon über dem ständigen Herumlungern vergessen haben sollten. Oder haben sie ihre Seele verkauft? Haben sie das Ziel der Glückseligkeit aus ihrem Bewusstseinshorizont verbannt und sind darauf versessen, als Ersatz sich mit dem kleinen Glück, mit den Glücksfällen, den Schnäppchen des Schicksals zufrieden zu geben? Sind aus Glückssuchern Glücksritter geworden? Wir müssen zwischen Glück und Glückseligkeit unterscheiden. Glückseligkeit ist eine Tugend, die im Rahmen einer gelungenen Lebenskunst durchaus zu erarbeiten ist.

Für die Philosophen ist das Mittel der Wahl vertieftes Nachdenken über das Leben, über die Wechselfälle und Schicksalswendungen, und über das, was die Seele wirklich berührt. *Glücklich sein heißt ohne Schrecken seiner selbst inne werden können*, schreibt Walter Benjamin. Hängen denn Glück, Seele und Seligkeit zusammen? Das Wort Seele hat zunächst nichts mit der Seligkeit zu tun. Das Wort «Seele» bezeichnet eigentlich «die zum See gehörenden». In der altgermanischen Vorstellung wohnten die Seelen der Toten und Ungeborenen auf dem Grunde des Sees. «Seele» bezeichnet aber auch das Innere eines Dings. Beseelen heißt innerlich ausfüllen. Ein Glück, das nicht innerlich ausfüllt, führt nicht zum Zustand der Glücksseligkeit, sondern wird als flüchtig, zerbrechlich, vergänglich erlebt. Fausts Pakt mit dem Teufel beruht auf der Täuschung, ein glücklicher Moment bewahre auch dann noch seine Qualität als Glück, wenn er sich dauerhaft etabliert. Fausts Seele soll Mephistopheles gehören, wenn er einen Augenblick finde, der ihn so glücklich mache, dass er sich zum Ausruf hinreißen ließe: *Verweile doch, du bist so schön!* Diesem bekannten Zitat steht ein anderes entgegen: *Das Ewig-Weibliche zieht uns hinan*. Eben noch begegneten wir dem Glück in Gestalt der flatterhaften Dirne, wie Heinrich Heine das Glück beschreibt. Und nun soll das Ewig Weibliche die Erlösung einer vom Teufel angeleiteten Glückssuche bringen? Das Ewig-Weibliche, das die Seele hinan zieht und auf eine Ebene der höheren Einswerdung (mit dem Göttlichen, mit Großen Ganzen) hebt, könnte dem Yin- Aspekt des Tao entsprechen. Dieser Aspekt der als Gegensatz zu dem Licht- und Tag-Aspekt des Tao, dem Yang steht (und mit dem Männlichen assoziiert wird), hebt die menschlich- männlichen Glücksanstrengungen, all das bemühte, betriebsame, verzweifelte Machen und Tun auf und lässt es übergehen in ein Lassen – Sicheinlassen, Zulassen, Loslassen, so dass sich das kosmische Gleichgewicht des Tao sich wieder herstellt. Yin und Yang stehen in einem systemischen Wechselspiel. Das Tao ist das System, Yin und Yang die Art, wie sich die Kräfte verhalten und auswirken. Yin und Yang sind Archetypen, die für eine u.a. für eine geschlechtsspezifische Rollenverteilung in der Gesellschaft sorgen. Heute ist diese Rollenzuordnung in vielen Gesellschaften nicht mehr verbindlich. Neue Rollen entstehen, und neue Orientierung wird gesucht. Yang will sich ausdehnen, erobern, bewältigen, erledigen, Ziele erreichen, um glücklich zu werden. Und dort, auf der Spitze des Glücks, bricht die Welle und geht über in die nächste. Das Yin schwillt an, die leise, sanfte, zärtliche Herrschaft dessen, was als Schwäche und Unklarheit verachtet wird. Die Glückssuche des Ostens, insbesondere des Taoismus ist sich dieses notwendigen Wechsels zwischen Yin und Yang, zwischen Ausdehnung und Rückzug, Ausdruck und Leerwerden bewusst. Dieser Wechsel wird in der westlichen Philosophie als Wechselhaftigkeit, als Laune, als Caprice der Götter gesehene. Sowohl die launische Glücksgöttin (Fortuna) als auch die Glückseligkeit (Beatitudo) ist weiblich. Dante hat der Beatitudo in Gestalt von Beatrice ein Denkmal gesetzt. Beatrice ist es, die Dante führt und hinan zieht, ähnlich wie Gretchen Faust .

Ein römischer Gelehrter im 1. Jahrhundert vor Christus soll den Versuch gemacht haben, alle Auffassungen vom Glück, die zu seiner Zeit bekannt waren, zu sammeln, wobei er auf die Zahl 288 kam. Ob heutzutage auch so ein differenziertes Verständnis von Glück vorherrscht, ist fraglich. Doch die Suche nach dem Glück ist immer noch ein tief verwurzeltes Bedürfnis, und wird es sicher auch noch lange bleiben. Für viele Menschen definiert sich das Glück ganz konkret entsprechend den Grundbedürfnissen nach Gesundheit, Reichtum, Liebe und Anerkennung, Macht, Erfolg. Frühe philosophische Überlegungen wie etwa die eines Demokrit warnen davor, dem Glück, das man hat, zu trauen, denn *was man habe, das könne einem genommen werden.* Nach philosophischer Anschauung ist der glücklich, der sich unabhängig vom Schicksal und den wechselnden Zufällen macht. Demokrit kommt zu dem Schluss: *Das Glück wohnt nicht im Besitz und nicht im Golde, das Glücksgefühl ist in der Seele zu Hause.* Die volkstümliche Tradition sieht das Glück ganz handlich und handhabbar in der Verwirklichung irgendwelcher Inhalte. Es sind Ziele, Nahziele und Fernziele, deren Erreichen das Glück garantieren soll. Aber schon der Philosoph Thomas Hobbes im 17. Jahrhundert sieht das Glück nicht im Erfolg und nicht als Ergebnis von unternommenen Mühen, auch nicht als Folge der Erfüllung bestimmter Absichten, denn Glück ist kein Zustand, und schon gar nicht einer, der sich festhalten und horten lässt, *sondern ein ständiger Progress, der von einer Begierde zur anderen fortschreiten lässt, wobei es keine andauernde Erfüllung und damit auch keine wirkliche Befriedigung gibt.* Ist der Gedanke der Glückseligkeit ist wie die Karotte vor dem Maul des Esels, der sich von Schritt zu Schritt vertrösten lässt? Ist das Glück also nur eine Idee, eine Illusion? Kant behauptet, jede Lust schlage irgendwann einmal um in Unlust und werde langweilig, *so dass sich das Glück nur in stetem Wechsel von Lust und Unlust, von Vergnügen und Schmerz finde.* Versteht man aber Glück als Prozess, dann stellt sich die Frage, ob denn dieser Prozess in irgendeiner Weise steuerbar ist, und ob der Wechsel zwischen lustvollen und lustlosen Momenten sich so organisieren lässt, dass am Ende eine positive Bilanz steht. Glück besteht also eben nicht in der Anhäufung von Besitz und im hemmungslosen Ausleben der Triebe besteht, sondern in einer Glückseligkeit, die sich aus der inneren Unabhängigkeit von äußeren Umständen ergibt. Es gibt zweierlei Glück – *eutychia* und *eudaimonia*. Während *eutychia* das Glück der günstigen Umstände, der Lotteriegewinn, das plötzliche Drehen des Windes für die rasche Weiterfahrt, das Überstehen einer Gefahr bedeutet, geht es den Philosophen um *eudaimonia*, das ist etwas, das von Innen kommt, eben die Glückseligkeit, der widrige Umstände nichts anhaben können. Der Gegensatz von *eutychia* und *eudaimonia* ist im Englischen wiederzuerkennen in der Unterscheidung zwischen *luck* und *happiness*, im Französischen zwischen *la bonne chance* und *le bonheur*, im Lateinischen zwischen *fortuna* und *beatitudo*. Der Philosoph Epikur (341 – 270 v. Chr.) meint, man solle nicht auf die Götter schauen und auch nicht an ihre ängstigenden Mythen glauben. Wer die Beschaffenheit des Alls kenne, brauche sich nicht vor den Göttern fürchten.

Auf eine Formel gebracht lässt sich zusammenfassend sagen:

Das Glück ist exklusiv im Sinne, dass es nicht zur Gewohnheit werden kann. Glück und Gewohnheit schließen sich aus. In dem Augenblick, da man sich an einen bestimmten Standard, Besitz, Kontakt gewöhnt hat und es als Selbstverständlichkeit ansieht, dies vom Leben serviert zu bekommen, mag man alles mögliche haben: Reichtum, Status, Macht, Einfluss, Erfolg. Aber das muss keine Garantie sein für Glück. Gewohnheiten lassen den Moment des Glücksempfindens verschwinden, sie ebnen ihn ein. Er ist nichts Besonderes mehr, einer unter vielen Zeiteinheiten, die eben vergehen und nicht weiter auffallen. Die Wahrnehmung hat sich abgestumpft, sie hat den Blick für das Glück verloren.

Das Glück ist inklusiv im Sinne, dass alles Mögliche dazu führen kann, glücklich zu sein. Nichts lässt sich von vorneherein ausschließen. Rezept gibt es keines. Für jeden gilt etwas anderes. Auf den Moment kommt es an, auf die richtige Mischung, die Konstellation.

Das Ewig-Weibliche, das die Seele hinan zieht und auf eine Ebene der höheren Einswerdung (mit dem Göttlichen, mit Großen Ganzen) hebt, ist nach meiner eigenen Erfahrung der Yin- Aspekt, der die menschlich- männlichen Glücksanstrengungen, all das bemühte, betriebsame, verzweifelte Machen und Tun (Yang) übergehen lässt in ein Lassen – Sich-einlassen, Zulassen, Loslassen und so das kosmische Gleichgewicht des Tao sich wieder herstellt.

Yang will sich ausdehnen, erobern, bewältigen, erledigen, Ziele erreichen, um glücklich zu werden. Und dort, auf der Spitze des Glücks, bricht die Welle und geht über in die nächste. Das Yin schwillt an, die leise, sanfte, zärtliche Herrschaft dessen, was als Schwäche und Unklarheit verachtet wird. Die Glückssuche des Ostens, insbesondere des Taoismus ist sich dieses notwendigen Wechsels zwischen Yin und Yang, zwischen Ausdehnung und Rückzug, Ausdruck und Leerwerden bewusst.

Glück wird unmittelbar erlebt, und ist nicht durch Vermittlung herzustellen. Der Glücksschein ist sozusagen nicht übertragbar, sondern an die Person gebunden. Was den einen glücklich macht, trifft für den anderen nicht zu. Lassen Sie sich nicht einreden, wie das wahre Glück aussehen muss, denn in Sachen Glück gibt es keine objektive Wahrheit (die gibt es sowieso nicht), sondern nur das, was sich jetzt für Sie bewährt. Und was sich bewährt hat, muss sich nicht für immer bewahrheiten – das haben das Glück und die Wahrheit gemeinsam: sie erscheinen ständig in einer neuen Form.

Glück ist das Ergebnis eines komplexen Zusammenspiels von Einflüssen. Es gibt kein allgemeingültiges Glücksrezept. Die Glücksmischung wird jedes Mal neu gemischt. Das Glück ist oft ein Paradox, ein Widerspruch. Und trotzdem – Glück ist Glück. Manchmal ist man glücklich, und hat keinen logischen Grund dazu. Das schmälert das Glück nicht. Das Glück braucht keinen Grund. Für das Glück gibt es keine Logik des Gelingens, es sei denn eine Logik, die Quantensprünge macht.

Glück kommt von Gelingen und ist ein Prozess. Machen Sie die fixen Ideen in Ihrem Kopf flüssig! Denken Sie gerne in Klischees und haben für alles eine Schublade, in der Sie alles, was Sie beobachten und wahrnehmen, ganz schnell wegstecken, um es besser einordnen zu können und den Kopf frei zu haben? Genießen Sie lieber die Gegenwart in vollen Zügen und beobachten Sie, was jetzt ansteht, was jetzt getan oder gelassen werden sollte. Was genau macht Sie jetzt glücklich? Lassen Sie sich selbst glücklich sein, ohne etwas dazu tun zu müssen!

Man sollte meinen, dass diese Regeln sich von selbst verstehen würden. Weit gefehlt. Es braucht eine Erlaubnis dazu. Es braucht eine innere Orientierung oder äußere Tradition, eine Autorität, die Rückendeckung und Halt gibt, die unterstützt, begleitet, bestärkt und fördert. Eine solche Tradition stellt der Taoismus dar. Er gibt uns die geeigneten Mittel an die Hand, unser Leben einerseits zielstrebig und konzentriert, andrerseits gelassen und entspannt anzugehen.

Geeignete Mittel sind Instrumente, Gesetze, Fertigkeiten, Regeln, Künste. Nach den Mitteln zu fragen, über die ein Mensch verfügt, heißt danach zu fragen, wie gut er sich in einer Situation zu behaupten wissen wird. Das Bild des chinesischen Schriftzeichens für «Mittel» zeigt eine Herde, die ihrem Anführer bei Gefahr auf der Flucht folgt. Dabei achten sie auf seine Mittel, seine Arten und Weisen, wie er die Flucht sicher bewerkstelligt. Gut durchs Leben zu gehen heißt, Mittel zur Verfügung zu haben. Mittel zu haben heißt, die Gesetze des Lebens zu kennen.
Wenn die Dinge nicht so gut für uns laufen, ist das ein Signal für Veränderung. Das nennt man den lebendigen Weg. Die sich nicht verändern können und in ihrem Eigensinn verharren, werden schließlich verlieren. Das nennt man den toten Weg. Die dem Tao folgen, suchen nach Mitteln, mit deren Hilfe sich Grenzen überschreiten lassen.
DENG MING-DAO, DAO IM ALLTÄGLICHEN LEBEN

Auch wenn Sie sich dazu entschlossen haben, weniger zu machen und mehr zuzulassen oder loszulassen, müssen Sie dennoch wissen, welche Mittel

Sie einsetzen, wann genau, und wie. Die Einsicht, das vorübergehendes Unglück («wenn die Dinge nicht so gut für uns laufen») ein Hinweis auf notwendige Veränderungen und Wegweiser zu dem Glück der Zukunft sind, führt dazu, sich auf Wege und Weisen zu besinnen, die das Gelingen ermöglichen. Zukunft ist nicht nur das, was auf uns zukommt, sondern auch das, was uns zukommt, gleich einem Verdienst, den wir erworben haben. Unterwegs sein heißt, die einmal begangenen Wege nicht immer wieder begehen zu wollen, sondern jedes Mal neu die richtige Weise finden, die Grenzen des alten Selbstverständnisses zu durchbrechen, ohne sich selbst zu verlieren.

Gestaltung des Selbstmanagements

Strategie: ein genauer Plan des eigenen Vorgehens, der dazu dient, ein militärisches, politisches, psychologisches, wirtschaftliches Ziel zu erreichen, in dem man diejenigen Faktoren, die in die eigene Aktion hineinspielen könnten, von vorneherein einzukalkulieren versucht.
DAS FREMDWÖRTERBUCH, DUDEN 1990

Ein Stratege ist wörtlich ein Heerführer, von *stratos*, altgriechisch Heer, und *agein*, führen (wovon sich unser Wort Achse herleitet). Ein Modell ist ein Muster, eine Form, ein Vorbild, ein Entwurf. Das Wort geht auf das lateinische *modulus*, Maßstab, zurück und ist eine Verkleinerung von *modus*, das Maß. Wir kennen den Begriff der Strategie zunächst aus militärischen Zusammenhängen, nämlich als Prinzip der Kriegsführung. Claus von Clausewitz (1780 – 1831) ist bekannt geworden für seine Abhandlungen, die er nach den napoleonischen Kriegen schrieb. Bis dahin hatte sich die Kriegführung in wiederkehrenden Mustern abgespielt. Die Armeen der großen König- oder Kaiserreiche bestanden aus eher unmotivierten Rekruten, die von aristokratischen Offizieren kommandiert wurden. Der Unterschied zwischen Sieg und Niederlage war oft gering, die menschlichen Opfer hingegen groß. Die Diplomaten trafen sich nach dem Schlagabtausch und ein Stück Land wechselte den Besitzer. Bei allem Leid für die unmittelbar Beteiligten war es ein Spiel ohne große Überraschungen, in dem die Strategie ein bekanntes Thema mit Variationen war. Alle Seiten kannten sie und hielten sich an die Regeln. Napoleon veränderte das. Er vernichtete in seinen Schlachten Heere, die dem seinen zahlenmäßig weit überlegen waren. Clausewitz versuchte, Napoleons Geheimnis zu ergründen und kam zur Auffassung, Strategie sei, aufgrund der Spannungen und Widersprüche, die den Krieg kennzeichnen, ein kreativer Prozess mit offenem Ausgang. Auch wenn es uns schwer fallen mag, den Krieg als kreativen Prozess zu betrachten, so lassen seine Ausführungen über den Nutzen der Strategie nachdenken.

Ziel einer Strategie ist es, die Zukunft zu gestalten; doch besteht die Möglichkeit, dass die diesbezüglichen Absichten durch die Umstände oder

durch Ignoranz zunichte gemacht werden – durch das, was Clausewitz «Reibung» bezeichnete. Um eine Strategie umsetzen zu können, braucht man eine Organisation mit einer formalen Kommandokette, in der Befehle ohne Widerrede durchgeführt werden. Und doch ist eine solche Organisation auf die Initiative ihrer Mitglieder angewiesen.
MINTZBERG, S. 107

Clausewitz erkennt die Abhängigkeit des Heerführers von seinem Heer – ein für die damalige Zeit ungewöhnlicher Gedanke. Sein Buch «Vom Kriege» enthält Hinweise über Angriff und Verteidigung, die Arten der angemessenen Manöver, Täuschung und Absicherung, Informationsbeschaffung, geheime Operationen im Verborgenen, bei Nacht, usw.. Ziel ist es, angesichts möglicher Reibungsverlust eine Strategie zu verfolgen, die diesen Abhängigkeiten Rechnung trägt. Eine Strategie hängt von grundlegenden Bausteinen ab, aus denen sich Angriff, Verteidigung und andere Manöver zusammensetzt. Eine Strategie zu erstellen bedeutet, neue Kombinationen dieser Bausteine zu finden. Dabei warnt Clausewitz z.B. eindrücklich davor, *dass die Strategie nicht von kurzfristigem Denken dominiert werden soll, und dass vorübergehender Erfolg nicht mit anhaltender Leistung verwechselt werden darf.* Dies gilt auch für die Prinzipien einer Lebensführung, die anhand von Selbstmanagement will, nämlich:

1. Ziele setzen und verwirklichen, Position und Status erkämpfen,
2. sich auf Andere einstellen, Beziehungen eingehen, Kontakte herstellen und pflegen,
3. Vorteile ausbauen und Besitz ansammeln, ein verträgliches Maß finden und ausgleichend bewahren,
4. Übersicht gewinnen, Ordnung schaffen, Sinn stiften, unnötige oder veraltete Selbstbeschränkungen überwinden
5. und seinen Frieden machen.

Im Management wird jedoch weniger Clausewitz zitiert als jene Schriften von Sun Tzu (ca. 400 v. Chr.). Ein typischer Ausspruch von Sun Tzu ist:

Der gute General hat die Schlacht schon gewonnen, bevor er sie beginnt. Der schlechte General kämpft in der Hoffnung zu siegen.
SUN ZU, DIE KUNST DES KRIEGFÜHRENS

Die Hoffnung lenkt ab, ebenso wie die Furcht. Die richtige Haltung zeigt sich darin, den Krieg unnötig werden zu lassen. Wer das Feld kennt, kann es gut bestellen, und wird nicht Opfer von «Reibung» sein. Er «kriegt» was er will, durch Strategie und richtiges Vorgehen.

Die Elemente der Kriegskunst bestehen nach Sun Tzu in folgendem:

1. in der Beurteilung des Raumes
2. in der Einschätzung der Mengen
3. in der Kalkulation,
4. im Vergleichen
5. im Ermessen der Siegchancen.

Denn wer *vieles berechnet, kann siegen, wer wenig berechnet, wird verlieren. Um wie viel geringer sind die Chancen dessen, der überhaupt keine Berechnungen anstellt.* Doch sind mit diesen Berechnungen nicht ausschließlich Rechnungen gemeint, die wir als Milchmädchenrechnung bezeichnen, – weil sie, auf eine Vision fixiert, zu kurz gegriffen, – die Rechnung ohne den Wirt, d.h. die jeweils gegebenen Umstände und die größeren Zusammenhänge, machen. Die Umstände und Möglichkeiten, auch die bislang unbekannten, müssen miteinberechnet werden, denn: *Wie das Wasser keine gleichbleibende Form hat, gibt es im Krieg keine gleichbleibenden Bedingungen.* Sun Tzu sucht nach Beispielen, die dies veranschaulichen: *Es gibt in der Musik nur fünf Töne, doch die mit ihnen erzeugten Melodien sind so zahlreich, dass wir sie unmöglich alle hören können.* Und er kommt zum Schluss: *Wenn ich einen Sieg errungen habe, wiederhole ich meine Taktik nicht, sondern finde für die nächste Situation eine der ungezählten Antworten.* Sun Tzus Maximen wirken modern, weil sie den Aspekt der Unvorhersehbarkeit, der Veränderlichkeit und der unübersichtlichen Fülle von Möglichkeiten betonen. Dieser «weiche» Stil steht im Kontrast zu der klassischen Härte einer Männlichkeit, die handelt, wo gehandelt werden muss, ohne Wenn und Aber, ohne Zögern, denn jede Verzögerung könnte als Mangel an Mut gedeutet werden. Helden treffen Entscheidungen, ohne nach rechts und links zu schauen, ohne sich von den Umständen ablenken oder abhängig zu machen lassen, geleitet von einer fatalen Tunnelvision. Der Verzicht auf Härte hingegen fordert Verzicht auf die eindeutige Führungsrolle, und damit Verzicht auf das Heldentum. Erst langsam setzt sich das Wissen durch, das auch dort Wege gefunden werden, wo nicht Helden und Anführer die Wege als Schneisen frei schlagen, sondern eine Vielzahl von Einzelerfahrungen den Trampelpfad alltäglicher Suchens und Findens zu einer kollektiv begehbaren Bahn erweitert. Ein neues Heldentum bildet sich heraus (siehe die Übung der «Heldenreise» im letzten Kapitel).

Der Stratege sagt, er wage nicht zu führen, sondern folgt lieber nach. Das Bild des chinesischen Schriftzeichens für «dahinter, danach» zeigt das Zeichen für «Schreiten, Marschieren», und ein feiner Faden schleift nach, so hinterlässt er dahinter eine Spur. Die Alten lasen die Spuren,

deuteten die Zeichen, studierten die Umstände, bevor sie sich auf den Weg machten.
DENG MING-DAO, TAO IM ALLTÄGLICHEN LEBEN

Strategien entwickeln heißt, Wege finden. Das Leben managen heißt, Entscheidungen fällen – Weichen stellen, Wege bahnen, ausbauen und bei Bedarf auch umleiten, Grenzen aushandeln, und immer dabei die Handlungsmöglichkeiten erweitern, um jedes Mal neue Wege einschlagen zu können. Management heißt nicht, sich blind auf andere verlassen und sich von alten, fremden Entscheidungen leben lassen. Gibt es ein allgemeingültiges Rezept für Entscheidungen? Leider nicht, denn Rezepte sind problematisch, weil die Realität häufig zu verwirrend und chaotisch ist, als dass ein in sich geschlossenes Modell ihr gerecht werden könnte. Mintzberg definiert eine Entscheidung als Bekenntnis zum Handeln und weist darauf hin, dass viele Entscheidungen nicht leicht zeitlich oder örtlich definiert werden können. Die Folge einer Entscheidung ist, dass etwas geschieht. Das Mittel dazu ist das Handeln. Das Handeln hängt mit dem Wollen, und mit dem unterscheidenden, beurteilenden und auswählenden Denken zusammen. Nur wer fähig ist, richtig zu überlegen, in einer gegebenen Situation die angemessen Mittel zu wählen und handelnd zu verwirklichen, der besitzt nach Aristoteles moralische Klugheit, *phronesis*. Doch diese Tugend ist nicht plötzlich da, sondern bildet sich langsam, unmerklich heraus. Sie ist eine Art, mit dem Leben und seinen Verhältnissen so umzugehen, dass gewünschte Ziele erreicht werden.

Strategiebildung ist ein kognitiver Prozess. Strategien bilden sich als Sichtweisen heraus – es entstehen Konzepte, Schemata; Landkarten, die diese inneren Verhältnisse und Vorstellungen orten, abbilden; im inneren Erleben verankern. Sie zeigen, in welcher Art und Weise Menschen mit den Informationen aus ihrer Umwelt umgehen. Als Konzepte lassen sich Strategien schwer verändern, wenn sie sich einmal im Bewusstsein etabliert haben und zu persönlichen Bekenntnissen, zu Glaubensinhalten und Glaubenssätzen geworden sind. Und das, auch wenn sie jegliche Glaubwürdigkeit und Gültigkeit verloren haben. Strategien sind Visionen. Mintzberg zeigt auf, wie vielfältig die Sichtweisen, und damit die Perspektiven sein können, wenn strategisches Denken als eine Art zu sehen betrachtet wird. *Die Seele*, meint Aristoteles, *denkt nie ohne bildliche Vorstellung.* Die Art des Sehens bestimmt die Bilder, die wir uns von der Welt machen – unsere Weltbilder und Weltanschauungen. Doch alle Bilder sind nur Abbilder, die wir uns machen – sie sind konstruiert, Konstruktionen der eigenen Wahrnehmung, des Bewusstseins, der Erinnerung. Es tut gut, ab und zu die Brillen abzunehmen bzw. zu wechseln. Bringen Sie Abwechslung in Ihre Gedankenweisen!

1. Der Blick nach vorne – das ist der Blick des Abenteurers. Um voran zu kommen, muss man jedoch den Blick zurück (in den Rückspiegel) frei haben. Das ist der Blick des Steuermanns, der Blick, der Fährten liest und Spuren verfolgt. Jedes gute Verständnis der Zukunft wurzelt im Verständnis der Vergangenheit.
2. Der Überblick, der die Auswahl ermöglicht. Damit eine Wahl getroffen werden kann, muss jedoch eine Wertvorstellung bestehen: Der Blick aus dem Herzen erkennt das, um was es eigentlich geht (für den Wähler, im Moment). Der Edelstein inmitten wertlosen Gerölls findet sich nur für den, der eine Vorstellung von dem hat, was er sucht, und der sich durch eigenes Zutun durch die Masse des Angebots hindurch gräbt.
3. Der große Durchblick erweist sich oft jedoch als eine Tunnelvision. Der Blick zur Seite nimmt wahr, was es sonst noch gibt – und wird dort fündig, wo andere nichts sehen können, weil sie nicht für möglich halten, das es etwas anderes gibt außer dem Offensichtlichen. Der weiche Blick (Silberblick) löst die harten Konturen auf und erfasst den Rand des Blickfeldes. Das (neidvolle) Schielen auf das Nebenan eröffnet neue Perspektiven. Auf den Nebenschauplätzen zeigt sich oft das Neue zuerst.
4. Der Blick über den eigenen Tellerrand, über die Dinge hinaus, befreit von der sichtbaren Fülle und stellt das Gesehene in einen Zusammenhang. Verhältnisse werden entdeckt, Karten erstellt, Pläne gemacht. Neue Ideen müssen in den richtigen Rahmen gestellt werden, um sich entfalten zu können. Während der Blick nach vorne eine zu erwartende Zukunft vorwegnimmt, indem er auf der Grundlage vergangener Ereignisse einen Rahmen konstruiert, in das er sein Weltbild hineinstellt, und so mit eine Prognose stellt, ermöglicht der Blick über die Dinge hinaus eine Welt zu erfinden, d.h. eine Zukunft zu konstruieren, die es ohne diesen Blick nicht in dieser Weise geben würde.
5. Der umsichtige Blick weiß, dass alle Blicke nichts nützen, wenn nichts passiert. Umsicht führt dazu, alle Sichtweisen zu integrieren, die Folgen abzuschätzen und zum Wesentlichen zu kommen. Eine Kern- Entscheidung wird getroffen, und nur so wird sich ein Unterschied zeigen, – ein Unterschied, der wirklich einen Unterschied macht. Die Veränderung bewirkt nicht nur eine Veränderung des Bildes, das sich jetzt neu ergibt, sondern eine Veränderung im Beobachter und seiner Art zu beobachten. Es geschieht eine Veränderung in der Auswirkung des Bildes, d.h. eine Veränderung der Weltanschauung, d.h. der subjektiven Wirklichkeit: Oft

reicht es, die Dinge anders zu sehen, um tiefgreifende Veränderungen in der Wirklichkeit hervorzurufen.

Wer strategisch denkt und sein Leben wie ein Unternehmen angeht, wird sich vielleicht in den fünf Typen (nach Cole, zitiert bei Mintzberg S. 153/154) wiedererkennen:

1. Der überoptimistische Promoter (motiviert)
2. Der charismatische Innovator (inspiriert)
3. Der kalkulierende Erfinder (reagiert auf Einflüsse und integriert sie)
4. Der distanzierte Analytiker (relativiert und kontrolliert)
5. Der Gründer, der auf sich vertraut und auf allein seinen Fähigkeiten aufbaut (konstruiert und realisiert)

Alle Eigenschaften müssen jedoch zusammenspielen, um den *bold stroke*, jenen kühnen Streich (ein Begriff von Cole) zu ermöglichen, der dem Leben seine wesentliche und sinnstiftende Ausrichtung gibt.

1. Ohne Optimismus ist es schwer, sich zu motivieren. Und ohne Motivation geschieht gar nichts, nicht einmal das Vorblicken. Wer keine Zukunft sieht, ist blind für die Möglichkeiten des Lebens.
2. Ohne Ausstrahlung werden Neuerungen kaum überzeugen. Wer Andere überzeugen will, muss von sich selbst überzeugt sein und dies ausdrücken können. Nur so wirkt er präsent und hat Einfluss.
3. Ohne offen für die Rückmeldungen aus der Außenwelt zu sein, und ohne diese in Form von Echo oder Resonanz wahrzunehmen, kann nichts Neues entstehen. Es braucht die Kraft der Integration, um verschiedene Einflüsse auf einen Nenner zu bringen und darüber hinaus einen gemeinsamen Nenner zu finden. Nur so kann Interesse geweckt werden. (Inter-esse heißt wörtlich Dazwischensein)
4. Es braucht den inneren Abstand, um den Überblick nicht zu verlieren. Und es braucht einen kühlen Kopf. Selbstbeherrschung und Selbstdisziplin sind die Voraussetzungen dafür, Verantwortung für sich selbst zu übernehmen und das Leben steuern zu können.
5. Es braucht Urvertrauen – in sich selbst, in die Anderen, in die Welt. Das ist mehr als Optimismus. Das ist Vorschussvertrauen – die Basis aller sinnvollen Gedanken, Handlungen und Entschei-

dungen. Es beruht auf der Einsicht, dass alles ein kosmischer Tanz, alles pulsierende Energie ist. Das Gefühl dafür ist ein Sinn für die wirkenden Kräfte im Feld. Wer darauf baut, hat seinen Frieden mit der Vergänglichkeit der Welt gemacht, denn: Wer davon ausgeht, dass letztlich alles im Leben auf Sand gebaut ist, wird seine Unternehmen nicht so leicht in den Sand setzen.

Entscheidungen sind das Wesen des Management. Management ohne Entscheidungen ist ein Vakuum, schreibt Dearlove, Autor von Key Management. *Das Wesen der endgültigen Entscheidung bleibt dem Beobachter verschlossen – und oft genug dem, der die Entscheidung fällt ... Die Entscheidungen werden stets dunkle und verworrene Wege gehen – und selbst für jene ein Geheimnis bleiben, die direkt daran beteiligt sind,* sagte John F. Kennedy. *Höhere Geister sehen die zarten Spinnweben einer Tat durch die ganze Dehnung des Weltsystems laufen und vielleicht an den entferntesten Grenzen der Zukunft und Vergangenheit anhängen, wo der Mensch nichts als das in freien Lüften schwebende Faktum sieht.* Das wusste schon Friedrich Schiller, der diese Betrachtung seinem Stück «Fiesco» in der Vorrede voranstellte. Es geht hier also um Entscheidungen, die wie zarte Spinnweben sich durch das ganze Weltall hindurch ausdehnen, die Zukunft und Vergangenheit miteinander verknüpfen und in einem Netz der Energien ihren Einfluss ausüben, lange noch bevor etwas zur Tatsache, zum Fakt geworden ist. Wir kennen Entscheidungen meist in der knallharten Form der Konfrontation: «Entweder- Oder. Entscheide Dich! Du kannst nicht beides haben. Du musst Dich entscheiden und Deine Entscheidung bewirkt, dass wenn Du für das Eine bist, Du dich gegen das Andere entschieden hast, also dagegen bist.» Das bedeutet Stress, denn nur zu oft fühlen wir die Verbundenheit mit dem Ganzen und des Ganzen mit allem, was dazu gehört. Das große Ganze in uns will alles einbeziehen und nichts ausschließen. Wir lernen jedoch: Du kannst nicht die Torte haben und sie aufessen. Du kannst nicht zwei Herren dienen. Du kannst nicht auf zwei Hochzeiten tanzen, geschweige denn auf allen. Zugzwang und Druck führen zu Unentschlossenheit, denn jede Entscheidung, die getroffen wird, ist begleitet mit einem Verlust von Möglichkeiten, und dieses Gefühl des Verlust trübt den Mut, der die Basis von Entschlossenheit darstellt. Doch diesem Dilemma können wir entgehen, wenn wir uns vergegenwärtigen, auf welchen Ebenen Entscheidungen getroffen werden:

Der Ruderer bewältigt laufend Veränderungen.
Der Steuermann hingegen ändert nur selten den Kurs, und dann auch nur, weil es die Umstände erfordern. Noch seltener sind die Kursänderungen, die der Kapitän vornimmt, denn die Festlegung eines neuen

Zielhafens erfordert eine die gesamte Organisation betreffende Neuformulierung der Vision.
Und Entdecker finden möglicherweise nur einmal in ihrem Leben eine neue Welt.
(DAVID, ZITIERT BEI MINTZBERG, S. 368)

Wo beginnen Entscheidungen? Die Fahrtrichtung wird bestimmt durch das Stellen der Gleise. Aber das setzt schon voraus, dass es Gleise gibt, festgelegte Bahnen. Die Weichen sind nur Knotenpunkte, wo man zwischen festgelegten Möglichkeiten wählen kann. Die Entscheidungen, die dazu geführt haben, sind schon viel früher gefallen, damals, als man plante, Gleise zu bauen, die das Land durchqueren sollten, damals, als man feststellte, dass man mehr als ein Gleis brauchen würde, um das Fahrtensystem voll auszunützen. Alles das ist schon im Bereich der Fakten angesiedelt. Bei einer Weichenstellung gibt es tatsächlich nur zwei Optionen: das eine oder das andere Gleis. Ein Schienenfahrzeug ist auf die Gleislegung angewiesen und kann nicht ausbrechen, es sei denn, es änderte grundlegend sein Betriebssystem. Doch der Mensch funktioniert nicht nach den Regeln einer Mechanik. Er ist nicht wie ein Motor organisiert. Entscheidungen laufen anders ab. Entscheidungsprozesse beginnen schon viel früher, bevor es zum endgültigen Entweder- Oder kommt, der unter Zugzwang Handlungsbedarf anmeldet, Druck macht, darauf pocht: «Jetzt oder nie. Wenn nicht jetzt, wann dann?» Die Antwort für organische Lebewesen ist einfach: Dann, wenn der richtige Zeitpunkt gekommen ist. «Wenn die Zeit reif ist.» Sich danach zu richten hieße, mit dem Tao zu gehen, das Feld zu bestellen nach den Regeln der Kunst (und nicht nach einer abstrakten Logik, die immer zu kurz greift). Was wird sein?, fragt Einer den Weisen. Der Weise sagt: Wenn es geschieht, werde ich es wissen.

Die Metaphern, die der Stratege Sun Tzu verwendet, sind Formulierungen, die aus der Naturbeobachtung abgeleitet sind: *schnell wie der Wind ... fließend wie das Wasser ... sich so schnell verbreitend wie ein Feuer ... mit der Ruhe und Majestät des dunklen Waldes ...* sie beschwören Bilder von selbstorganisierenden Einheiten und Prozessen als Atmosphären, Stimmungen, und sie sind vage, sie bleiben diffus. Und doch gehen sie nahe, es entsteht eine Art Intimität, als stünde der Krieger mit seinem Ambiente auf Du und Du, gleich einem Jäger, der sich in das Tier, das er zu erlegen wünscht, hineinversetzen muss. Sun Tzus Strategien lehren, *wie man den Feind inmitten von Bergen und Flüssen findet, wie man bergab kämpft und wie man ebene oder hochgelegene Gebiete besetzt,* sie lehren, wie man mit den Verhältnissen umgeht, mit bestimmten Lagen und Situationen, die sich vor Ort ergeben, so rät er etwa: *mache nicht in Grenzgebieten halt, ... kämpfe nicht bei zerstreuter Lage..., schließe in zentraler Lage Allianzen mit den Nachbarstaaten, ... wenn der Feind genauso stark ist wie du, binde ihn, wenn du zahlenmäßig schwächer bist, sorge für eine Gelegenheit zum Rückzug ... und wenn du in jeder Hinsicht schwächer bist, musst du dich ihm entziehen können.* Sun Tzus Bildersprache ist raffiniert und komplex, sie spricht der Beziehungsebene, insofern geraten wird, sich auf den Gegner zu beziehen, um sich ihm als Gegenüber richtig zu verhalten. Das richtige Verhalten bezieht sich auch auf die Umwelt, die Situation. Es gibt kein objektives Richtig und Falsch, kein Entweder- Oder, abgelöst von jeweiligen Zusammenhängen. Dies ist die Kunst der Kriegführung als Kunst, mit den unvorhersehbaren Widersprüchen, die sich im Laufe des Geschehens zeigen mögen, zu rechnen, d.h. sich darauf einzulassen. Während in einem mechanistischen Denken der Erfolg garantiert wird durch das Ineinandergreifen gut geölter Zahnräder, durch den Einsatz von Aufwand und Arbeit, um Trägheit zu überwinden, und durch den Ersatz verbrauchter Glieder, so dass auf diese Weise dem Verschleiß entgegengewirkt wird, zeigt sich die Stärke von biologischen, psychischen und sozialen Systemen, wie es Menschen (auch im Krieg) nun einmal sind, durch die Fähigkeit, sich auf das Gegenüber einzulassen, mit dem sie systemisch verbunden sind. Diese Stärke unterscheidet sich von der Stärke einer mechanischen Einheit wie etwa einer Maschine. Auch wenn Kriege mit Technik geführt werden, so funktionieren sie doch nicht nach den Regeln, nach denen die Mechanik funktioniert.

Im systemischen Denken wird der (oft unbewusste, auf vegetativer, instinktiver Ebene sich vollziehende) Austausch bedacht, – das gegenseitige Durchdringen und von einander abhängig sein, was wiederum zu Wechselwirkungen führt, die nicht vorhersehbar sind. In einem solchen Denken kann Vielfältiges und Widersprüchliches nebeneinander existieren. Das Gleichgewicht stellt sich von Mal zu Mal und immer neu her, um gleich darauf wieder verloren zu werden. Es herrscht keine Eindeutigkeit. Nichts ist, wie es scheint. Nichts bleibt, wie es ist. Wachheit ist gefordert. Ständige Präsenz. Sinnliche Offenheit. Das ist die eigentliche Stärke. *Das Kennzeichen außerordentlicher Intelligenz ist die Fähigkeit, gleichzeitig zwei widersprüchliche Ideen im Kopf zu haben und trotzdem funktionsfähig zu bleiben,* schreibt F. Scott Fitzgerald. Strategische Klugheit baut auf Paradoxa auf:

Was als Verwirrung erscheint, ist das Ergebnis guter Ordnung,
was als Feigheit erscheint, von Mut,
und scheinbare Schwäche ist das Ergebnis von Stärke.
SUN TZU, DIE KUNST DES KRIEGES

Entscheidungen werden auf verschiedenen Ebenen getroffen: die Entscheidung, die der Ruderer trifft, ist von anderer Qualität und anderer Auswirkung wie die Entscheidung des Entdeckers. Ruderer und Entdecker bilden ein System, z.B. innerhalb einer Expedition. Beide sind voneinander abhängig und beeinflussen sich in ihren Entscheidungen gegenseitig, jedoch in verschiedener Art und in verschiedenem Maße. Dem System als übergeordnete Einheit ist das egal. Der Erfolg wird zeigen, ob die Aussteuerung gelingt. Erfolg erfolgt: Erfolg ist das Ergebnis vieler zusammenhängender Schritte, ebenso der Misserfolg.

Mintzberg unterscheidet zwischen Mikro- und Makroveränderungen:
1. Mikroveränderungen zielen auf das Innenleben der Organisation (Das beinhaltet die Neugestaltung von Einzeltätigkeiten, eventuell auch die Entwicklung eines neuen Einzelprodukts bzw. der Entdeckung eines nützlichen Nebenprodukts)
2. Makroveränderungen zielen auf die Gesamtorganisation (die eventuell eine Neuorientierung beschließt, bzw. dazu gezwungen wird, eine neue Aussteuerung vorzunehmen, die dann die Gesamtheit der Einzelziele verändert)

Makro-Entscheidungen unterliegen manchmal dem Entweder- Oder. Dies betrifft vor allem den zeitlichen Ablauf eines Prozesses, da der Mensch nun einmal in den linearen Ablauf der Zeit nach dem Prinzip «Eins nach dem Anderen» eingebunden ist. Mikro-Entscheidungen hingegen vollziehen sich oft nach dem Gefühl, der Intuition oder dem Instinkt. Sie bleiben so lange unbewusst, bis das Ich sich Gedanken darüber macht und durch das Denken die vollzogenen Entscheidungen an die eigenen Identität bindet, nach dem Motto «Mein Verhalten gehört zu mir – ich übernehme die Verantwortung dafür.» Durch die Beschäftigung mit Mikroveränderungen können wir positive Prozesse einleiten, noch lange bevor das Ich sich mit den gemachten Tatsachen der Makro-Entscheidungen auseinandersetzen muss.

Es ist wie in der Natur: In einem Baum steigt der Saft hoch und breitet sich in Blätter, Blüten und Früchte aus. Dann zieht sich der Saft wieder zurück, die Blätter fallen ab, ebenso wie die Früchte, die abfallen. Die Struktur des Baumes wird sichtbar, es bleiben der Stamm und die Zweige, im Winter werden die Wurzeln den Baum mit den notwendigen Nährstoffen versorgen. Ein Baum kennt kein Entweder – Oder. Es ist immer derselbe Baum. Ebenso können wir uns vorneigen, wie auf dem Sprung sein. Oder uns zurücklehnen, die Augen schließen.

Es ist derselbe Körper, der verschiedene Haltungen einnimmt. Verbunden mit den Haltungen mögen sich die Gefühle, die Stimmungen und Zustände verändern. Über die Veränderung der Haltung ist es möglich, die eigene Einstellung, die Stimmung und den Bewusstseinszustand zu beeinflussen. Der Körper muss sich nicht entscheiden. Er kann wechseln, je nachdem welche

Haltung der Situation angemessen ist. Oft geschieht dies spontan, ohne dass wir nachdenken. Aber manchmal ist die Fähigkeit zum spontanen Wechsel als spontane Reaktion auf die Anforderung in einer Situation getrübt, gehemmt, oder verloren gegangen, weil Gewohnheiten sich festgesetzt haben und Veränderungen blockieren.

Innere Erlaubnisse sind wie Schleusenöffner: sie machen die Wahrnehmung weit und lassen Erfahrungen zu, die gewohnheitsmäßig im Vorfeld oft schon ausgeschieden werden, weil sie als «unmöglich» eingeschätzt werden. Für eine voreingenommene Wahrnehmung kommt vieles gar nicht in Frage, was in einer Position des erweiterten Bewusstsein durchaus in Betracht kommt. Vor allem die Erlaubnis, eigene und neue Erfahrungen machen zu dürfen, trotz Vorbehalte, Vorurteile und Vorschriften, trotz aller bewährten Gewohnheitsmuster und guter alter Rezepte, – sie ermöglicht es, in das eigene Erleben einzusteigen und selbst Unterscheidungen treffen zu dürfen. Diese kleinen Unterscheidungen sind Vorläufer von großen Entscheidungen. Und sie vollziehen sich auf der Ebene der Sinne. Oft werden sie gar nicht bewusst: die Sinne reagieren unbewusst auf die Einflüsse und machen sich ein Bild von dem Gesamteindruck. Ich trete in einen Raum und meine wachen Sinne melden mir sofort, ob ich mich wohl fühle oder nicht. Ob ich bleiben möchte oder nicht. Ob ich dort arbeiten möchte oder nicht. Aber zu oft wird die Stimme des ersten Eindrucks entweder nicht gehört oder nicht ernst genommen. Schließlich hat das Ich mit seinen vernünftigen Gründen das letzte Wort und trifft Entscheidungen trotz der Sinne und des Körpergefühls.

Hier finden Sie die fünf Arten der Erlaubnis, die für Sie Schleusen ihrer sinnlichen, körperbezogenen Wahrnehmung öffnen:

1. Ich darf wachsen und mich ausbreiten. Ich darf mir Raum nehmen und mich entfalten. Ich darf groß und stark werden. Ich darf mich verwurzeln. Ich darf dem Licht zustreben, als wollte ich in den Himmel wachsen. Ich darf etwas unternehmen.
2. Ich darf aufblühen und Spaß haben. Lust am Leben entwickeln, Freude empfinden, Kontakt suchen, gefallen, anziehend wirken. Ich darf meinen Körper mögen und lebendig sein. Ich darf mich ausdrücken. Ich darf lieben, ich darf zu meinen Gefühlsregungen stehen, ich darf auf mein Herz hören.
3. Ich darf meinen Sinnen trauen, ich darf in vollen Zügen genießen, ich darf mich wichtig nehmen. Ich darf meine eigenen Erfahrungen machen. Ich darf neugierig sein. Ich darf Fehler machen und dazu lernen. Ich darf dazugehören und mich selbst sein. Ich darf denken und entscheiden.
4. Ich darf einmal getroffene Entscheidungen überdenken und neue

Möglichkeiten offen lassen. Ich darf meinen eigenen Weg gehen. Ich darf mich überraschen lassen. Ich darf beobachten. Ich darf es mir anders überlegen. Ich darf mich korrigieren. Ich darf mich verändern.
5. Ich darf meinen Willen zeigen. Ich darf mich durchsetzen. Ich darf mir selbst vertrauen. Ich darf mich auf das besinnen, was mir wesentlich ist. Ich darf Charakter haben. Ich darf mich konzentrieren. Ich darf mich zurückziehen.

Sie glauben nicht, dass diese Erlaubnisse einen Unterschied machen? Probieren Sie es aus! Versetzen Sie sich in eine problematische Alltagssituation und betrachten Sie sie unter dem Aspekt der Erlaubnisse. Wie reagiert Ihr Körper darauf, wenn sein Gefühl ernst genommen und beachtet wird? Wie ist es für Ihr Selbstbewusstsein, wenn Sie beherzigen, dass Sie in jedem Moment Ihres Lebens eine Wahl haben. Ja, Sie haben die Wahl, auf sich zu hören, oder in eingefahrenen Bahnen sich weiterhin den festgelegten Gleisen anzuvertrauen.

Stellen Sie sich vor, Sie sind ein Baum: der Saft steigt, den Jahreszeiten entsprechend, auf und wieder nieder, bis er sich im Winter ganz zurückzieht. Sie wissen: es ist immer derselbe Baum, nur der Zustand ändert sich. Wenn ein Baum eine Identität hätte – es wäre dieselbe, die ihn durch all die wechselnden Verhältnisse begleiten und ihm eine Kontinuität geben würde. Und nun vergegenwärtigen Sie sich Ihren Körper: wie verschieden auch Ihre Haltungen und Einstellungen sein mögen, es ist immer derselbe Körper, und es ist Ihr Körper – auf wunderbare Weise einzigartig und zugleich anpassungsfähig an die verschiedenen Wechselfälle des Lebens. Im Körper sind alle jene Lernerfahrungen gespeichert, die zunächst zu kleinen, feinen Unterscheidungen und schließlich zu den großen Entscheidungen geführt haben, die Sie im nachhinein als Weichenstellung betrachten mögen. Sicher, Sie können die Zeit nicht zurückfahren und die Entscheidungen rückgängig machen. Aber Sie können jederzeit in jenen Ozean der möglichen Unterscheidungen und Entscheidungen eintauchen, und oft verbindet sich ein Gefühl der Zeitlosigkeit damit. Nehmen Sie sich die Zeit dafür!

Weshalb ein Tao-Modell?

Das Tao erzeugt die Eins, die Eins erzeugt die Zwei.
Die Zwei erzeugt die Drei.
Die Drei erzeugt alle Dinge.
Alle Dinge haben das Dunkle im Rücken und streben nach dem Licht.
Die strömende Kraft gibt ihnen Harmonie.
LAOTSE

Das Tao ist das Große Ganze, in dem Kräfte wirken wie die Kräfte in einem Feld. Zum Teil lassen sich diese Kräfte beschreiben bzw. in anschauliche Bilder fassen. Zum (größeren) Teil aber ist das Tao eine Metapher für jenen namenlosen, unbeschreiblichen Rest, der jenseits aller Beschreibung und noch vor jeder Unterscheidung das umfasst, was als Mysterium sich unserem anschaulichen Nachvollzug und unserem Fassungsvermögen entzieht. Wie kann das Tao als Modell verwendet werden, wenn es alle Maße der Vorstellung überschreitet?

Die meisten Modelle wollen die Wirklichkeit abbilden, ohne Raum zu lassen für das, was die Wirklichkeit ergänzt, überschreitet, und relativiert. Das Tao-Modell hingegen vergegenwärtigt uns von Anfang klar, dass alle Bilder, die wir uns von der Wirklichkeit machen, beschränkt und relativ sind, genau wie unsere Wahrnehmung beschränkt und relativ ist. Wir können nichts absolut erkennen, ebenso wie wir das Absolute, wie es in dem Denken der westlichen Philosophie Eingang gefunden hat, zwar als Begriff einführen, aber nicht körperlich, sinnlich erfahren können. Alle Erfahrung ist nur eine Annäherung, ein Kreisen um eine unsichtbare Mitte. Doch gerade diese Erfahrung des Kreisens, dieses Lernens anhand von einem Hin und Her zwischen Nähe und Ferne, zwischen gewonnenem Gleichgewicht und gleich darauf von dessen Verlust, zwischen Beheimatung in den Gewohnheiten und Entfremdung durch den Kontakt mit dem Ungewohnten, Unbekannten – alle diese Lernerfahrungen tragen dazu bei, Denken und Handeln in kleinen Schritten zu verbinden und Bewusstsein aufzubauen. Dabei ist es nicht das Denken, das führt, und das Handeln, das dem Denken folgt, sondern ein ständiger Wechsel zwischen beidem. Es ist ein Prozess des Unterwegsseins.

Tao: Weg, Straße, Pfad, Kurs, Prinzip, Lehre, Sprechen.
Das chinesische Schriftzeichen zeigt eine Person, die unterwegs ist.
Wer das Tao studieren möchte, kann viel aus diesem Bild ersehen und für
sich anwenden. Es stellt die organische Bewegung des Kosmos als riesi-
gen, ausbalancierten, dynamischen und in Bewegung befindlichen
Körper dar sowie den Weg, dem wir alle in unserem Leben folgen.
DENG MING-DAO, TAO IM ALLTÄGLICHEN LEBEN

Das Tao-Modell vergegenwärtigt uns, dass wir ständig durch verschiedene Zustände hindurchgehen. Unser Erleben durchschreitet diese ständigen Wechsel mehr oder weniger bewusst. Das Tao-Modell versinnbildlicht verschiedene Zustände und zeigt uns dadurch nicht nur, wie wir verschiedene Zustände unterscheiden lernen, sondern auch, dass der Wechsel nicht zu einer Aufspaltung und Auflösung führt, sondern ein Bewusstsein auf einer höheren, übergeordneten Ebene fördert, wenn die Wahrnehmung sich auf die höhere, übergeordnete Einheit einlässt, d.h. darauf fokussiert ist. Diese Art von Wahrnehmung als Voraussetzung für das höhere Bewusstsein entwickelt sich nur dann, wenn die unmittelbare Beobachtung sich von den Dingen löst und sie unter dem Aspekt der übergeordneten Einheit, sozusagen als Zeichen und Zeugnisse derselben, «lesen» kann. In der westlichen Philosophie ist diese Disziplin als «Kontemplation» (wörtlich Betrachtung) eingegangen. Sie hat sich vor allem in der Mystik und der mystischen Naturbetrachtung bewährt. Man nannte es «in dem Buch der Natur lesen» und die Natur als Quelle des Wunderbaren auf eine besondere Weise zu genießen. Auch im Taoismus finden wir als Quelle der Weisheit die Beobachtung der Natur. Darin vereinen sich Zustände des Gegensätzlichen, wie etwa Tag und Nacht, hell und dunkel, warm und kalt. Diese Gegensätze schließen einander zeitlich aus, d.h. sie sind in eine Abfolge eingebunden. Wenn es vom Wechselspiel von Yin und Yang heißt, sie bewirkten das scheinbare Geschiedensein, dann verbindet sich mit der Einsicht in die Gegensätzlichkeit zugleich die Einsicht in die übergeordnete Einheit, in das namenlose Tao, dem das Sein der zehntausend Dinge entstammt.

Dem Tao entstammt das Sein der zehntausend Dinge; das Wechselspiel
von Yin und Yang bewirkt ihr scheinbares Geschiedensein.
Alle Dinge haben im Rücken das Dunkle (Yin) und streben nach dem
Licht (Yang), und die strömende Kraft gibt ihnen Harmonie.
(LAO TZU, ZITIERT BEI BLOFELD)

Das Tao-Modell ist ein Lernmodell, anhand dessen wir bei jedem unserer Schritte uns auf die Unendlichkeit des Weges beziehen können, ohne den Weg zu verlassen oder unsere Lernbewegung abzubrechen. Wir stimmen und schwingen uns ein, wir rechnen nicht nur darauf, wir kontemplieren, d.h. richten unser Bewusstsein auf die höhere, übergeordnete Einheit, in der alles Raum findet und nebeneinander existiert. Wir entwickeln einen Geschmack, einen besonderen Sinn für das Übergeordnete, ohne das Detail aus dem Auge zu verlieren. Je mehr wir uns auf das Wunderbare, das Wunder des Daseins, des Erlebens, des Fühlens und des In-Verbindung- Seins einstimmen, desto mehr achten und schätzen wir jedes Detail, das Kleinste, in dem das Große gespiegelt wird. Die Wahrnehmung wird realistischer, immer weniger ersetzen Vorstellungen und Konzepte das eigentliche Erleben. Immer öfter gehen wir im Dasein auf und genießen das unmittelbare Erleben dessen, was jetzt gerade wirkt und wirklich ist, statt uns «den Rest dazu zu denken», wie wir es dann machen, wenn wir von unseren gewohnten Weltbildern restlos eingenommen, je, geradezu besessen sind. Das Tao-Modell zeigt uns, wie wir sinnliches Erleben und realistische Beobachtung vereinen, statt Denken, Sein und Handeln aufzuspalten in völlig verschiedene und sich gegenseitig ausschließende Bewusstseinszustände. Die Zustände bedingen einander. Ihr Wechsel vollzieht sich gleitend, die Grenzen lösen sich auf. Es ist ein Schimmern und Schillern, ein Wabern und Weben, eine komplexe Verknüpfung, die ein Netz im jeweiligen Moment entstehen lässt. Dazu braucht es keine Schöpfungsgeschichte im christlichen Sinne, wo ein Schöpfer die Schöpfung voraus denkt, so dass sie vorbestimmt scheint und die menschliche Freiheit im Widerspruch dazu steht. Das Eintauchen in den Ozean des Tao, die Teilhabe am Weben des Weltennetzes durch Kontemplation ermöglicht eine sanfte, friedliche Gestaltung sowohl des eigenen Lebens als auch des Umfelds, in das wir eingebunden sind. Das Tao-Modell zeigt uns Wege, wie wir uns in den verschiedenen Lebenslagen angemessen verhalten, einen Platz in der Welt finden und darüber hinaus uns jederzeit auf ein Größeres Ganzes, auf unsere innewohnende Tiefe, auf das Göttliche, den Kosmos, das Universum beziehen können, ohne weltfremd zu werden.

Man muss wirken auf das, was noch nicht da ist.
Man muss ordnen, was noch nicht in Verwirrung ist.
Ein Baum von einem Klafter Umfang
Entsteht aus einem haarfeinen Hälmchen.
Ein neun Stufen hoher Turm
Entsteht aus einem Häufchen Erde.
Eine tausend Meilen weite Reise
Beginnt vor deinen Füßen.
LAOTSE, TAO DE KING

Die taoistische Kontemplation fordert uns auf, eine Perspektive einzunehmen, die uns erlaubt, die Dinge und Tatsachen noch vor der Unterscheidung in

Ordnung und Unordnung zu betrachten. Manche sprechen vom schöpferischen Chaos, um das Schöpferische mit der Ordnung vor der (gemachten) Ordnung in Verbindung zu bringen. Die höhere Ordnung kann jedoch nicht gemacht, sondern nur zugelassen werden. Und dabei ist dieses Zulassen kein Fatalismus.

Aufgewachsen im Rahmen einer christlichen Erziehung sehnte ich mich schon als Kind nach mehr Weite und Raum. Im Laufe meiner ethnologischen Streifzüge habe ich Gottesdienste innerhalb fremder Kulturen entdeckt, die oft mit einem rasanten Wirbeln oder stundenlangem Schütteln, Klatschen und Stampfen verbunden waren. Alles war in Bewegung – und so fand ich zu Gott. Es war jedoch nicht der Gott der Glaubensdogmen und Konfessionen, sondern eine sinnliche Erfahrung fließender Energie, wie sie mir im Tanz, in den Bewegungsmeditationen und Kampfsportarten zuteil wurde. Ich bemerkte, dass ich imstande war, zwischen den Ebenen des Bewusstseins hin und her zu pendeln. Mal erlebte ich mich selbst als reine Energie, mal sah ich tanzende Muster in ständiger Bewegung. Mal erlebte ich mich als Akteurin, mittendrin, mal eher passiv, im Rückzug und in der Distanz, als Beobachterin, als Zeugin. Mal voller Aktivität vorwärts preschend, mal zurückgelehnt im Zustand des Träumens, der Muse. Entsprechend meinem Befinden und inneren Zustand erlebte ich mich sowohl als gefestigtes Ich als auch als aufgewirbelte, aufgelöste Energiewolke, die sich jedoch immer wieder wie durch ein Wunder zusammenfügte und eine Ichform, eine Identität annahm.

Ich beobachtete an mir selbst: Wenn ich mystische Texte, insbesondere über das Tao, las, mich von den Worten ergreifen ließ, ohne gleich argumentieren und kontern zu müssen; konnte etwas in mir still werden und die vordergründigen Widersprüche hinnehmen. Im Hintergrund breitete sich ein übergreifendes Verständnis aus, denn meinem Körper kam das vertraut vor, wovor der Kopf (das folgernde, logische Denken) zurückschreckte. Mein Körper lebte in einem Milieu, das der Kopf nicht für möglich hielt, ähnlich wie ein Fisch in seinem Element, dem Wasser, lebt, während der Kopf stellvertretend für den Menschen weiß, dass er ertrinken würde. Der Körper erinnert sich an die Urbewegungen im Urwasser. Deshalb kann der Körper mit den großen Bewegungen des Universums mitgehen und das Fließen der Energie nachvollziehen, wo Worte versagen.

> *Es gibt ein Ding, das ist unterschiedslos vollendet.*
> *Bevor der Himmel und die Erde waren, ist es schon da,*
> *so still, so einsam.*
> *Allein steht es und ändert sich nicht.*
> *Im Kreis läuft es und gefährdet sich nicht.*
> *Man kann es nennen die Mutter der Welt.*

Ich weiß nicht seinen Namen.
Ich bezeichne es als SINN.
Mühsam einen Namen ihm gebend,
nenne ich es: groß.
Groß, das heißt immer bewegt.
Immer bewegt, das heißt ferne.
Ferne, das heißt zurückkehrend.
So ist der SINN groß, der Himmel, die Erde groß,
und auch der Mensch ist groß.
Vier Große gibt es im Raume,
und der Mensch ist auch darunter.
Der Mensch richtet sich nach dem Himmel.
Der Himmel richtet sich nach dem SINN.
Der SINN richtet sich nach sich selber.
LAOTSE, TAO DE KING

Richard Wilhelm hat in seiner Übersetzung aus dem Chinesischen das Wort Tao mit SINN übersetzt. So kann der westliche Leser besser nachvollziehen, um was es eigentlich geht.

Das Wort Tao ist nicht als philosophischer Begriff zu nehmen, daran ändert seine Übersetzung als «Sinn» nichts. «Sinn» will sinnlich erlebt sein, und das geschieht nicht dadurch, dass er als logische, abstrakte Definition verstanden und durch analytisches Denken aufgeschlüsselt wird. Wer das versucht, «der hat das Tao nicht». «Tao» wird auch übersetzt mit «Weg», «Ziel», «Führung». In philosophischen Ausführungen wird es mit Begriffen in Verbindung gebracht wie etwa «Universum», «All» «Weltgeist» oder «Weltseele» »Logos», «Gott». Und doch trifft keines der Begriffe wirklich das Wesen des Tao. Deshalb empfiehlt es sich, von dem chinesischen Wort und dem entsprechenden Schriftzeichen selbst auszugehen. Das Schriftzeichen ist mehrdeutig, es spricht verschiedene Ebenen an. Im Vordergrund steht der Körper (des Menschen) und seine Tätigkeit (das Gehen). Kein Weg ist vorgezeichnet: der Weg ergibt sich während des Gehens, der Körper findet einen Weg. Der sinnliche gefundene Weg hat bessere Chancen «der eigene Weg» zu sein als der geplante Weg, der zunächst nur in der Vorstellung existiert. Jeder Moment ist anders. Und jeder Moment erfordert ein anderes «Vorgehen». Pläne lenken oft von der Fähigkeit unseres Organismus ab, aus einer sich selbst regulierenden Weisheit genau das Richtige zu tun. Aber: Nur das Denken kann es schaffen, die innere Orientierung zu verändern und den Blick vom gewohnten Lebensmodell zu lösen, um eine andere, kontemplative Haltung in Betracht zu ziehen.

Wie muss das innere und äußere Vorgehen, das Denken und das Handeln, beschaffen sein, um die Weisheit des Taoismus wirklich beherzigen zu können?

Es muss ein prozessorientiertes Denken sein, nach dem Motto: «Alles wandelt sich». – Was die Form und den Inhalt betrifft. Und: «Alles bleibt sich gleich», weil alles auf einer tieferen (oder höheren) Ebene miteinander verbunden ist, was die Energie, die Formen füllt und Inhalte nährt, betrifft. Jeder Zustand ist nur ein vorübergehender Zustand. Nichts bleibt bestehen, so wie es ist. Jeder Zustand geht in einen anderen über, wenn er seine «Erfüllung» gefunden hat. «Erfüllung» soll hier nicht mehr heißen als «voll» und «genug». Punkt. Das Nächste bitte! Und sofort schwingt das Pendel in die andere Richtung aus, macht der Weg eine Kurve, hinter der sich neue Landschaften, neue Bewohner, neue Szenen, Situationen verbergen. Der Zustand ist nicht mehr als eine Phase. Ein solches Denken geht mit der Zeit und den Veränderungen, statt das Gewohnte festhalten und verewigen zu wollen. Das vermeidet Erschöpfung, die aus dem Widerstand resultiert, und vermittelt ein Gespür für einen Zustand samt seinen innewohnenden Potenzialen und Tendenzen, die sich in der Zukunft realisieren werden.

Die Kosmologie des Taoismus geht zurück an einen zeitlosen Anfang, der ewig gegenwärtig, mitten in der Zeit anwesend und im Jetzt aufzufinden ist. Der Anfang ist also immer gegeben, und so ist es jederzeit möglich, einen Anfang zu machen. Das Handeln in diesem Sinne ist «vorläufig» und «nachsichtig», es ist niemals perfekt – niemals abgeschlossen, immer neu und frisch, geradezu naiv, immer am Anfang.

Weg: Straße, Art und Weise, Sorte
Das chinesische Schriftzeichen zeigt einen Fuß.
Dieses Zeichen bedeutet auch «voll», «genug».
Jeder geht seinen Weg auf seine Weise.
Niemand kann einen Weg für jemand anderen gehen.
Jeder muss ihn selbst gehen.
DENG MING-DAO, TAO IM ALLTÄGLICHEN LEBEN

Das Denken muss außerdem weit genug sein, um alle Phasen, die ein Mensch in seinem Leben durchlaufen kann, zu erfassen. Unser westliches Denken neigt dazu, bestimmte Zustände aus dem steten Fluss der Erscheinungsformen herauszunehmen, sich mit ihnen eingehend und mehr zu befassen als mit den anderen, sie absolut zu setzen, statt sie im Verhältnis zu den anderen Phasen zu betrachten. Unser Denken ist ein Typen- Denken: wir denken in Prinzipien und Kategorien, und diese lassen sich nicht ständig umstellen und verändern – so wie es keinen Sinn machen würde, jeden Tag die Schubladen neu einzuräumen. Dann könnte man ja gleich alles auf einem Haufen unsortiert lassen, und das wäre dem westlichen Geist in seiner Urangst vor dem Chaos unerträglich. Lieber denkt er in Sorten und Sortierungen – und verpasst das Wesentliche, nämlich das Ganze, das alles enthält. Oft fehlt uns diese übergeordnete Perspektive. Diese kann im Umgang mit dem Tao-Modell «erwirkt» werden. Ich schreibe «erwirkt» statt «erarbeitet», um zu betonen, dass die Stimmigkeit dieser neuen ungewohnten Perspektive sich an ihren Auswirkungen erkennen lässt und durch diese im Alltag sich verwirklichen kann. Wenn das Bewusstsein weit wird, eröffnet sich ein Raum hinter dem Raum, eine Stille und Ruhe hinter allen Bewegungen und Geräuschen. Das Bewusstsein ist wie ein Kaleidoskop von Zuständen, Phasen, Ereignissen, Erinnerungen, körperlichen Empfindungen, Angelerntem und Übernommenem, Gedanken und Gefühlen, inneren Bildern, Weltbildern, Selbstbildern, Landkarten, Wegen, Wildnis; es enthält die ganze Schöpfung. Und indem dieses Bewusstsein einen Blick auf sich selbst wirft, stellt es eine Verbindung zum Urgrund her. Das Handeln in diesem Sinne begegnet dem Anderen mit Offenheit. Es gesteht dem Gegenüber Raum und Weite zu, ebenso wie sich selbst.

> *Weit: Der Weg ist so weit, weil er durch uns selbst führt.*
> *Das chinesische Schriftzeichen zeigt die eine Seite des Hauses, die andere ist so weit entfernt, dass sie nicht mehr zu sehen ist. So entsteht der Eindruck von Unermesslichkeit. Das Licht erstreckt sich über das weite Feld.*
> *Wie können wir etwas Unendlichem einen Namen geben? Das Abmessen und Kategorisieren des Unendlichen führt zu noch mehr Unendlichkeit. Unendlichkeit kann Unendlichkeit erkennen, weil die beiden in Wirklichkeit eine einzige unermessliche weite Einheit ohne Anfang und Ende sind.*
> DENG MING-DAO, TAO IM ALLTÄGLICHEN LEBEN

Unser Denken selbst sollte schöpferisch werden, statt die Schöpfung von außen zu betrachten, ähnlich wie wir die Schöpfung als etwas verstehen, was von einem außenstehenden Schöpfergott produziert wurde, gleich einem Objekt. Unsere wissenschaftliche Sprache bemüht sich Objektivität. Aber eine neue wissenschaftliche Methode der Erforschung von Natur und Kultur besteht darin, einzutauchen in die Verhältnisse, die beobachtet und beschrieben werden sollen, um ein Teil des Ganzen, des Systems zu werden, das es zu erforschen gilt; also die eigene Erlebnisfähigkeit (die Subjektivität) als wichtigstes Instrument einzusetzen und so zu bewusst subjektiven Aussagen zu kommen. Hier erhält der Kontakt mit dem eigenen Unbewussten die Bedeutung zurück, die vor dem Eintreten des wissenschaftlichen Zeitalters bestand: Träume und Visionen, Eingebungen und spontane Einsichten waren auch im Westen wegweisend, wenn es darum ging, das eigene Leben sinnvoll zu gestalten. Das Handeln in diesem Sinne ist entschlossen und getragen von einer inneren Kraft der Bejahung.

> *Es soll jedoch betont werden, dass du grundsätzlich nicht den Dingen folgen kannst, ohne vorauszusetzen, dass es tatsächlich keine andere Alternative gibt, da du und die Dinge der Vorgang seid: das jetzt strömende Tao. Das Gefühl, dass es einen Unterschied gibt, ist ebenfalls Teil dieses Vorgangs. Das ist nun einmal so. Nur der Strom und seine Myriaden von Windungen, seine Wellen und Bläschen, Schaum, Wirbel und Strudel – und das bist du.*
> ALLAN WATTS, DER LAUF DES WASSERS

Das Denken sollte körperbezogen sein, das heißt, es sollte die subtilen, subcutanen, subliminalen Botschaften des Körpers als wichtige Informationen in das Denken (d.h. in die bewusste Verarbeitung von Informationen) einbeziehen. Meist ist unsere Wahrnehmung ungeschult und «dicht», – «zu» wie ein zugedrehter Wasserhahn. Die Natur der menschlichen Wahrnehmung ist immer «offen», nur das Bewusstsein, dass diese Wahrnehmungen zur Kenntnis nimmt und sie wahr haben will, bleibt geschlossen – bis wir es in der Meditation oder Kontemplation öffnen. Kontemplation heißt genau das: Etwas anschauen, ohne den größeren Zusammenhang aus den Augen zu verlieren. In allem spiegelt sich das Ganze, in jedem Teil ist das Ganze enthalten. Der Körper «weiß» dies, die Körperweisheit (Bodymind) reagiert auf die Allverbundenheit des Lebendigen (der ganzen Schöpfung) und funktioniert aufgrund seiner eigenen Fähigkeit zur ganzheitlichen Selbstorganisation. Andrerseits ist der Körper auch ein System, das mit anderen Systemen in Resonanz und Austausch geht. Dieses «Bewusstsein», das kein Bewusstsein in unserem westlichen Sinne ist (da es kein Ich-Bewusstsein hat und mehr einem Traumbewusstsein gleicht) wird auch «archaisches Bewusstsein» genannt. Es ist ganz in der Gegenwart, und ganz nah am Anfang, an der Quelle (arché, altgriechisch, heißt Anfang, Ursprung). Es lässt sich von der Energie ergreifen, statt begreifen zu wollen. Das Handeln in diesem Sinne ist ungezwungen und von einer natürlichen Anmut.

> *Höre meine Worte: Was den Körper betrifft, so ist es am besten, er geht mit den Dingen. Was die Gefühle betrifft, ist es am besten, ihnen freien Lauf zu lassen.*
> *Wenn du mit den Dingen gehst, vermeidest du die Trennung von ihnen.*
> *Wenn du den Gefühlen freien Lauf lässt, vermeidest du Ermüdung.*
> TSCHUANG TZU

Das Denken sollte lernen, sich wieder der «vorsprachlichen» und «prä-logischen» Mittel der Kommunikation zu bedienen. Dazu gehören Symbole, Rituale, Mythen und die Figuren, die darin auftreten, die Archetypen. Ein solches Denken kann sich durch Tanz, Musik, Gestalten, Spielen ausdrücken und ist nicht auf die Sprache als einziges Kommunikationsmittel angewiesen. Sprache als Schriftsprache ist selbst ein symbolisches System, insofern es ein Zeichensystem darstellt. Wir denken in Symbolen, um komplexe Zusammenhänge zu erfassen. Ein Symbol vereinigt viele verschiedene und oft in sich widersprüchliche Informationen, die nur über ein Bild erfasst werden können, dessen Bedeutung und Sinn sich eher erschließt als durch Analyse der Einzelteile. Mythisches Denken geschieht in bildhaften, anschaulichen Erzählungen, die bedeutsame Ereignisse wiedergeben und in der Erinnerung verankern. So entsteht Geschichte. Auf diese Weise entsteht auch unser Selbstbild, unsere Identität als etwas, das wir uns immer wieder vorsagen. Es ist ein Mythos. Im normalen Fall stimmt das Selbstbild mit dem Bild, das andere sich von uns machen, überein. Gemeinsam erzählen wir eine Geschichte, in der wir selbst als Protagonisten vorkommen. Wir selbst schreiben unser Drehbuch der (gemeinsamen, gesellschaftlichen) Wirklichkeit. Es ist ein Drama. Gemeinsam könnten wir auch eine andere Wirklichkeit aushandeln, wenn wir das wollten. Die großen Weisen haben sich der Metaphern, Parabeln und Anekdoten bedient, um ihre Lehrgeschichten darin zu verpacken. Magisches Denken hingegen will die Wirklichkeit beeinflussen und bedient sich der Rituale, die gegebenenfalls auch mit wenigen Worten, manchmal sogar ganz ohne Worte auskommen, weil sie auf einer non-verbalen Ebene funktionieren. (Eine lange Rede während eines Festes oder eine trockene Predigt im Gottesdienst ist erfahrungsgemäß der Schwachpunkt in der rituellen Abfolge). Das Handeln in diesem Sinne ist ausdrucksstark. Es kommt mit wenigen Worten aus, weil es für sich spricht.

Tien Ken wanderte auf der südlichen Seite des Berges Yin. Als er zum Fluss Liao gelangte, begegnete er einem namenlosen Weisen, zu dem er sprach: «Bitte sage mir, wie die Welt zu regieren ist.» Der namenlose Weise sagte: «Mach dich fort, du Narr! Warum stellst du eine derart plumpe, unpassende Frage?» Tien Ken stellte jedoch seine Frage ein zweites Mal. Der namenlose Weise erwiderte: «Lass deinen Geist durch das Reine und Einfache schweifen. Sei eins mit dem Unendlichen. Lass alle Dinge ihren natürlichen Lauf nehmen. Versuche nicht geistreich zu sein. Dann wird die Welt gelenkt werden.»
BLOFELD

Das Denken sollte kontextbezogen sein, d.h. sich vom Leben bewegen lassen, statt dem Leben die Bewegungen vorzuschreiben. Kontext bedeutet: der

Zusammenhang, innerhalb dessen eine Situation Sinn macht. Kontext bedeutet: der Rahmen, der dabei hilft, sich ein Bild zu machen, d.h. das wahrgenommene Bild sinnvoll zu deuten. Ein kontextbezogenes Denken verzichtet auf «ewige Ideen», allgemeingültige Wertvorstellung und Glaubenssätze, die überall und immer gelten. Es fokusiert den Moment, so wie er gerade ist bzw. wie er gerade erscheint, wahrgenommen wird, sich darstellt und gedeutet wird. Gerade im therapeutischen Arbeiten mit Impulsen, die zugelassen werden, um sich zeigen zu können, mit minimalen Veränderungen, die die Körperhaltung betreffen und eine entscheidenden Einfluss auf das ganze Verhalten eines Menschen bewirken können, mit der Darstellung von Verhaltensformen (ganzer Systeme, Familien, Organisationen, Unternehmen), die im Raum aufgestellt werden habe ich immer wieder erfahren, dass Gedanken (fertig gestellt und abgepackt) beim Denken (das nie zu einem Abschluss kommt, so lange es unterwegs ist) eher störend sind, da sie selbstherrlich etwas fixieren, was schon längst passé, und out ist. Die Gedanken kommen immer viel zu spät. Aber es gibt eine Denkbewegung, die fließt mit den Jetzt-Momenten mit und schafft es, Momentaufnahmen zu machen. Der Kontext ist der Rahmen, in dem der Text verstanden werden möchte. Und wenn der Text das Leben selbst ist, so ändert sich der Rahmen ständig. Der Bequemlichkeit halber könnten wir natürlich einen Rahmen für alles, sozusagen einen Mehrzweck- oder Allzweck-Rahmen verwenden. Aber damit entginge dem Denken das Wesentliche, nämlich das jeweilig Sinnliche an der Geschichte. Vielleicht sollten wir deshalb ein solches fließendes Denken lieber «Sinnen»(aber nicht Nachsinnen) nennen. Das Handeln in diesem Sinne ist vorausschauend aber unvoreingenommen.

> *Im voraus handeln heißt sich voranbewegen, wenn es an der Zeit ist.*
> *Das Bild für das chinesische Schriftzeichen «vorwärts bringen» zeigt ein*
> *Bein und ein Boot – die Bootsleute mussten sich manchmal ans Ufer begeben und das Boot flussaufwärts ziehen, dabei mussten sie dem Boot*
> *also vorausgehen.*
> *Die Zeit des Handelns ist nicht der Augenblick des Handelns.*
> *Die Zeit der Planung ist nicht dann, wenn das Schicksal dich ereilt.*
> *Die Erfolgreichen sind erfolgreich, weil sie bereits gehandelt haben.*
> *Die Scheiternden scheitern, weil sie zu spät handeln.*
> *Die Menschen, die am erfolgreichsten sind, haben die Grundlagen für ihr*
> *Handeln vor den tatsächlichen Augenblick der Herausforderung verlegt.*
> *Der Erfolg ist ein Ergebnis exzellenter Vorbereitung.*
> *In den konkreten Alltagssituationen ist ein Handeln erforderlich, bei dem*
> *es nicht ausreicht, nur mal einen Versuch gestartet zu haben oder sich*
> *auf die sofortige Suche nach Lösungen zu begeben. Hier ist schlichtweg*

> «Handeln» vonnöten. Die, die dem Tao folgen, stellen eine Verkörperung
> des meisterlichen Handelns dar.
> Sie strapazieren sich nicht, sie «sind» ganz einfach «sich selbst» und
> «da».
> DENG MING-DAO, TAO IM ALLTÄGLICHEN LEBEN

Das Denken sollte dynamisch sein. Es sollte mitgehen, statt stehen zu bleiben, um die Realität besser erfassen zu können. Es braucht nicht immer einen Fixpunkt für den Fokus, so wie es auch nicht immer ein Stativ für die Kamera braucht. Wir kennen die «Kamera in Bewegung», die Filmsequenzen von einer packenden Bildqualität liefert, auch wenn die Schärfe darunter leiden mag. Der Betrachter wird unwillkürlich in den Sog der Geschehnisse gezogen, er gerät in ihren Bann, ist involviert, ist Teil von dem, was gerade geschieht. Er ist und bleibt mittendrin. Das nenne ich «involviertes, partizipierendes Denken». Es ist weniger etwas, was gemacht als zugelassen werden muss. Das bewusste Mitgehen der Aufmerksamkeit mit dem, was gerade jetzt als «Text» gegeben ist, kann sich auf die körperlichen Zustände, das körperliche Befinden, die körperlichen Empfindungen (heiß, kalt, weich, hart, entspannt, angespannt, ausgedehnt, zusammengezogen etc.) beziehen, kann aber auch das erforschen, «was die Seele bewegt», also die Emotionen, die Gemütsbewegungen. Je mehr wir die Bewegtheit in unserer Emotionalität wahrnehmen, desto besser stehen unsere Chancen, unsere Emotionen wirklich zu verstehen und gegebenenfalls auch zu lenken, statt von ihnen beherrscht und gelenkt zu werden. Das gilt schließlich auch für eine geistige Beweglichkeit, die die Basis eines kreativen, inspirierten Denken ist. Das Handeln in diesem Sinne kommt aus dem Herzen und folgt dem Gefühl für das, was uns jetzt gerade am Herzen liegt.

> *Tao bedeutet der Weg, wobei das Ziel und der Weg dorthin ein und dasselbe sind: man wendet sich ab von der Leidenschaft, um das Ziel der Stille zu erreichen, und «stillt» sich, um zu dieser Abwendung fähig zu sein. Möglicherweise klingt das paradox, beschreibt aber treffend, wie diese Methode funktioniert. Wie mit den Leidenschaften, so verhält es sich auch mit den Sehnsüchten. Die Erinnerung an die Qualen unerfüllten Verlangens, verbunden mit der Reflexion über den flüchtigen Charakter ihrer Gegenstände und die Kurzlebigkeit der Befriedigung, die sie zuweilen bieten, ist ein äußerst wirksames Mittel, um alle Sehnsüchte genauso schnell dahin schwinden zu lassen, wie sie aufgetaucht sind.*
> BLOFELD

Das Denken soll kreativ sein und sich inspirieren lassen (statt es «besser zu wissen» und nach Bestätigung für seine Vorannahmen zu suchen). Das

Denken, das involviert ist und bleibt, hält den Kontakt zu seinem eigenen Urgrund, zum Geist, aufrecht. «Tao ist alltäglicher Geist» heißt es bei Zenkei Shibhayama. «Wir erleben es täglich, das Tao.», sagt Wu-men Hui-k'ai. Wo ist das, was du Tao nennst?, fragt Tung und Tschuang tzu. Es ist überall, antwortet dieser. Was die Wissenschaft «Feld» genannt hat, aus dessen Energiepotential die sichtbaren Phänomene in Erscheinung treten und wieder verschwinden, ist eine Analogie zum Tao. Tao ist aber auch identisch mit dem menschlichen Bewusstsein. Die Eigenschaft «Bewusstsein» kann ausgedehnt werden auf andere lebende Systeme, z.B. auf Tiere, oder sogar auf Pflanzen, auf alles, was sich selbst organisiert. Alles, was sich als Organismus selbst erhält, ist in gewisser Weise intelligent und «bewusst», auch wenn es kein Selbstbewusstsein hat. Wenn ein Organismus Bewusstsein besitzt, dann kann das als eine Manifestation des Energiefeldes gesehen werden. Tao ist die Summe aller Manifestationen und darüber hinaus die Quelle, aus der alles kommt, das Feld, auf dem sich alles abspielt. Alles was du wahrnimmst, macht dein Bewusstsein aus. Alles was hochkommt, stimmt. Alles was im Raum ist, das ist dein Geist. Wenn das Denken seinen Fokus auf das Feld lenkt, ist es nicht mit seinen eigenen Produkten (den Gedanken) beschäftigt, sondern mit dem, was real ist. Denken fühlt sich an wie simultan zu übersetzen: Alles was gedacht wird, entsteht in einem Feld. Alles, was Bedeutung erhält, erhält sie innerhalb eines Rahmens, und dieser Rahmen ist das Feld. Alles was nach einem Ausdruck sucht, findet ihn innerhalb eines Feldes: der Ausdruck entsteht im Feld, prompt und spontan. Das Feld ist die Wirklichkeit, so wie sie gerade da ist – nicht wie sein sollte und wie sie hätten sein können. Es ist wie es ist. Das ist reell. Das Handeln in diesem Sinne ist bezogen auf das, was im Moment ansteht. Es ist spontan.

> *Freudig von Gewissheit erfüllt :*
> *Hat man einmal ein Gefühl für das Tao entwickelt, so gibt es keinen Zweifel mehr.*
> *Es ist ein Wissen, das sich nicht mehr aus dem Bewusstsein auslöschen lässt, es kann nicht verlernt werden. So verhält es sich mit denen, die ein Geschmack für das Tao entdeckt haben und in seinem Fließen leben: Sie leben in der freudigen Gewissheit des Getragenseins.*
> *Sie fühlen sich mit der Quelle des Lebens unmittelbar verbunden.*
> DENG MING-DAO, TAO IM ALLTÄGLICHEN LEBEN

Taoistisches Denken ist realistisch. Natürlich mischen sich magische und mystische Elemente in die Tradition des Taoismus, z.B. was die «Innere Alchimie» betrifft, aber diese Teile sind Hilfsmittel, die das Denken erweitern, begeistern, herausfordern und von seinen Gewohnheiten befreien können. Doch es kehrt immer zu dem zurück, was gerade ist, was im Raum steht, d.h. in einem (Um)Feld entstanden und aufgetaucht ist. Zurück zum Tao. Unterwegs zum Tao. Das heißt für mich: unterwegs zum Glück. Das Handeln in diesem Sinne ist pragmatisch, d.h. es hat einen Nutzen, der auf der Hand liegt und überzeugt.

Mit dem Fokus auf das Tao:
Die auf dem Weg des Tao sind, erkennen eine innere Richtung in ihrem Leben.
Sie akzeptieren, wer sie sind, sie überprüfen die Implikationen und Details im Leben.
Sie machen sich das, was sie sind, zunutze.
Sie versuchen nicht jemand zu sein, der sie nicht sind.
Sie akzeptieren, dass jedes Stadium des Lebens seine speziellen Vorteile und Nachteile mit sich bringt, und richten sich darauf aus, sich mit den Vorteilen zu befassen.
Sie bewahren ihre Energien; sie sind zufrieden mit dem, was sie haben.
Da sie nicht nach den blendenden Zielen der vom Ehrgeiz getriebenen Menschen streben,
sind sie imstande, ihr inneres Gleichgewicht zu bewahren.
DENG MING-DAO, TAO IM ALLTÄGLICHEN LEBEN

Flexibilität und innere Unabhängigkeit:
Da die Lehre von Tao davon ausgeht, dass alles in der Welt relativ ist, vertritt sie keine Absolutheit. Menschen, die auf dem Weg des Tao sind, schließen selten etwas aus, da sie glauben, dass alle ihre Entscheidungen von den Umständen abhängen und nicht von irgendwelchen vorgefassten Meinungen und Ansichten.
DENG MING-DAO, TAO IM ALLTÄGLICHEN LEBEN

Innere Alchimie: der taoistische Umgang mit der Energie

Ich besitze drei Schätze,
die ich hüte und die mir kostbar sind:
Der erste ist das Mitgefühl,
der zweite die Genügsamkeit,
der dritte die Demut.
Das Mitgefühl nimmt die Angst,
die Genügsamkeit erlaubt Großzügigkeit,
die Demut führt zur Selbstbeherrschung.

Denn Kühnheit ohne Mitgefühl
Großzügigkeit ohne Genügsamkeit
Selbstbeherrschung ohne Demut
Führt zum Tod.
LAO TSE, TAO TE KING

Dem Gedanken folgt Energie. Der Gedanke gibt die Richtung an, in die die Energie fließt. Ist das Denken nicht gesammelt, so zerstreut sich die Energie. Ist das Denken ohne Ziel und Motiv, so verliert sich die Energie. Hält das Denken an bestimmten Inhalten fest, so ist die Energie blockiert, sie fließt nicht mehr frei, sie steht nicht mehr frei zur Verfügung. Der Mensch denkt sich in einen Zustand der Besessenheit hinein. Wir bekommen die Auswirkungen unserer Gedanken zu spüren, und nur über das Nachspüren und Hinfühlen können wir etwas über die Unterschiede von Energien lernen. Energie in der Form des Plurals meint eigentlich «energetische Zustände». Wir geraten in verschiedene Zustände, die wir verschieden wahrnehmen, wobei in unserer Wahrnehmung schon die Interpretation des Wahrgenommenen inbegriffen ist. Wir spüren etwas (körperlich) und meinen, dass es ein Zeichen von etwas anderes sei. Wir bilden uns eine Meinung in Form von Gefühlen, die jedoch nicht mehr sind als Interpretationen dessen, was wir erleben. Wir meinen, dass das Erleben eine bestimmte (gewohnte, alte) Bedeutung hat, und so machen wir uns ein Bild von der Welt aufgrund dieser Meinungen. Energie in der Form des Singular lenkt die Aufmerksamkeit auf jenes Fließen und Strömen einer Kraft, die ähnlich wie die Elektrizität nicht direkt sondern nur durch ihre Auswirkungen zu erkennen ist. Wenn die Lebensenergie kraftvoll durch uns hindurch pulst, fühlen wir einen Steigerung von Lebendigkeit und Präsenz. Wir fühlen uns fit, dem Leben gewachsen. Wenn wir das Leben und unser Umfeld unter dem Aspekt einer alles durchdringenden kosmischen Energie betrachten, fühlen wir uns allem verbunden. Daraus folgt eine Haltung von Respekt, Achtsamkeit, Mitgefühl und ein Verständnis, das nicht auf dem Bewusstsein der Verschiedenheit beruht, sondern auf dem Erlebnis einer verbindlichen Gemeinsamkeit. Energie (im Singular) ist der gemeinsame Nenner. Energien (im Plural) sind verschiedene Zustände, in denen sich die Energie bemerkbar macht. In der Beobachtung der Energiezustände unterscheiden wir nach Kriterien der Qualität. Wir sollten uns fragen: Wie fühlt sich das an, dieser Zustand, in dem ich jetzt bin?, statt gleich unsere Meinung zu bilden und wie gewohnt zu reagieren und dann unsere gewohnte Reaktion mit dem unvoreingenommenen Erleben zu verwechseln.

Das Tao-Modell bietet uns einen Umgang mit Energiezuständen an, das es ermöglicht, immer neu die Energien als Zustände zu erfahren und darüber hinaus alle Zustände, die erlebt werden, auf eine, übergeordnete, kosmische Energie zurückzuführen. Es gibt drei verschiedene Ebenen, auf denen sich Energiebeobachtung vollziehen kann.

1. Die körperliche Ebene: Hier wird beobachtet, in welchem Zustand der Körper ist. Die vegetative und instinktive Weisheit unseres Körpers ist darauf ausgerichtet, ein optimales Energieniveau stabil zu halten. Labile Zustände entstehen dann, wenn das alte, selbstregulierte Gleichgewicht verloren wurde und sich ein neues Gleichgewicht in Anpassung an neue, noch ungewohnte Umstände einstellen muss. Jede Krise fordert die Fähigkeit des Organismus heraus, kreativ auf die Herausforderung zu antworten. Das Leben bietet über den Körper Lernchancen an. Heilung bedeutet nicht die Wiederherstellung eines alten Gleichgewichts, sondern eine Erweiterung und Ergänzung der körpereigenen Kräfte, die ihre Vitalität unter Beweis stellen. Vitalität findet immer neue Formen sich zu bewähren.
2. Die seelische Ebene: Hier wird beobachtet, wie der Gesamtustand (also der des Körpers, aber auch der der Seele und des Geistes) erlebt wird. Welche Stimmung herrscht vor? Welche Gedanken verbinden sich mit den Gefühlen, die sich wiederum mit dem Erleben verbinden? Seelische Krisen wirken sich nicht nur auf das Gemüt aus, sondern beeinflussen die Konzentration, die Kreativität, die Motivation, die Willenskraft, die Fähigkeit zu unterscheiden und

sich zu entscheiden, zu handeln, das Richtige zu tun, zu funktionieren. Die Seele will Integration. In Zeiten der Krise, wenn die verschiedenen Interessen und Seelenanteile wie eigenständige Teilpersönlichkeiten auseinanderdriften, helfen Symbole, Mythen und Rituale mehr als vernünftige Überlegungen und logische Folgerungen dem Erlebten einen übergeordneten Sinn zu geben, der die Sinnlosigkeit einzelner Erlebnisse überbrückt.

3. Die geistige (spirituelle) Ebene: Hier wird beobachtet, wie alles zusammenhängt und zusammenspielt. Diese Art von Betrachtung kann kultiviert werden: durch Kontemplation entsteht eine Kultur gegenseitiger Achtung und des Mitgefühls. Der individuelle Geist nährt sich aus der Energie des Kosmos. Zwar ist die (indische) Vorstellung einer Weltseele, in die die einzelne Seele eingeht, dem Taoismus fremd, aber in der Naturbetrachtung in der chinesischen und japanischen Lyrik findet ein Gefühl der tiefen Verbundenheit ihren Ausdruck. Spirituelle Krisen äußern sich in Zuständen der Verlorenheit, einer tiefen Verlassenheit, als hätte man den Anschluss an den Lebenssinn grundsätzlich verloren. Hier hilft eine Tradition, die den Anschluss wieder herstellt, und zwar auf energetischer (nicht auf konzeptueller) Ebene, z.B. durch Atemtechniken, durch Bewegungs- Sing-, Sprech- oder Klang- Meditationen. Auch Visualisierungen von übergeordneten Kräften, die dem Menschen hilfreich zur Seite stehen, Engel, Heilige, Schutzgötter, und spirituelle Lehrer tragen dazu bei, die geistige Verbindung wieder herzustellen und zu stabilisieren.

Diese drei Ebenen könnten den drei Energie-Qualitäten zugeordnet werden, wie sie etwa im Chi Gong unterschieden werden. In den traditionellen Texten der Inneren Alchimie ist von den drei Schätzen die Rede. Die strömende Kraft der Energie bildet ein geheimnisvolle Fluidum. Man kann dieses Strömen nur erleben und nur an seinen Auswirkungen erkennen. In den alten Schriften der chinesischen Philosophie wird von Schätzen gesprochen. Die drei Schätze, die besonders in der Inneren Alchimie des Taoismus auf der Suche nach Unsterblichkeit immer wieder erwähnt werden, sind drei wunderbare Energien, die, aus dem Tao stammend, den ganzen Kosmos durchdringen. Sie haben die Namen:

1. Ching, die Essenz. Sie ist in ihrer groben, unverfeinerten Form die potentielle Lebenskraft eines Menschen, eine Ressource, die nicht erneuerbar ist. Sie kann durch guten Lebenswandel gepflegt und durch Lebensexzesse abgebaut werden. Diese Essenz ist in ihrer ver-

feinerten Form dasjenige im Körper, was der Materie greifbare Form und Substanz gibt. Sie zeigt sich in den vitalen Programmen des Überlebenswillens und Fortpflanzungstriebes. Dekadenz ist nicht nur eine Sache der inneren Einstellung oder eine allgemeine Modeerscheinung. Degeneration kann durch Regeneration bis zu einem bestimmten Maße aufgefangen werden.

2. Chi, das energetische Prinzip an sich, eine aktive Energie, die die Verwirklichung des Potentials bewirken möchte. Sie ist nicht völlig identisch, aber doch eng verbunden mit der Luft die durch Lunge, Nieren und Poren geatmet wird. Durch diese Atmung tritt der Mensch in Interaktion mit seiner Umwelt und kommt in Kontakt mit der Wirklichkeit die er selbst schafft. Wir nennen es Vitalität. Das ist jene aktive Lebenskraft die nicht als ruhendes Potential, sondern als Aufforderung zur Tätigkeit, als Impulsgeber zu Bewusstsein kommt. Der Mangel daran zeigt sich in Mutlosigkeit, Verlust von Interesse und Teilnahme. Freude beschwingt. Freudlosigkeit lähmt. Gedanken der Freude heben das Energieniveau. Positive Affirmationen können das Denken in eine Richtung lenken, die Freude verspricht. Positives Denken versagt jedoch dort, wo das Denken abgekoppelt von der sinnlichen, körperlichen Erfahrung aufgesagt und nachgebetet wird. Depression ist nicht nur eine Sache der verstörten Gedanken und Gefühle – sie hat eine energetische Grundlage und lässt sich auf energetischer Ebene beeinflussen (z.B. durch die Steigerung der körperlichen Vitalität, der Kondition). Das Chi in uns möchte schöpferisch werden. Die Kreativität unserer Gedanken bestimmt, in wieweit wir Lösungen auch dort finden, wo keine Formeln der Bejahung (Affirmationen) wirken. Die Muße hilft dem Chi – Kreativität wird durch *recreation* (das englische und französische Wort für Muße) gefördert.

3. Shen, Geist, ist spirituelle Energie, die in sich eine konstituierende Kraft trägt. Diese wird in der westlichen Tradition als die Kraft beschrieben, die einer Idee inne wohnt. Die Idee wiederum wirkt formbildend und gestaltet die Wirklichkeit. In der taoistischen Kosmologie ist der ganze Kosmos durchdrungen von Chi und manifestiert sich als Wirkung. Als solche ist sie greifbarer als eine Idee. Shen manifestiert sich in den Sinnen und Gedanken. Es gilt, die Sinne zu reinigen und die Gedanken zu klären, so dass der Geist Ruhe findet. Erst dann kann er sich verfeinern und stärker im Menschen zu wirken beginnen. Durch die Betrachtung der kosmischen Energie, die alles durchdringt und durchströmt, kommt

auch die eigene Energie wieder in Fluss. Das ist jedoch mehr als eine Idee: es ist eine energetische Erfahrung. Shen begeistert und wird als das innere Feuer bezeichnet.

In manchen Texten wird noch Yuanshen erwähnt. Yuanshen könnte als Quelle und Ursprung, als Ursprungsgeist verstanden werden. Shen und Yuanshen sind miteinander verwandt, aber nicht miteinander identisch. Shen ist Geist im Sinne von Bewusstsein und somit den Unterscheidungen unterworfen. Shen muss sich entscheiden zwischen Begeisterung oder Nichtbegeisterung. Yuanshen hingegen ist ein Bewusstsein, in dem Begeisterung und Nichtbegeisterung ununterschieden nebeneinander existieren können. Es ist Bewusstsein jenseits der dualistischen Aufspaltungen in Entweder – Oder, Hier und Dort. Yuanshen lässt sich nicht durch Konzepte erfassen, während Shen sich nur durch Konzepte begreifen lässt. Konzepte sind Vorstellungen, und Vorstellungen trennen zwischen dem vorgestellten Bild und dem Rest, der unvorstellbar bleibt. Shen ist «korrumpierbar» (d.h. durch Abhängigkeiten äußeren Einflüssen ausgesetzt). Shen kann getrübt werden, konditioniert werden, verhindert werden, Yuanshen nicht. In der taoistischen Kosmologie wird erzählt, wie Yuanshen als Schöpfer aus Liebe zur eigenen Schöpfung sich entäußert und Shen hervorbringt. In diesem Mythos spiegelt sich die Erkenntnis, dass das Ursprungsbewusstsein (Yuanshen) durch das Stadium der Unterscheidung (als korrumpierbares Shen) hindurch muss, – aus Liebe zur Schöpfung, die so nicht im perfekten, unkorrumpierbaren Anfang stehen bleibt, sondern sich weiter entwickelt, wobei die Entwicklung durch Stadien der Korruption und der Nichtperfektion hindurchführt.

Der Mensch ist mit einem Vorrat der oben genannten drei Energien ausgestattet. Yuanshen bildet den kosmischen Hintergrund, ähnlich wie unser Schöpfergott hinter seiner Schöpfung steht. Da die menschliche Natur eine Tendenz hat zur Grobheit und Vergröberung, muss mit Techniken der Verfeinerung gegen den natürlichen Hang zu Trägheit und Verwahrlosung (die in der Physik dem Prinzip der Entropie entspricht) angegangen werden. Genau dies bezweckt die Innere Alchimie als Verwandlungsprozess.

Mache T'ai Hsü (die Große Leere) zu deinem Kessel,
mache T' ai Chi (das der Natur innewohnende dynamische Prinzip)
zu deinem Brennofen. Nimm Stille als Grundsubstanz.
Als Reagens nimm Wu Wei (Nicht-Aktivität, bzw. keine Aktivität,
die nicht spontan und frei von Verstrickung ist und somit den
Lauf der Natur nicht stört),
nimm deine natürlichen Gaben
(an Ching, Ch' i und Shen) als Quecksilber.

Als Blei nimm deine Lebenskraft.
Nimm Beschränkung als Wasser
und Meditation als Feuer.
ALTES TAOISTISCHES WERK ÜBER DIE INNERE ALCHEMIE, ZITIERT BEI BLOFELD

Der Prozess der alchemistischen Wandlung selbst wird so beschrieben:

Mit der Veredlung von Ching wird die erste Schranke überwunden:
vollkommene Stille tritt im Körper ein.
Mit der Veredelung von Ching in Shen wird die zweite Schranke überwunden:
vollkommene Stille tritt im Herzen ein.
Mit der Veredelung von Shen in Hsü (Leere) wird die letzte Schranke überwunden:
Das Ich und der Kosmos werden vereint.
So wird das Elixier vervollkommnet und Unsterblichkeit gewonnen.
ALTES TAOISTISCHES WERK ÜBER DIE INNERE ALCHEMIE, ZITIERT BEI BLOFELD

Der Grundgedanke der Alchimie ist, «unedle» (d.h. im spirituellen Kontext vergängliche, sterbliche) Elemente in «edle» (d.h. unvergängliche, unsterbliche) zu verwandeln. Es wird nichts weniger unternommen als der großangelegte Versuch, aus der Erfahrung des Lebens und des Lebendigen etwas zu destillieren, was den Tod in irgendeiner Form überwindet und «unsterblich» wird, wobei diese Unsterblichkeit nicht wörtlich zu nehmen ist. Es geht um eine bestimmte Qualität, die sich aus der Umwandlung ergibt, die als Veredelung beschrieben wird und sich auf das Leben selbst auswirkt. Langlebigkeit ist sicher eine der wichtigsten erstrebten Wirkungen. In der westlichen Alchimie bemühte man sich um die Gewinnung von Gold. Gold ist ein nicht korrumpierbares Metall, es ist von jeher Symbol für Unvergänglichkeit. Unsterblichkeit ist die Lebensqualität der Glückseligkeit – ein Glück, das nicht von den äußeren Umständen abhängig ist. Dieses Glück bewahrt die Lebensenergie, statt sie zu verschwenden oder im Unglück verschwinden zu lassen. So verstanden erscheint das Tao als das Große Ganze, als eine Ganzheit, die nicht nur alle Einzelheiten des Lebens erfasst und erklärt, sondern auch zu verwandeln vermag. Der Bezug auf dieses Ganze ist es, der die Qualität des Unbestechlichen, Unkorrumpierbaren erschafft. Die Ganzheit jedoch ist nirgends festgeschrieben, sie bleibt ein Geheimnis. Mit dem Tao zu leben und sich im Leben auf das Tao zu beziehen, heißt, mit einem Geheimnis zu leben, und sich der Lösung des Rätsels ständig anzunähern, ohne die Lösung feststellen und festhalten zu wollen.

Moral besteht nur aus formelhaften Regeln und Traditionen
ohne inneren Wert.
Ihr Bezug zum Ganzen ist gering.
Gerechtigkeit ist der Versuch, mit der Vernunft, mit Maß und Gewicht
ein Problem zu lösen. Die Vernunft als solche braucht noch nicht beseelt
zu sein. Sie ist vordergründig.
Die Menschlichkeit steht höher als die Gerechtigkeit, weil sie den Bezug
zum Ganzen, zum Selbst ermöglicht, aber auch sie kann oberflächlich
umschrieben werden.
Die Tugend steht höher, weil sie den ganzen Menschen,
nicht nur das einzelne Problem und nicht nur die Gegenwart umfasst.
Wenn man sich ihrer aber bewusst ist, wenn man von ihr redet,
wenn man sie rühmt, dann bleibt sie etwas Vordergründiges,
Aufgesetztes, etwas, das nicht aus dem Inneren des Menschen
zu sprechen braucht. Sie allein ist noch nicht das Wahre.
Das Höchste ist das Tao.
Es ist namenlos und undefiniert.
Es umfasst nicht nur den weisen Menschen, sondern mit dem
Anfang von Himmel und Erde das All.
Wer es hat, der steht über allem, was man mit Worten beschreiben kann.
LAO TSE, TAO TE KING

Der Bezug zur Ganzheit ist der Bezug zur Mitte, zum Kern. Wenn sich ein Gefühl für die Mitte einstellt, ordnen sich die Dinge im Leben von selbst. Ist die Mitte verloren, muss die Ordnung künstlich und unter großem Aufwand hergestellt werden. Eine vorher festgelegte und detailliert geplante Ordnung wird dem Fluss des Lebens nicht gerecht. Ohne Ordnung jedoch fällt es schwer, sich vom Fluss des Lebens tragen zu lassen, es sei denn das Gefühl der Mitte gibt eine innere Orientierung. Der Verlust der Mitte ist eine Erfahrung, die Menschen immer wieder machen und vielleicht machen müssen, um den Wert der inneren Orientierung zu erkennen und sich ständig darum zu bemühen, «am Ball zu bleiben», d.h. die Einstellung auf das eigene Gleichgewicht und die eigene Mitte immer wieder neu zu finden. Bleiben Menschen jedoch zu lange in einem Zustand der Orientierungslosigkeit, bewirkt dies in ihnen eine Schmälerung der Lebensqualität, eine Schwächung ihrer Energie. Dies sollte deshalb nach Möglichkeit vermieden werden.

Wenn das Tao verloren gegangen ist,
fängt man an, von Tugend zu sprechen.
Wer die wahre Tugend nicht versteht, der redet von Menschlichkeit.
Wer die Menschlichkeit aus den Augen verloren hat,

begnügt sich mit Gerechtigkeit.
Wem es mehr um Gerechtigkeit geht,
der beruft sich auf die Moral.
Die Moral ist nur der äußere Schein
von Treu und Glauben und der Beginn der Verwirrung.
LAO TSE, TAO TE KING

Ist das Gefühl für Mitte und Gleichgewicht verloren gegangen, stellt sich die Frage, wie man sich der geheimnisvollen Ganzheit (des Tao) wieder annähern kann. Eine Möglichkeit eröffnet sich durch die Fünf-Elemente- Lehre. Die Fünf-Elemente-Lehre, die in der Hsing- Lehre beschrieben werden, führt zurück zu den Ursprüngen, zu den ersten Naturbeobachtungen, die der Mensch machte, und die auch bei uns die Grundlage der Philosophie bilden und von denen die philosophischen Betrachtungen ausgehen. Ebenso wie die ersten vorsokratischen Denker der Antike sich den Kosmos als geschlossenes Ganzes vorstellten und seine Schönheit poetisch zu erfassen versuchten, so beschrieben auch die Taoisten in mythischen Bildern das Wirken des Tao.

Das Tao ist ein sanft leuchtendes Meer reinster Leere, ein perlmutt-
schimmernder Nebel, grenzenlos und unbefleckt. Geboren aus diesem
Meer befinden sich spielend zwei Drachen – der männliche, hell wie die
die Sonne, mit goldenen, feurigen Schuppen, Meister der Aktivität,
(Yang) und der weibliche hell strahlend wie der Mond mit silberglänzen-
den Schuppen, Meister der Passivität (Yin). Ihr Zusammenwirken bringt
die Rhythmen zyklischen Wechsels hervor, die Bewegungen der Planeten,
das Fortschreiten der Jahreszeiten und den Wechsel von Tag und Nacht.
Aus ihrem Spiel entstehen fünf leuchtende Dämpfe: blaugrün, rot, gelb,
weiß und blauschwarz. Sie entsprechen den fünf Elementen Holz, Feuer,
Erde, Metall, und Wasser. Schattenwerfend, wirbelnd, miteinander rin-
gend und sich vermischend geben sie dem Firmament seine Wölbung, der
Erde ihre vier Seiten und den zehn tausend Dingen ihre vergängliche
Gestalt. Wie Regen ergießen sich aus dem Himmel die drei wolkenglei-
chen Essenzen, die die drei Schätze genannt werden und dem Yang zuge-
ordnet sind. Wie Nebel erheben sich von der Erde die drei Essenzen des
Yin und treffen aufeinander und vermischen sich. So ist es, seit Himmel
und Erde bestehen. Dies ist die ursprüngliche Vollkommenheit.
BLOFELD

Die chinesische Lehre von den Fünf Elementen entstand also durch Naturbeobachtung. Wiederkehrende Ereignisse werden in kosmische Gesetze übersetzt, um «in dem Buch der Natur zu lesen» und sie zu verstehen. Jene

Weisen, die die Lehre zum erstenmal formulierten, hatten erkannt, dass alle Naturabläufe auf ein subtiles Gleichgewichts-System hin ausgerichtet sind, und dass die verschiedenen Prozesse, die dadurch ausgelöst werden, in einer gegebenen Situation sich je nach der Stärke der Dynamik gegeneinander unterstützen, hemmen und aufheben oder blockieren können, wie Wellen, die sich überlagern. Die Beobachtung dieser Naturabläufe, die sich gleich Wellenmustern gestalteten, hatte die Weisen dazu gebracht, die Zukunft vorhersagen zu können: die Hsing- Lehre bildet die Basis sowohl des I Ging, jenes Weisheitsbuches, das auch als Orakel benutzt werden kann, als auch der traditionellen Medizin, denn auch hier werden Diagnosen, Prognosen, Interventionen und Präventionen auf Grund einer dynamischen Betrachtungsweise gemacht. Dabei wird das Tao als Hintergrund, Quelle und Matrix einer differenzierten und in ihrer Vielfalt komplexen Fülle gesehen, – ein endloser Strom ständig neuer Manifestationen, in dem alles entsteht und wieder vergeht. Da ist kein Nichts, keine Leere in unserem westlichen Sinn. Es ist eine Endlosschleife der aufscheinenden und verschwindenden Gestalten. Alles ist von Augenblick zu Augenblick einem unaufhörlichen Wandel unterworfen, doch ist es möglich und wünschenswert, die Muster der Verhältnisse in ihrem flüchtigen Wechsel zu erkennen, die Prozesse zu verstehen, um ihre Auswirkungen vorhersehen zu können, und alles das, um in Kontakt mit jenem höchsten Gut in Kontakt zu kommen. Das höchste Gut heißt Unsterblichkeit. Sie steht als vordergründiger Zweck und als hintergründiges Sinnbild für die Wandlung der Lebensenergie von reiner Potenz zu höchster Verwirklichung. Da es sich um eine Verfeinerung der Energie handelt, besteht die höchste Verwirklichung im Erlangen einer sehr feinen, schnell schwingenden, vergeistigten Energie. In der Suche nach Unsterblichkeit orientiert man sich in der alten Tradition an den kosmischen Prozessen der Wandlung.

> *Kosmische Wandlung nimmt kein Ende, und so wird es auch mit unserer eigenen geschehen. Himmel und Erde erneuern sich unaufhörlich, so werden auch wir es tun.*
> *Kosmisches Leben dauert bis zur Ewigkeit, und so wird auch unser Leben ewig dauern. Durch kosmische Wandlung wird körperliche Wandlung bewirkt.*
> *Durch das kosmische Leben wird das eigene Leben verlängert.*
> BLOFELD, INNERE ALCHEMIE

Die wahre Lebenskunst besteht darin, sorgsam mit der Lebensenergie umzugehen – was das Leben nicht nur verlängert, sondern die Lebensqualität auch steigert.

Dem Zusammenspiel der Fünf Elemente (der fünf Dämpfe in den fünf Farben) liegt das Wechselspiel von Yang und Yin (Sonne und Mond) zugrunde. In dem Symbol für das Tao finden wir zwei ineinander übergehende Hälften, die dem Yin- und dem Yang-Prinzip zugeordnet sind, wobei die Prinzipien sich gegenseitig bedingen und zusammen eine Einheit darstellen. Das Yang kann ohne das Yin nicht existieren, und umgekehrt. Es ist wie mit Tag und Nacht – was wäre ein Tag ohne Nacht? Die Sonne ist das Licht des Tages, der Mond das Licht der Nacht. Sonne und Mond werden verschiedene Bewusstseinszustände zugeordnet: am Tag sind wir wach, in der Nacht schlafen und träumen wir. Wachbewusstsein und Traumbewusstsein wechseln sich miteinander ab – auch wenn wir wach zu sein glauben, sind wir in Träumen gefangen, und wenn wir träumen, begleitet uns im Hintergrund eine Wachheit, die uns beim Erwachen empfängt. Missverständnisse ergeben sich vor allem dort, wo Yang dem Männlichen und Yin dem Weiblichen zugeordnet wird. Das Yin wird mit der passiven, das Yang mit der aktiven Qualität umschrieben. Yang will sich ausbreiten, Yin will sich zurückziehen. Gäbe es kein Yin, so könnte sich Yang nicht ausbreiten, denn alles in der Natur ist auf ein Gleichgewicht ausgerichtet, und nur dieses empfindliche Gleichgewicht garantiert die Selbsterhaltung des Systems. Dies gilt nicht nur in der Natur, sondern auch in sozialen, kulturellen und religiösen Systemen. Wenn Yin als «dunkel, feucht, weich, trüb und kühl» beschrieben wird, so trifft heute diese Beschreibung meist nicht auf eine Beschreibung des weiblichen Wesens zu, zumal das «Wesen» eines Menschen eine Interpretation seiner Erscheinung, seines (anerzogenen) Verhaltens, seiner geschlechtsspezifischen Rollen innerhalb einer Gesellschaftsordnung ist und sich entsprechend dem kulturellen Verständnis verändern kann. Im westlichen Verständnis der Geschlechterrollen, wie sie noch um 1900 in der Literatur zu finden sind finden wir allerdings solche Zuordnungen: Der Mann wirkt im Außen (im Licht, am Tag, im vollen Wachbewusstsein), während die Frau empfänglich ist für die Eindrücke und Impulse, die von Innen kommen. Der Mann geht hinaus in die Welt und arbeitet. Die Frau hütet Haus und Herd. Die Frau gilt in Abgrenzung zum strahlenden Wachbewusstsein der abendländischen Aufklärung als unbewusst, den Träumen hingegeben, «romantisch», (und tatsächlich war die Romantik eine unmittelbare Antwort auf die Aufklärung), und daher, zumindest aus der Sicht des Rationalisten aus betrachtet, als trüb, unklar, chaotisch, gefühlsbestimmt, launisch, unzuverlässig, etc. Die Aufklärung bewertet das Tagesbewusstsein und die Vernunft als das Bessere. Yin-Phasen werden mit Niedergang oder sogar Untergang assoziiert. Wer rastet der rostet. Müßiggang ist aller Laster Anfang. Bei C. G. Jung wird das solare Sonnenbewusstsein als Archetyp dem Wachbewusstsein zugeordnet, das lunare Traumbewusstsein entspricht als Archetyp dem Unbewusstein, das seine eigene Regeln, seine selbstregulierende Weisheit und Kreativität hat und oft als

Gegenspieler zu dem willensstarken, entscheidungsfähigen und selbstbestimmenden Ich auftritt.

Die Sonne: Die Kraft, die aus der Mitte kommt.
Das chinesische Schriftzeichen zeigt einen Kreis und seinen Mittelpunkt.
Aus diesem Mittelpunkt strahlt Licht und Wärme aus.
Wir können die Sonne als Symbol betrachten, dem wir in unserem Leben nachfolgen.
Wir können unsere eigene Mitte suchen, nach der Quelle unserer eigenen Kraft und Macht, die unsere Autonomie gewährleistet.
DENG MING-DAO, TAO IM ALLTÄGLICHEN LEBEN

Der Mond: Dem Abnehmen folgt das Zunehmen.
So weist der ständige Wandel im Mondzyklus auf eine Beständigkeit im Leben hin.
Das chinesische Schriftzeichen zeigt das Bild des zunehmenden Mondes.
Der Mond gibt den Rhythmus an. Der Mond besitzt seine eigene Kraft –
er übt eine Anziehungskraft auf die Erde aus, auf die Meere und auf die Herzen der Menschen; er bestimmt den Gang der Jahreszeiten. Er verläuft in festen Bahnen und Phasen, er übt einen sanften Einfluss aus, er bleibt seiner Natur treu, und nie verringert sich seine Macht.
DENG MING-DAO, TAO IM ALLTÄGLICHEN LEBEN

Sonne und Mond sind in vielen Mythen und Märchen Bruder und Schwester. Bruder und Schwester müssen getrennt werden, damit das Inzesttabu nicht übertreten wird. Oft flieht die Schwester (der Mond) vor dem Bruder (die Sonne), weil Bruder und Schwester ein unerlaubtes Liebesverhältnis hatten, oder der Bruder die Schwester vergewaltigt hat. Es wird eine Regelung gefunden: am Tag hat die Sonne den Himmel für sich, in der Nacht der Mond. Sonne und Mond folgen aufeinander, ohne einander in die Quere zu kommen. So wird die Struktur der sich ausschließenden Gegensätze des «Entweder-Oder» übergeführt in eine Ordnung der zeitlichen Abfolge des «Sowohl – als auch» Dieses erhält die Struktur des «Eins nach dem Anderen». Ähnlich ist es mit den Jahreszeiten. Am ehesten können wir uns dies im Auf- und Absteigen des Saftes in den Bäumen veranschaulichen: im Frühling drängt der Saft aufwärts, hinein in den Stamm, hinauf und hinaus zu den Zweigen und Ästen, den Blättern und Blüten, später zu den Früchten. Der Saft bringt die Knospen dazu sich zu öffnen und zu erblühen. Der Saft bringt die Früchte zum Reifen. Das ist die Kraft des Yang. Das erste Zeichen für den Rückzug des Saftes ist das Abfallen der Blätter und Früchte – das Wirbeln des Laubs im Wind ruft sofort den Eindruck von Herbst hervor, genauso wie das Ausschlagen der Bäume und das Blühen mit dem Frühling und dem Frühsommer assoziiert wird. Das Absinken des Saftes und der Rückzug in der Natur zeigt die Kraft des Yin: Yin gibt nach, weicht aus, schützt und bewahrt das Innerste, um den Winter zu überstehen. Das ist die Stärke der Schwäche. Wir können uns Yin und Yang anhand der Naturvorgänge vergegenwärtigen. Auch wenn die Jahreszeiten sich neuerdings verschieben und nicht mehr eindeutig bestimmten Phasen zuzuordnen sind, so bedeuten die großen rhythmischen Bögen des Jahreskreislaufs für uns immer noch typische (bzw. archetypische) Zustände, die wir in der Natur erkennen, auch wenn unser Verhalten sich nicht mehr danach richtet. Wenn wir uns nun vorstellen, es gäbe entsprechend dem Auf und Ab des Saftes verschiedene menschliche Bewusstseinszustände, dann ergibt sich wieder ein anderes Bild von Yin und Yang. Yang lässt den Lebenssaft einschießen – das Leben wird erlebt in voller Fahrt. Alles ist Ausdruck, alles ist Bewegung, alles ist Erfahrung. Alles drängt vorwärts und schaut nach vorne, stürzt sich hinein ins Abenteuer, ins Experiment, ins Leben und Erleben. Nicht das Ergebnis ist wichtig, sondern das Jetzt, die Gegenwart, und die Aussicht auf eine vielversprechende Zukunft, die die Vorwärtsbewegung ermutigt und legitimiert. Aber irgendwann kommt jedes Wachstum zu einem Ende, und hat es noch so vielversprechend begonnen. Was in der Natur eine Phase innerhalb eines Kreislaufs ist, stellt im Menschenleben eine natürliche Grenze dar, die durch die Beschränkungen gegeben ist: das Altern konfrontiert mit der Vergänglichkeit aller Dinge und dem vorhersehbaren Ende der eigenen Existenz. Das Ende relativiert den Anfang und Anlauf. In der Rückschau erhalten die Ereignisse eine andere Bedeutung, einen anderen Wert als im Moment des Erlebens. Der Yang-Phase des Aufbruchs und Aufbaus (einschießender, aufsteigender Saft) folgt die Phase von Yin, der Reflexion des Gewesenen, verbunden mit Rückschau und Rückzug (Absinken des Saftes, Konzentration in der stützenden Struktur und in den Wurzeln).

Es ergibt sich folgendes Bild der Zuordnung:

YANG	YIN
Aufsteigender Saft	absinkender Saft
Aufbau	Abbau
Ausdruck in der äußeren Gestalt	Inneres Bewahren der Kraft
(Blätter, Blüten, Baumkrone)	(Baumstamm, Äste, Wurzeln)
Jugend: Erlebnishunger	Alter: Lebensreflexion
Tun, Machen, Handeln	Denken, Relativieren
Vordenken und Planen	Nachdenken Bewerten
Orientierung am Erleben	Orientierung am Ergebnis
Wie fühlt es sich an?	Was kommt dabei raus?

Mitten im Leben stehend	innerer Abstand zum Leben
Feurig engagiert	kühl, distanziert, reserviert
Beteiligt	Beobachtend
Handelnd	Denkend

Natürlich ist der Mensch kein Baum und hat ein vielschichtigeres Lebensprogramm als ein Baum. Der bewusste Lebensplan muss nicht mit dem unbewussten Überlebenswillen übereinstimmen. Im Zweifelsfalle jedoch siegt das Unbewusste, das das Prinzip der selbsterhaltenden Weisheit des Organismus vertritt.

Ein Mann ging in die Berge. Er wollte sich dort umbringen.
Deshalb knüpfte er ein Seil an den Baum und legte seinen Kopf in die
Schlinge. Gerade als er sich fallen lassen wollte, rutschte ihm ein
Holzschuh vom Fuß.
In diesem Augenblick merkte er, wie sein Fuß ganz von selbst den Schuh
festzuhalten versuchte. Da wurde ihm bewusst, dass sein unbewusster
Lebenswille sehr stark war und sich nicht die Spur um seine selbstbezogenen Todeswünsche kümmerte.
Daraufhin gab er seine Selbstmordabsicht auf.
SHUNDO SOYAMA, PFLAUMENBLÜTEN IM SCHNEE

Erfolg misst sich an den Ergebnissen, die erreicht wurden. Das unterscheidet den Erfolg vom Glück. Glück ist kein Ergebnis, sondern ein Zustand, ein Befinden, das weniger bewusst angestrebt werden kann als der Erfolg. Erfolg lässt sich planen – zumindest gehen ergebnisorientierte Menschen davon aus. Ergebnisorientierung nennen wir eine Haltung, bei der es um Ergebnisse geht, also um das, was dabei herauskommt, und nicht darum, wie es zustande kommt. Dabei ist das Bewusstsein maßgeblich beteiligt und es braucht allen Verstand, um planend vorzudenken, sich die Konsequenzen jedes einzelnen Arbeitsschritts vorzustellen, und daran festzumachen, mit welchen Ergebnissen zu rechnen ist. Stellen sich diese Ergebnisse nicht ein, kommt es zum Frust. Eine innere Stimme wird dann sagen: Gib's auf. Vergiss es. Oder: Gib nicht auf, mach weiter, nächstes Mal wird es besser. Oder: Streng dich mehr an. Dann gelingt es bestimmt. Oder: Vielleicht musst du es anders angehen (anderen gelingt es doch auch, warum also nicht dir?) Oder: mach mal was ganz anderes und schere dich den Teufel darum, was andere machen oder zu dir sagen. Und wenn das alles nichts nützt, und alle möglichen Wege, die begangen wurden, nicht zum gewünschten Ergebnis führten, kann die Suche ganz aufgegeben werden. Die Suche wird eingestellt, alles war umsonst. Und genau das heißt Frustration wörtlich: Es ist die Erfahrung, dass Mühe und Einsatz vergeblich waren (lateinisch frustra heißt vergeblich). Aber hier passiert manchmal etwas, das wie ein Wunder erscheint. Im Moment, da die Suche aufgegeben wird, findet sich eine Lösung, die nichts mit der Suche zu tun hat. Und das ist mehr als ein resigniertes Sichabfinden. Der Fund hat einen Wert, der alles das übersteigt, was sich an Erwartungen damit verknüpft hat. Es ist etwas ganz Anderes, das gefunden wurde. Und es ist viel besser als alles, was für möglich gehalten und erwartet wurde, viel mehr als das, was «drin zu sein» erschien. Genau: es liegt außerhalb der Begrenzungen, die sich durch die Erwartungen ergeben.

Wenn jedoch «der Weg das Ziel ist», gehört alles, was auf dem Weg liegt und was einem auf dem Weg widerfährt, dazu – ob es nun ein erfolgsversprechendes Ergebnis ist oder «Nebensächlichkeiten». Zufällige Kontakte, beiläufige Informationen, sogar Störungen und Frustration gehören dazu. Wenn «der Weg das Ziel ist», haben wir es mit einer Orientierung am Prozess zu tun. Da wir gewohnt sind, uns an Ergebnisse zu halten und die Erlebnisse nach den Ergebnissen auszurichten, kommt die Einsicht, dass sich manches nicht erkämpfen und erzwingen lässt, einer Niederlage gleich. Wenn wir allerdings davon ausgehen, dass das bewusst angestrebte Ziel und der dazugehörige Erfolg eine selbst auferlegte Beschränkung bedeutet und jede Erwartung uns schon von vornherein festlegt auf das, was wir zu erwarten gewöhnt sind, dann liegt es an uns, eine innere Tür aufzustoßen und den inneren Raum von Weite und Offenheit zu bewohnen – einfach indem wir ihn für möglich halten und in Betracht ziehen. Die Betrachtung des Möglichen, die Kontemplation des Wunderbaren ruft das Wunder herbei. Das Unbewusste findet Lösungen, wo das Bewusstsein nicht einmal Probleme vermutete. Das Unbewusste arbeitet auf seine Weise.

Die Voraussetzung für das Funktionieren dieser Arbeitsweise (in der das Unterbewusstsein für uns arbeitet) ist ein klarer Auftrag, der dem Unterbewusstsein vom Bewusstsein erteilt wird.

- Bei der Ergebnisorientierung «arbeitet» das Bewusstsein. Es sucht und kontrolliert die Suche. Die Aufmerksamkeit ist wie der Fokus einer Kamera. Nur die gewünschten Ergebnisse sind im Blickfeld.
- Bei der Prozessorientierung ist das Unbewusste am Suchprozess beteiligt. Gestartet wird der Prozess vom Bewusstsein, das sich auf die Suche macht. Dann «vergisst» das Bewusstsein, um was es geht, oder gibt entnervt auf; das Suchprogramm jedoch geht unbewusst weiter, bis das Ergebnis gefunden wird. Es gibt für das Bewusstsein nichts zu tun als das Unbewusste zu respektieren.

Es gibt nichts zu finden,
auch wenn ich suche.
Es gibt nichts zu tun,
nur mich selber wärmen.
JUKUSHI YAGI, 1898 – 1927,
ZITIERT BEI SHUNDO AOYAMA, PFLAUMENBLÜTEN IM SCHNEE

Wenn der Gegensatz zwischen Handeln und Denken uns zu zerreißen droht, hilft es sich zu vergegenwärtigen, dass in jedem Handeln das Denken als Entwurf mitenthalten, und in jedem Denken das Handeln als Konsequenz eingeschlossen sein kann. Es gibt ein denkendes Handeln und ein handelndes Denken. Wir müssen uns nicht zwischen Denken oder Handeln entscheiden. In jedem Augenblick unseres Lebens können wir sowohl das Handeln als auch das Denken in unser Leben einfließen lassen. Wir können zwischen den Bewusstseinsfunktionen gleitend wechseln, ohne zu merken, wann was dran ist. Denken und Handeln bilden eine funktionsfähige Einheit. Die Polarisierung in Gegensätze kommt aus der Angst. Wer je die Erfahrung gemacht hat, sich zu Taten hinreißen zu lassen, die er später bereute, wer je sich bei dummen Fehlern ertappte, die er nachher einsah, weil er erkannte, dass sie sich hätten vermeiden lassen, hätte man besser, gründlicher oder einfach auch länger darüber nachgedacht, der lernt daraus die Reihenfolge «Erst denken, dann handeln».

Aus Angst vor allzu impulsivem Handeln geschieht es nämlich, dass Menschen sich lieber an Handlungsvorschriften halten, statt ihre Handlungen selbst zu entwerfen und die Verantwortung dafür übernehmen. Aus Angst vor einem Denken, das sie dem Leben entfremden könnte, halten sich Menschen lieber an Denkvorschriften und gewohnte Gedankenmuster, statt selber zu denken. Sie «lassen denken» und richten ihre Handlungen nach einer Vernunftregel aus, hinter der sie nicht wirklich stehen. Sie haben die guten Gründe der Vernunft nicht selbst erlebt sondern einfach übernommen unter der Annahme, es werde schon stimmen, was sich bei anderen zu anderen Zeiten bewährt hat.

Hier bietet das Tao-Modell eine Alternative an.

Das Leben ändert sich, und wir müssen uns ebenso rasch verändern können. Das chinesische Schriftzeichen für «Veränderung» zeigt eine Person mit einem noch nicht fertiggestellten Werkzeug. Die dem Tao folgen, tun die Dinge nicht immer auf geradlinige und gewohnte Weise.
Statt sich entsprechend vorgefasster Vorstellungen zu verhalten, schauen sie, was die größten Vorteile bietet.

Eine fest strukturierte, fertige Denkweise ist dabei nur hinderlich. Wenn die Dinge schief laufen, suchen die, die dem Tao folgen, nach den Ursachen, und beheben diese. Wenn das Problem nicht gelöst werden kann, verändern sie das ganze Bezugssystem, so dass die relative Bedeutung des Problems gemindert oder ganz beseitigt wird – wenn ein Fest im Freien stattfinden soll, und das Wetter verschlechtert sich, ist es besser, das Fest zu verlegen, zu verschieben oder abzusagen, gleichwohl wie sehr alle sich wünschen, das Fest möge so stattfinden, wie es geplant worden war.
DENG MING-DAO, TAO IM ALLTÄGLICHEN LEBEN

Was zunächst auffällt: Hier werden Gewohnheiten durchbrochen. Werkzeuge sind noch nicht fertig gestellt. Dinge werden nicht auf geradlinige Weise und gewohnte Weise getan (nach dem Motto: erst denken, dann handeln, oder handeln nach gewohnten Vorschriften). Es wird zwar erst gedacht, aber auf eine ganz bestimmte Weise: es wird nach größtmöglichen Vorteilen ausgeschaut. Und wie soll das gehen, wenn solche Ergebnisse erst durch das Handeln sich zeigen können? Ein anderes Denken wird angeraten, eines, das sich nicht an die gewohnten Schritte hält, sondern mit verschiedenen Alternativen und möglichen Optionen experimentiert. Vieles kommt in Frage, auch Unmögliches mag sich als Möglichkeit anbieten, wenn das Experiment zeigt, dass es sich um eine vorteilhafte Möglichkeit/Unmöglichkeit handelt. Nichts wird von vornherein ausgeschlossen. Das ist mit der Veränderung des ganzen Bezugssystems gemeint: man bezieht sich nicht auf die ursprüngliche Vorstellung, wie sie der Plan ausgedacht hatte, sondern auf das, was sich jetzt gerade an Möglichkeiten zeigt. Natürlich ist es möglich, das Fest so abzuhalten wie geplant, – aber vielleicht gibt es bessere Möglichkeiten mit der Situation umzugehen als an dem Plan festzuhalten und ihn durchzuziehen, ungeachtet der sich im Moment ergebenden neue Verhältnisse und Alternativen. Jeder Moment hat seine innewohnenden Chancen. Diese lassen sich nur dann nutzen, wenn sie erkannt werden – nicht im Voraus, und im Nachhinein, sondern im Moment. Der Moment ist die Matrix, die Mutter aller Chancen. Das heißt, dem Tao zu folgen: im Moment die Alternativen zu bedenken, sich die Optionen zu vergegenwärtigen, und dann zu entscheiden, welche die von größtem Nutzen sind. Allerdings ist hier Spontaneität, Kreativität, Mut und Gelassenheit zugleich und Weisheit gefordert. Es braucht Mut in der Gelassenheit und Gelassenheit im Mut, es braucht die Weisheit, sich nicht auf gewohntes Wissen zu verlassen, sondern Möglichkeiten zu betrachten, die vorher nicht sichtbar waren.

Im Yangbereich bedeutet dies für das Handeln, sich Experimente zu erlauben. Nur so können Möglichkeiten entdeckt werden: man muss mit ihnen spielen, sie durchspielen. Im Spiel zeigt sich, was Nutzen hat und was nicht.

Und Spiele funktionieren auf experimentellen Vorannahmen. Das Spiel tut so als ob und stellt eine Wirklichkeit her, die es so noch nicht gegeben hat. Das ist das Kreative am Spiel. Es bedarf der Nebenschauplätze, um den Hauptschauplatz von seinem Bedeutungsmonopol zu entlasten. Die neue Devise «handeln um zu denken» bedeutet, dem Spielen mehr Gewicht einzuräumen. Dadurch entsteht Raum.

Im Yin- Bereich bedeutet dies für das Denken, sich Muße und Aus-Zeiten zu erlauben, so dass Einfälle kommen können, die nicht sogleich an den Rand des Denkbaren weg gedrängt werden. Dieses Denken ist nicht ausschließlich auf das zweckbestimmte, nützliche Handeln fokussiert, sondern lässt Alternativen zu, die zu anderen Handlungspfaden führen, völlig neue Perspektive eröffnen, völlig neue Wirklichkeiten aushandeln könnten. Das Aushandeln betrifft vor allem die Kommunikation zwischen zwei Parteien mit verschiedenen Weltbildern und Meinungen darüber, was von Nutzen sei. Es bedarf einer geistigen Dimension, die Toleranz ermöglicht, ohne die eigene Identität und Struktur zu verlieren.

Wenn sich das Leben verändert, und wir mit den Veränderungen mitgehen wollen, um die besten Entscheidungen zu treffen, sollten wir alle möglichen Reaktionsweisen in Betracht ziehen, statt uns auf eine einzige Reaktion zu beschränken. Dazu müssen wir die Alternativ-Reaktionen durchspielen. Die meisten gewohnten Reaktionen haben folgendes Muster:

1. Nicht wahrnehmen, nicht reagieren (die Verschlechterung des Wetters nicht bemerken)
2. Falsch wahrnehmen, falsch reagieren (die Wolken als Schönwetterwolken deuten)
3. Weiter wie immer (ein verregnetes Fest in Kauf nehmen und durchziehen)
4. Weiter, mit extra Aufwand (zusätzliche Ausrüstung, Schirme und Regenmäntel für alle kaufen)
5. Überreagieren (Krise beschwören, Drama ausagieren, Tragödie spielen, mit Nervenzusammenbruch und Herzkollaps drohen)
6. Ins Gegenteil verfallen (sich schwören: nie wieder ein Fest im Freien, und absagen, ersatzlos streichen)
7. Sich innerlich distanzieren (einfach nicht hingehen, sich verdrücken, krank werden, im Bett bleiben)
8. Sich um Ersatz kümmern (sich engagieren und Geld für eine Gruppenreise in den Süden sammeln)
9. Was ganz anderes tun (sich schminken und kostümieren, Grimassen machen, Possen reißen, Räder schlagen, als Clown auftreten...)

Wenn Sie die möglichen Reaktionsweisen durchlesen, werden Sie die eine oder andere finden, die Ihrem Reaktionsmuster vielleicht am ehesten entspricht. Wie oft kommen Sie auf die Idee, Ihre Narrenfreiheit zu nutzen und etwas ganz anderes zu tun, etwas womit niemand gerechnet hat, was niemand von Ihnen erwarten konnte und was den Rahmen des Gewohnten sprengt? Wie oft erlauben Sie sich, auszusteigen aus dem Rahmen üblicher Verhaltensweisen und einzusteigen in einen Zustand, in dem Sie in Kontakt sind mit Ihrem wunderbaren kreativen Chaos?

Wir leben in einer Kultur, die von uns verlangt, uns vorhersehbar zu verhalten. Die Narrenfreiheit ist die Erlaubnis, einen Ausnahmezustand auszuleben und eventuell andere Menschen dorthin zu führen. In allen Kulturen kommen den Narren besondere Erlaubnisse aber auch besondere Aufgaben zu. Die Narren lockern das feste Gefüge der Vorstellungen, Meinungen, Weltbilder und Glaubenssätze auf. Sie bringen wieder Schwung ins Leben. Wenn die Narren feiern, kann sich im Bewusstsein der Menschen etwas öffnen und auf neue Gedanken kommen lassen.

Das Tao beinhaltet beides: das Gewohnte und das Ungewohnte. Wenn wir uns ins Feld des Tao begeben, mischen wir die Karten neu und geben dem Ungewohnten, Unbekannten, dem Undenkbaren und Unerhörten in uns eine Chance. Das Taofeld ist wie ein großer Hexenkessel, in dem umgerührt und das Unterste nach Oben gebracht wird.

Das Taofeld ist eine Matrix: es «gebiert» wunderbare, traumhafte Lösungen, ohne sie machen zu müssen. Alles ist schon da. Aber durch die Entscheidung, sich ins Taofeld zu begeben, kann sich auch das zeigen, was bislang in seiner Auswirkung für zu klein, zu groß, zu aufwendig, zu verrückt, oder gar für unmöglich gehalten wurde. Das Feld lässt das Wirken der Kräfte zutage treten. Möglichkeiten tauchen auf, Einfälle kommen aus dem Nichts, ohne äußeren Grund und Anlass. Das Feld lässt Ereignisse dort zu Bewusstsein kommen, wo wir bereit sind, einen Sinn für uns darin zu finden.

Das Taofeld ist ein sinngebendes Feld. Aber der Sinn wird nicht künstlich erzeugt, nicht an den Haaren herbei gezogen, nicht zurecht gebogen und verdreht, um ins gewohnte Konzept zu passen. Das Tao lässt uns frei. Aber wir müssen uns die Freiheit nehmen, Wunder als Lösungen anzunehmen. Stellen Sie sich vor, Sie würden in den verschiedenen Lebensbereichen eine Taofeld-Erfahrung machen – woran würden Sie als erstes merken, dass sich etwas verändert und Ihre Lebensgewohnheiten durcheinander gebracht hat? Und wie würden sich diese Veränderungen auswirken?

Die fünf Lebensbereiche, in denen Sie das Tao wirken lassen können, sind:

1. Beruf, Ausbildung, Karriere
2. In der Liebe und der Partnerschaft

3. In der Familie, Gruppe, Gesellschaft
4. Im künstlerischen Werk, in der Form und Gestalt, die Sie dem Leben geben, in den Überzeugungen, Wertvorstellungen, Leitbildern
5. Im Lebensgefühl und dem allgemeinen Befinden, in der Gesundheit und in spirituellen Belangen

Unsere Kultur ist geprägt durch ein Denken, dass Ordnung schafft auf Kosten der komplexen, feinen, oft unsichtbaren und unvorhersehbaren Verbindungen, die zwischen den einzelnen Elementen untereinander und den Elementen zum Großen Ganzen bestehen. Das ordnende Bewusstsein ist ein Bewusstsein, das sich aufgrund von Trennung und Unterscheidung behaupten kann. *Kultur ist die gemeinsame Bedeutung, die eine Gruppe von Menschen der Welt im Laufe der Zeit gibt. Das geschieht durch rein soziale Aktivitäten wie Sprechen, Feiern, Trauern sowie dadurch, dass die Menschen gemeinsame Aufgaben lösen, einschließlich der Interaktion, die zwischen ihnen und den von ihnen eingesetzten Ressourcen stattfindet. (Mintzberg S. 310)* Die Erfahrung im Taofeld bietet unserer Kultur eine neue Erfahrung des kreativen Chaos an. Im Chaos wohnen mehr Ressourcen als sich die Ordnung vorstellen kann. In der Auseinandersetzung mit der taoistischen Weisheit bildet sich eine Kultur des kreativen Chaos. Im Praxisteil finden Sie einige Anleitungen, die Sie in Ihrem Alltag inspirieren mögen.

Im Übergang von der Theorie zur Praxis offenbart ein Traum den tieferen Sinn.

Am Übergang von Traum zur Wirklichkeit und von der Wirklichkeit zum Traum offenbart sich das eigentlich Schöpferische. Lieber Leserin, lieber Leser, der Text den Sie hier lesen, wäre nicht zustande gekommen, wenn ich nicht diesen wirklich phantastischen Traum gehabt hätte. Eines Abends war ich mit dem Gefühl eingeschlafen, nichts mehr zu sagen zu haben. Das Buch war schon fast fertig geschrieben, aber es ödete mich an. Wie sollte es da erst meinen Lesern ergehen? Ich fühlte mich ausgelaugt, erschöpft, verengt, mein Leben verlief wie ein kümmerliches Rinnsal in fest geschriebenen Bahnen. Die Mauern des Flussbetts schienen mit jedem Tage steiler und enger zu werden, schon waren sie wie aus Beton gefertigt, und das Beste, was mir passieren konnte, war, dass dieser zu bröckeln begann.

Es gibt so Momente im Leben, da fühlt sich mitten drin und doch nicht zurecht. Bleiwüste und Buchstabenfriedhof gähnte mich an, wenn ich meine eigenen Bücher um Rat fragte. Der Rat, den ich so freizügig zu allen Gelegenheiten in der Welt verteilte und weitergab, war nicht nur ein Schlag ins Gesicht (das hätte noch als erfrischenden Provokation durchgehen können), sondern ein Schlag ins Wasser, wie ich ihn mir und der Welt ersparen wollte. Mit diesem Gefühl der absoluten Nutzlosigkeit schlief ich also ein und hatte einen Traum, der alles veränderte. Dieser Traum war der Wendepunkt. Plötzlich war ich putzmunter, hellwach im Traum, saß sozusagen aufrecht im Bett, auch wenn ich nach wie vor in der Horizontale weilte, und so begann die Geschichte genau dort, in der Horizontale, um mich dort abzuholen und allmählich in die Wunderwelt von Tao und Tantra und ihrer heilsamen Verbindung einzuführen. Also, es begann auf einem Matratzenlager. Es war damals, in den 70er und frühen 80er Jahren, als es noch Seminarangebote gab, die es ermöglichten, liegend und ganz entspannt den Bewusstseinshorizont zu erweitern. Zusätzlich zu den Imaginationsübungen werden Massagen angeboten, die auf wundersame Weise die Säfte wieder ins Fließen bringen. Und ich weiß nicht, wie mir geschieht, plötzlich liege ich mit einem Mann und einer Frau im Bett. Ich erkenne sie sogleich: den Magier, die Meisterin. Gleichzeitig sehe ich auf einem Overheadprojektor das allbekannte Yin-Yang-Zeichen, mit einer kleinen Abweichung im Detail. Wie wir alle wissen, ist Yin im Yang und Yang im Yin enthalten, was durch einen Punkt im jeweilig anderen Feld angedeutet wird. Der kreisförmige Yang- Punkt im Yin-Feld ist jedoch hier in dieser Abbildung zu einem Quadrat geworden, d.h. es hat sich etabliert und stabilisiert, so deute ich im Traum die Besonderheit und erkenne sogleich: so wird im Yin die Yang-Energie gehortet, die dem Yang sein Quäntchen Yin entzieht. Während das Yang weiterhin explodiert und alle seine Kräfte vergeudet, implodiert Yin und saugt die Kräfte ab, die es dann in dem Kästchen bunkert. Jetzt weiß ich, was mit mir los ist. Yang laugt sich aus und wird erschöpft.. Ah, denke ich im Traum, nun verstehe ich die uralte Angst des Mannes, verschlungen zu werden. Ich schaue zu dem Magier hinüber. Wie es ihm wohl geht? Ob er es schon weiß? Klar weiß er es, schließlich ist er der große Sexualmagier, der mich nun belehrt: «Wenn ich mit einer Frau schlafe, und mich nicht verlieren will, erinnere ich mich an dieses Quadrat, diese Schatzgrube, in der die Kraft der Erde gehortet ist. Dort ist die Ewigkeit. Kaum habe ich mich daran erinnert, überkommt mich eine außerordentliche und außerweltliche Ruhe, die Tempo und Rhythmus meiner Lebensäußerungen beeinflusst, das Stoßen wird nachdrücklicher, bestimmter, als hätte es nun eine Bestimmung, und so lasse ich die Zeit in mir stille stehen. Das ist der Kontakt mit dem Weiblichen in mir, das sich zurückgezogen hat als ruhendes Potential und dort auf mich wartet.» So spricht der erfahrene Magier.

Ich für meinen Teil finde eine einfache Formel, die auch für meine Wenigkeit gelten kann: Berühre den Kubus, sage ich mir. Obwohl ich im Bett liege und schlafe, schreibe ich eifrig mit, so dass ich beim Aufwachen den heißen Tipp zur Verfügung habe. In mir beginnt es mächtig zu fließen, es dröhnt in mir wie Orgelbrausen. Es operiert in mir und kommt in Ordnung, «Es» ist etwas, das weiß, wie das geht, ohne mir bewusst zu werden. Dessen bin ich mir bewusst im Traum. Ich weiß: Infarkt ist ein Gefühl, lange bevor es zum Symptom kommt. Ich fühle es genau. Es ist das Gefühl, etwas verenge sich, und laufe in dieser Engführung auf sein Ende zu. Das Leben ist zu einem Rinnsal geworden, das sich durch die mächtigen Berge an seinen Ufern kämpft, um sein Überleben kämpft, wobei der Puls sich beschleunigt wie bei einem Verblutenden. Doch ein Blick zur Seite würde genügen, um zu sehen, was der Tunnelblick aus dem Blickfeld verschwinden lässt: das Leben ist dort, all die Fülle ist da, gleich nebenan. Berühre den Kubus, wenn dir das Leben abhanden kommt.

Das Seminar in meinem Traum endet am Tisch eines Feinschmeckerrestaurants mit herrlicher Aussicht auf das gleißende Meer. Im Gourmetführer steht: «Wenige gute Zutaten ergeben den eigenen Saft. Das reicht.»

Dann erwachte ich mit einem köstlich feinen, salzigen Geschmack auf der Zunge. So lag ich da, erschlagen von der Weisheit, die mir zuteil geworden war, und erkannte darin die Medizin gegen den drohenden Infarkt meines rastlosen Lebens.

Ausgefüllt von der vollkommenen Leere,
fest verankert in der Stille,
bildet sich die Vielfalt der Wesen,
während ich ihre Wandlungen betrachte.

Die Vielfalt der Wesen
Kehrt zu ihrem Ursprung zurück.
Zu seinem Ursprung zurückkehren
Bedeutet die Stille zu erlangen.

Die Stille erlaubt,
dass man seine Bestimmung erreicht.

LAO TSE

II.

PRAXIS: DAS TAO DES ALLTAGS

In das Dunkel zu schauen ist Klarheit.
Nachgiebig sein ist Stärke.
Nutze dein eigenes Licht,
Und kehre zur Quelle des Lichts zurück.
Dies wird die Übung der Ewigkeit genannt.
LAOTSE, TAO TE KING

Das Glück liegt im richtigen Umgang mit Veränderungen

Wer ständig glücklich sein möchte, muss sich oft verändern.
KONFUZIUS

Ständige Veränderung? Für viele Menschen eine Horrorvorstellung. Und das soll auch noch glücklich machen? Auf den ersten Blick ist dieser Ausspruch des Konfuzius nicht nachzuvollziehen. Alles an seinem Platz, alles wie gewohnt, Geborgenheit, Bequemlichkeit wo man hinsieht oder sich ausrichtet – falls dazu noch das Bedürfnis oder die Notwendigkeit besteht, das Leben in der perfekte eingerichteten Komfortzone, ist das nicht das höchste Glück auf Erden? Vielleicht. Bis ein anderes, unbehaustes Nomadenglück entdeckt wird. Und dies scheint weniger das Bedürfnis als eine Notwendigkeit heutzutage sein. Auf den zweiten Blick erweist sich die fernöstliche Weisheit des Konfuzius als wichtigste Orientierungshilfe in einer zunehmend veränderlichen Welt. Woher aber die Ruhe nehmen, mit der den Veränderungen ins Auge gesehen werden kann? Hier kommt das Tao ins Spiel. Das Tao ist der Urgrund, aus dem alle Dinge hervorgehen und in sie wieder zurückströmen. Sich auf diesen Urgrund, diese alles durchströmende Grundenergie zu besinnen heißt, nach den Regeln des Tao zu leben. Praktisch könnte man nun das fragen, was sich Laotse, der Verfasser des Tao Te King, auch gefragt hat: Woher weiß ich aller Dinge Art? Und er gibt die weise Antwort: Eben durch sie (die Dinge). Laotse hat die Welt in einer Weise zu betrachten gelernt, die ihm ermöglichte, dem Tao zu begegnen.

Nun denn, die Gewandtheit gewährleistet den Erhalt des Lebens.
Den Wechsel der vier Jahreszeiten nicht achtlos vorübergehen lassen und
sich an Kälte und Wärme anpassen, Freude und Zorn in Gleichklang
bringen, Ruhe bewahren in der Mußezeit ebenso wie im Tätigsein, das
Yin und Yang in der Waage halten, das Harte und das Weiche ins
Gleichgewicht bringen.
Wenn man auf diese Weise die Widerwärtigkeiten fernhält,
genießt man das lange Leben und den klaren Blick.
DAS LINGSHU, ABHANDLUNG ÜBER CHINESISCHE MEDIZIN

Betrachten wir das Leben als Taofeld. Mitten im Alltag, eingebunden in unsere Gewohnheiten, ist es schwer, sich das Leben als Ganzes vorzustellen. Die folgenden Imaginationsübungen sollen uns mittels der Phantasie helfen, das Leben aus einer veränderten, ungewöhnlichen Perspektive zu überschauen. So gewinnen wir ein neues Verhältnis zu der ganzheitlichen Gestalt unseres Lebens. Dabei arbeiten wir mit inneren Bildern und Metaphern.

DAS LEBEN ALS FLUSS

Durch das Zusammenkommen verschiedener Flüsse und Ströme entsteht ungeheure Kraft.
Das Bildes chinesischen Schriftzeichens für «Fluss» zeigt drei nebeneinander verlaufende Flüsse. Die Wasser sammeln und vermehren sich, weil sie dem tieferen Grund zustreben. Wenn alle Teile unseres Lebens sich miteinander verbinden, gelangen wir zu großer Kraft.
DENG MING-DAO, TAO IM ALLTÄGLICHEN LEBEN

Ein Sinnbild für das Leben ist der Fluss. Er entspringt einer Quelle und mündet ins Meer. Dies ist allen Flüssen gemeinsam, wie auch immer der Lauf des Flusses sich gestalten mag. Ob er einen geraden Lauf oder viele Windungen haben mag, ob er sich durch enge Schluchten kämpft, von großer Höhe herabstürzt oder sich behäbig durch weite Ebenen wälzt, ob er Sandbänke und Untiefen, Stromschnellen oder vielfach verzweigte Nebenarme hat, ob er durch einsames, entlegenes Gebiet führt oder Großstädte miteinander verbindet, ob er seinen Namen verliert, wenn er in einen anderen Fluss mündet, ob er ganz von der Erdoberfläche verschwindet und unterirdisch weiterfließt, alles dies ist von Fluss zu Fluss verschieden. Gleich bleibt allen Flüssen die Eigenschaft, einen Anfangs- und Endpunkt zu besitzen, wobei auch hier Anfang und Ende sich in ihrer Gestaltung unterscheiden. Wir vergleichen nun den Lebenslauf mit einem Flusslauf.

Doch wie gelangen wir in die Perspektive, von der aus wir einen Fluss von Anfang bis Ende überblicken können? Wir gehen auf einen Berg. Zunächst ist uns die Aussicht verstellt durch dichte Wälder. Doch während wir stetig steigen, können wir an der einen oder anderen Stelle schon Ausblicke in die Landschaft unter uns bekommen, und je weiter wir nach oben steigen, desto größer wird die Aussicht, die sich uns darbietet. In der Imagination sind die Kräfte unerschöpflich, und deshalb kommen wir sehr rasch und unermüdlich weiter, immer näher dem Gipfel, der sich als ein sehr, sehr hoher Gipfel herausstellt. Und während wir steigen, sehen wir ein Stück Fluss, vielleicht ein gleißendes Band, und schon der erste Eindruck wird wichtig sein für den weiteren

Verlauf der Imagination. Ist der Fluss an der Stelle, wo ich ihn zum erstenmal als Ausschnitt sehe, eher breit oder eng, gerade oder gewunden, träge oder schnell, an einer Stadt gelegen, mit Brücken besetzt oder in freier Natur? Ich verweile einen Augenblick bei dieser vorläufigen Aussicht, die nur einen Ausschnitt aus dem Leben des Flusses zeigt, und versetze mich in den Fluss. Wie fühlt er sich an? Was für Geschichten erzählt er? Was hat er erlebt? Wie ist die Stimmung an seinen Ufern? Was für märchenhafte Fabelwesen könnten sich hier angesiedelt haben? Wenn Sie einen genauen Eindruck von dem Charakter dieses Flusses bekommen haben, wenden Sie sich wieder ab und steigen weiter, höher. Die nächste Aussicht wird ein größeres Stück des Flusses zeigen: ein Stück mehr zeigen, woher der Fluss kommt und wohin er geht. Auch hier lassen Sie sich die Geschichten erzählen, die der Lauf des Flusses mit sich bringt. Hören Sie auf seine Geräusche, wenn sie feine Ohren haben, riechen Sie den typischen Geruch, wenn Sie eine gute Nase haben. Lassen Sie den bildlichen Eindruck, das Farbspiel auf sich wirken, wenn Sie stark in Bildern und Eindrücken leben. Entnehmen Sie Wasserproben, wenn Sie der wissenschaftliche Typ sind und zur Analyse neigen. Oder lassen Sie sich von den Tieren und Pflanzen, auch von den Menschen erzählen, wie es sich in und um den Fluss herum so lebt, wenn Sie an ökologischen Zusammenhängen interessiert sind. Untersuchen Sie die Geschichte der Dörfer, Städte, Kulturen, die sich im Umfeld des Flusses entwickelt haben. Lassen Sie sich die Sagen und Legenden erzählen, die den Fluss betreffen. Fragen Sie die Bewohner der Städte, wie sie den Fluss empfinden, welches Verhältnis sie zu ihm haben. Und wenn Sie sich einen konkreten, sinnlichen Eindruck verschafft haben, ganz so, als würde ein Film vor Ihnen ablaufen, dann wenden Sie sich auch von dieser Aussicht wieder ab und steigen weiter. Jetzt sind Sie schon sehr hoch, den Wolken nahe, und fast scheint es, dass Nebelschleier den Blick verstellen. Aber da erfasst Sie ein Wind, ein Sog zieht Sie nach oben, und ehe Sie sich versehen, steigen Sie höher und höher. Jetzt fliegen Sie. Die Nebel lichten sich, und Sie haben das ganze Panorama vor sich. Nun sehen Sie den Fluss von Anfang bis Ende, von der Stelle, da er entspringt, bis zu dem Ort, da er ins Meer mündet. Es ist dies eine Aussicht, wie Sie sie aus dem Atlas oder von Satellitenfotos kennen. Und wenn auch Ihr Fluss vielleicht in keinem Atlas und auf keinem Satellitenfoto zu finden sein wird, so ist Ihnen doch die Perspektive durchaus vertraut, so dass Sie in Muße Nachforschungen über diesen Ihren Lebensfluss anstellen können. Sie schauen sich die Quelle näher an. Sie suchen die Mündung am Meer auf. Sie bleiben an mehreren Stellen des Flusslaufes, die Ihnen wichtig erscheinen – der Flug Ihrer Gedanken und Ihrer Phantasie bringt Sie überall hin. Und dann, wenn Sie das Gefühl haben, genug Information für dieses Mal eingeholt zu haben, versetzen Sie sich wieder auf die Bergspitze, von der Sie nun herabsteigen und langsam den großen Überblick verlieren. Stück für Stück kommen Sie wieder zurück von Ihrem Ausflug und finden sich ein in die Alltagswirklichkeit, die Sie jetzt umgibt.

IM LEBEN STEHEN WIE EIN BAUM

Ein Baum weiß die Zeit richtig zu nutzen, um zu wachsen.
Das Bild des chinesischen Schriftzeichens für «Baum» zeigt einen Baum mit Wurzeln, Stamm und Zweigen. Ein Baum macht sich alles, was sich ihm an Möglichkeiten bietet, zunutze, um sich zu nähren. Indem er seine Wurzeln tief in die Erde senkt, den Regen aufnimmt, sich der Sonne und dem Licht zuwendet, um die Energie in seinen Stoffwechsel einzuspeisen, entfaltet und vervollkommnet er sich. So gelangt er zu Größe. In sich aufnehmen: das ist das Geheimnis des Baumes. Nehmen Sie das Tao in sich auf, um daran zu wachsen. Wenn Sie sich von der Natur abspalten, begehen Sie einen großen Fehler.
DENG MING-DAO, TAO IM ALLTÄGLICHEN LEBEN

Stellen Sie sich vor, Sie sind ein Baum. Sie stehen wie ein Baum im Leben. Wie stehen Sie da? Schließen Sie die Augen, gehen Sie in sich und lassen Sie den ersten Eindruck, das erste Bild, das Sie sehen, auf sich wirken. Was für ein Baum ist das? Wo steht er, allein für sich oder in einem Wald? In einem Tal, auf einem Berg? Ist er eher hochgewachsen, oder geht er mehr in die Breite? Ist er aufrecht und gerade oder mehr vom Wind gebeugt? In welchem Zustand ist er, gesund oder eher kränkelnd oder vielleicht am Absterben? Wie ist sein Stamm, seine Rinde? Wie sind seine Blätter beschaffen? Erkennen Sie in dem Baum einen bestimmten Baum? In welcher Jahreszeit befindet sich der Baum zur Zeit? Ist es Frühling, und Sie fühlen die Säfte in die noch kahlen Ästen einschießen, die Triebe in Knospen ausschlagen? Ist es früher Sommer, und der Baum hat sich zu seiner vollen Pracht entfaltet? Ist es später Sommer, und der Baum trägt Früchte, die er strotzend zeigt? Ist es Herbst, und der Baum lässt die Früchte fallen, während die Säfte sich wieder zurückziehen? Ist es Winter, und der Baum ist kahl, aber Sie wissen, dass er im Frühling wieder grünen wird? Und nun fühlen Sie sich in den Baum ein. Auf welchem Boden steht er? Wie tief und wie weit gehen Ihre Wurzeln? Welche Nahrung können Sie als Baum für sich aus dem Boden gewinnen, auf dem Sie stehen? Müssen Sie sich festhalten, um Ihr Überleben kämpfen, oder werden Sie getragen? Sind sie fest verwurzelt, oder müssen Sie bei jedem größeren Sturm darum fürchten, fort- und herausgerissen zu werden? Und nun, wie sind Ihre Blätter beschaffen? Können Sie sich voll entfalten, oder sind Sie zusammengerollt, vertrocknet, abgeschnitten vom Saft? Sind die Blätter glatt und regelmäßig, oder gibt es störende

Unreinheiten in der Haut des Blattes, Verknotungen, die die volle Entfaltung verhindern? Fühlen Sie sich in die kleinen Adern der Blätter ein. Fühlen Sie, wie Ihr Baum im Austausch mit der Luft und der Sonne steht. Und dann sehen Sie den Baum, Ihren Baum, als Ganzes, als ein System, in dem alles mit allem zusammenhängt. Und ohne genau zu wissen, wie die Zusammenhänge aufeinander wirken und im Wechsel stehen, beobachten Sie den Baum nun aus einiger Ferne und fragen sich: Hat dieser Baum alles, was er braucht? Fehlt ihm etwas? Was fehlt ihm? Und nun lassen Sie den Baum in Ihrer Phantasie durch die Jahreszeiten wachsen, denn es ist Wachstum, was den Baum auch durch jene Zeiten führt, in denen er seine Früchte, seine Blätter fallen lässt und sich die Säfte zurückziehen von der Oberfläche. Und mit einem liebevollen Blick begleiten Sie Ihren Baum durch diese Wandlungsstufen, beobachten ihn, wie er im Frühling als Keim oder Trieb ungeheure Kräfte entwickelt, um sich durchzusetzen gegen noch so widrige Umstände. Sie beobachten ihn als Ganzes, als System, auch jetzt, da er in voller Pracht im frühen Sommer vor Ihnen steht. Sie lassen sich vom Schein nicht täuschen und fragen den Baum, ob er alles hat; was er braucht, und Sie lassen ihm Zeit zu antworten, denn sehr oft braucht es eine Weile, bis sich der Baum seiner Ganzheit erinnern kann und sich die letzten Adern und Wurzeln zu Worte gemeldet haben. Erst dann lassen Sie das Jahr voranschreiten, so dass die Zeit der eigentlichen Reife kommt. Was hat der Baum zu bieten, wie sorgt er für sein Nachleben als Spezies, für seine Fortpflanzung, sorgt er dafür, dass seine Früchte alles erhalten, um sich wirklich fortpflanzen zu können, dass die Saat aufgehen kann? Sorgt er dafür, dass die Keime schon alles enthalten, was sie später brauchen werden, um sich entfalten zu können? Haben die Keime, die Früchte und Samen alles, was sie brauchen, um auf eine Reserve zurückgreifen zu können? Und was ist es, das fehlt, falls etwas fehlt? Und dann, im Herbst, beobachten Sie, wie der Baum seine reifen Früchte genau im richtigen Moment, auf dem Höhepunkt der Reife, loslässt und dem Boden, dem Wind übergibt. Und dann, in den ersten Wintertagen, beobachten Sie, wie der Baum in der Winterstarre den Frühling erwartet. Und dann, wenn Sie bereit sind, den Kreislauf zu einem vorläufigen Stillstand zu bringen, wählen Sie einen Zustand des Baumes aus, in dem Sie sich selbst als Baum besonders wohl fühlen oder mit dem Sie sich besonders gut identifizieren können, und dann lassen Sie das Märchenwunder geschehen, und stellen Sie sich vor, dass dieser Baum ein Mensch geworden ist und in Ihren Alltag kommt. Der Baum bringt noch all seine Baumerfahrungen mit und ist nun mit Ihrem menschlichen Alltag konfrontiert. Wie würde der Baum in bestimmten Alltagssituationen reagieren, wie würde er sich fühlen, wie gestaltet sich nun der Kreislauf durch die Jahreszeiten? Wie kommt er nun mit den Aufgaben, die die verschiedenen Zeiten ihm stellen, zurecht? Hat er alles, was er braucht, und was fehlt ihm zur optimalen Selbstorganisation? Gehen Sie die Fragen noch einmal durch: Hat der Baum einen nahrhaften Boden, der für ihn geeignet ist? Hat der Baum genügend Licht, genügend Platz? Ist die Luft geeignet, so dass er über die Luft aufnehmen kann, was er braucht, und abgeben kann, was er nicht mehr braucht? Wie gestaltet sich sein Austausch mit dem Umfeld etc.? Und dann, wenn Sie sich ausreichend informiert haben, verabschieden Sie sich von Ihrem Baum und entlassen Sie ihn wieder in die Natur, lassen Sie ihn zurückkehren an den Platz, an dem Sie ihm in Ihrem ersten Eindruck begegnet sind. Bedanken Sie sich dafür, dass er das Experiment zugelassen hat, sich als Mensch zu fühlen und Sie darüber zu informieren, was er braucht und was ihm fehlt.

Das Phasen-Modell der Veränderung.

Veränderungen konfrontieren uns damit, dass etwas anders ist als gewohnt, dass die Dinge anders laufen als geplant. Veränderungen können uns aus dem Gleichgewicht bringen und uns schocken. Eine Auswirkung des anfänglichen Schocks ist, die Veränderung, die uns dazu herausfordert, sich auf sie einzustellen, einfach nicht wahrhaben zu wollen. Die Wahrnehmung hat von Hause aus eine Tendenz, das Neue einfach auszublenden und alles beim Alten belassen zu wollen. (Es ging doch so gut, was sollen wir uns da umstellen – warten wir es erst mal ab ...) Dann kommt die Einsicht: Nein, es ist kein Traum. Es ist so wie es ist, und nichts lässt sich daran ändern. Das ist bitter und hart, ernüchternd, aber auch befreiend und aufrüttelnd. Angekommen auf dem Boden der Tatsachen hat die emotionale Achterbahn und Talfahrt hat ein Ende. Ab jetzt kann es nur besser werden. Wer wagt, gewinnt. Gut gewagt ist halb gewonnen. Nun werden verschiedene Wagnisse eingegangen, probeweise. Es ist wie bei der Anprobe eines neuen Kleides. Es braucht noch Zeit, sich daran zu gewöhnen, hineinzuwachsen, bis es wirklich sitzt, wie angegossen, als wäre es auf den Leib geschneidert. In dieser Phase herrscht noch Unsicherheit, die aber zunehmend einer Neugier weicht und schließlich in einem neu hergestellten Selbstbewusstsein mündet.

Die einzelnen Phasen innerhalb eines Veränderungsschritts sind:

1. Überraschung, Schock, Erschütterung des alten Selbstbildes
2. Ausblendung des Neuen, Fixierung des Alten, Illusion, Wahn, «rosa Brille».
3. Es einsehen (mit dem Kopf) – rationale Erkenntnis
4. Es spüren und fühlen (im Herz, im Bauch) – emotionale Akzeptanz. Trauern und Freiwerden. Mit Alternativen experimentieren, Szenarien durchspielen, sich in neue Möglichkeiten und Situationen hineinversetzen, so tun als ob es real wäre, um mehr über die mögliche Realität zu erfahren. Erste Bewegungsversuche im neuen Kräftefeld unternehmen.
5. Neues Selbstbewusstsein, Aufgaben meistern zu können (Kompetenz) Potential, Ressource, Reserve.

Wer sich den äußeren Umständen stellt, kann sich immer neu wieder einstellen. Wenn Sie wissen, in welcher Phase Sie sind, können Sie sich überlegen, welche Alternativen Ihnen zur Verfügung stehen. Entwerfen Sie im Geist ein Bild, wie statt der negativen Gefühle (Energieschlucker) positive Gefühle (Energiespender) sich in Ihnen ausbreiten. Erlauben Sie sich, die Kraft der Energie spendenden Bilder in Anspruch zu nehmen und daran zu wachsen, bis Sie die Kraft haben, von sich aus und ganz natürlich, ohne sich zu etwas zu zwingen, etwas zu unternehmen, was das Stimmungsruder herumreißt und das Pendel in die andere Richtung schwingen lässt.

WIE AUS ENERGIESCHLUCKERN ENERGIESPENDER WERDEN:

In der folgenden Übung können Sie Schritt für Schritt schlechte Stimmungen abbauen und ein Energieplus aufbauen.

1. Sie fühlen sich energielos. Sie wollen endlich mal wieder ins Energie-Plus kommen. Sie entdecken ein negatives Gefühl, das Ihnen viel Energie raubt (z.B. Mut- und Hoffnungslosigkeit, Resignation, aber auch Frust, kalte Wut, Rachegefühle, Ressentiments, etc.).
2. Steigern Sie sich in das Gefühl hinein, bis es zu seiner Hochform aufläuft. Lassen Sie dann alle Energie, die in diesem Gefühl steckt, in Ihre geballten Fäuste fließen.
3. Sammeln Sie alle restliche Verspannung ein, die durch das Gefühl verursacht wurde und mit dem Sie das Gefühl festhalten, das immer noch in Ihrem Körper steckt. Stellen Sie sich vor, wie Sie z.B. mit einem Staubsauger durch den Körper gehen und alle Spannung aufsaugen. Spannung ist Energie. Leiten Sie die Spannung als Energiestrom, als gesammelte Kraft in die geballte Hand.
4. Und dann lassen Sie los – die Spannung in der geballten Hand und das Gefühl.
5. Die Spannung ist weg, doch Energie bleibt im Körper und beginnt zu zirkulieren, zu strömen, zu fließen, sich auszubreiten. Sie spüren vielleicht ein Kribbeln und Prickeln. Wärme. Kraft. Ein Gefühl der Zuversicht, des Mutes, des Optimismus.
6. Stellen Sie vor, wie diese Energie, dieses Gefühl von aufbauender, positiver Energie sich im Körper verteilt und dazu beiträgt, neue positive Gefühlsbilder aufzubauen: Sie sehen sich selbst voller Mut und Zuversicht, voller Tatkraft. Sie haben eine tolle Ausstrahlung, so wie Sie sich jetzt selbst sehen können. Sie sind voll

informiert und können sogar noch Geduld und Verständnis für Ihre Mitmenschen aufbringen, so viel Energie haben Sie jetzt. Das reicht locker für das eigene gute Selbstbewusstsein und darüber hinaus für gute Gefühle, die Sie anderen Menschen entgegenbringen. Sie entwickeln Empathie und Mitgefühl, ohne Anstrengung, ohne sich zwingen zu müssen. Es kommt von selbst. Es ist eine Auswirkung des Energieplus.

Über etwas urteilen, das heißt,
Licht werfen auf das, was man sieht.
Sprechen, das ist ausdrücken,
was man im Herzen hat.

Wer wirklich etwas zu sagen hat,
der wird auch gehört.
Ein Sprichwort lautet:
Was hilft das Streiten,
viel besser ist es zuzuhören.
WANG FU

ARBEITSAUFTRÄGE FÜR IHR UNTERBEWUSSTSEIN.

Um in eine gute Stimmung zu kommen und auch dann im Energieplus zu bleiben, wenn von Außen Einflüsse auf Sie einstürmen, die Sie kaputt machen und Sie in das Energieminus zu ziehen drohen, wenn Störungen Sie irritieren und aus Ihrer Mitte drängen, wenn unvorhergesehene Aufgaben Ihr Arbeitspensum anwachsen lassen, wenn die nötige Ruhe und Regeneration in weiter Ferne scheinen, wenn Sie sich überfordert fühlen und nicht aus können, dann ist es an der Zeit, sich an Ihr Unterbewusstsein zu wenden, denn dieses hat die Fähigkeit, sich selbst zu regulieren und auf Veränderungen einzustellen, die Sie vom Bewusstsein her noch nicht akzeptieren konnten. Alles was Ihre innere Organisation braucht, ist ein klarer Auftrag. Affirmationen in Form von positiven Gedanken und Bildern haben die Aufgabe, Ihrer inneren Organisation klare Anweisungen und eine Orientierung zu geben, in welche Richtung Sie sich bewegen wollen. Das Unbewusste braucht Richtlinien, an die es sich halten kann. Machen Sie sich Schritt für Schritt bewusst, wie Sie sich innerlich ausrichten können, um für schwierige Situationen gefeit zu sein.

1. Erkennen Sie rechtzeitig, wann Sie aus Ihrem Energieplus kommen und sich auf ein Energieminus hin bewegen. Spüren Sie, wann es

z.B. Zeit ist, einen bisher erfolglosen Arbeitsprozess abzubrechen, bevor Sie gänzlich frustriert sind. Frustration ist ein Energieschlucker, der uns häufig begegnet. Und statt Abstand zu nehmen, füttern wir ihn weiter mit unserer Energie, weil wir meinen, beim nächsten Anlauf würde es klappen. FALSCH.
2. Lassen Sie sich von dem Gefühl der Frustration nicht überwältigen. Verdrängen Sie es aber auch nicht. Nehmen Sie es als wichtigen Hinweis wahr. Es möchte Ihnen nämlich nicht anderes sagen als: «SO GEHT'S NICHT». Es lädt Sie dazu ein, innezuhalten, statt wie besessen weiterzuwursteln. Machen Sie einen STOPP.
3. Machen Sie eine Pause, und wenn Sie noch so kurz ist. Für eine Zäsur ist immer Zeit. Es kann ein Moment sein. Ein Moment, in dem Sie sich sagen: MOMENT MAL! Auch in Ihrer Arbeitszeit sind Pausen nicht nur möglich, sondern unbedingt wichtig. Sie gehören zum Arbeitsprozess dazu. Je mehr Kreativität und Eigenverantwortung Ihr Job von Ihnen verlangt, desto mehr sind Sie darauf angewiesen, Ihre Arbeitsvorgänge auf Ihr Befinden abzustimmen. Sie brauchen Ihre innere Mitte, um in der Außenwelt etwas erreichen zu können.
4. Auch wenn Sie schon mitten im Stress und Frust sind, machen Sie HALT, statt bis zum bitteren Ende zu gehen. Halten Sie inne, statt durchzuhalten. Schreiten Sie ein, lassen Sie es nicht so weiterlaufen. Sprechen Sie ein Machtwort (wenn nötig sogar laut oder halblaut) und geben Sie sich energisch den Befehl: Ruhig Blut! Setzen Sie sich, wenn Sie wie ein aufgeregtes Huhn herumlaufen und dabei sind auszurasten.
5. Lehnen Sie sich zurück in Ihren Sessel, schließen Sie die Augen, atmen Sie langsam aus, als wollten Sie allen äußeren Zeitdruck aus Ihrem System herauslassen (wie die Luft aus einer aufgeblasenen Matratze). Statt weiterzuhecheln, VERLANGSAMEN Sie den Atemrhythmus. Der Puls beruhigt sich.
6. Sammeln Sie sich. Um was ging es Ihnen eigentlich? Was genau brauchen Sie und was genau wollen Sie? Wie soll es sein? Wie wollen Sie es haben? Machen Sie eine Liste und geben Sie an, bis wann das Gesuchte eintreffen sollte, ganz so, als würden Sie beim Partyservice eine BESTELLUNG AUFGEBEN.
7. Stellen Sie sich konkret den Augenblick vor, in dem die Zeit reif ist und das Gesuchte sich findet. Setzen Sie sich selbst bzw. Ihrem kreativem Unterbewussten einen ABGABETERMIN, der Ihnen zeitlich Spielraum lässt. (Wenn Sie z.B. im Mai ein Ergebnis vorlegen möchten, könnte der Abgabetermin für das Unterbewusst-

sein Mitte April sein. Wenn es ernst wird, verstärkt das Unterbewusstsein seine Anstrengungen.)
8. Auch Warten kann eine Kunst sein. Bleiben Sie entspannt, ohne die Zeit aus dem Auge zu lassen. Vergegenwärtigen Sie sich jeden Tag oder jeden zweiten Tag Ihre «Bestellung», den Abgabetermin und schauen Sie auf Ihrem inneren Monitor nach, ob schon E-Mails von Ihrem Unterbewusstsein eingegangen sind. Das heißt: KONTROLLIEREN Sie die Ergebnisse Ihrer unterbewussten Kreativität. Wenn Sie nicht auf die Botschaften achten, wenn Sie nicht im Postkasten oder auf dem Bildschirm nachschauen, können Sie auch nicht wissen, ob der Suchbefehl ausgeführt wurde. Wenn nötig, erneuern Sie den Suchbefehl (als würden Sie kurz mal antelefonieren und der Dienstleistungszentrale Ihren Bestellungsauftrag in Erinnerung rufen).
9. Die Botschaft des Unterbewussten an Sie ist: «NICHTS IST UMSONST. ALLES GEHÖRT DAZU.» (Sie können sich diese weisen Worte als Antwort aus der Tiefe auf Ihrem Bildschirm geschrieben vorstellen oder bildlich in Leuchtschrift als Spruchband über Szenen aus dem Arbeitsalltag laufen lassen.) Wartenkönnen macht Reife aus. Reife ist ein wichtiger Erfolgsfaktor, der oft vernachlässigt wird. Erlauben Sie sich, Zeit zum Reifen zu brauchen. Nehmen Sie sich diese Zeit. Berechnen Sie diese Zeit konkret in Ihrer Terminplanung ein, als hätten Sie ein Rendezvous eingeplant. Nennen Sie es z.B. RENDEZVOUS MIT MEINER BESSEREN HÄLFTE

Während Sie in der Phase Ihrer «ergebnisorientierten Erfolgszeit» wach, bewusst und konzentriert aktiv sind, dürfen Sie in der Phase Ihrer «prozessorientierten Aus-Zeit» darauf vertrauen, dass Ihr Unbewusstes sich optimal organisiert und die Dinge auf die Reihe bekommt. Das Unbewusste verarbeitet alles, was das Bewusstsein nicht «gebacken kriegt» und hat außer dem Amt KREATIVITÄT auch die Aufgabe INTEGRATION. Integration ist eine wichtige Voraussetzung für AUTHENTIZITÄT: Wenn wir die Dinge, die uns angehen und mit denen wir uns befassen müssen, um das Leben zu bewältigen, nicht einordnen und organisieren können, werden wir auch nicht hinter den Lösungen stehen, die uns angeboten werden. So hilfreich sie sein mögen – sie bleiben wie ein Fremdkörper im Äußeren stecken, unverdaut und nicht zu eigen gemacht. Und weil es nicht Ihre Lösungen sind, wirken Sie selbst auch nicht gelassen. Die GELASSENHEIT ist ein erfreuliches Nebenprodukt der Authentizität.

Die Spuren der Alten auf tausendjährigen Felsen,
tausend Ellen Abgrund
Auge in Auge mit der Leere!
Im Mondenschein, makellose Helle -
Begebt euch nicht vergeblich auf Abwege!
HAN CHUAN

ERFOLG ZU ALLEN JAHRESZEITEN

Die meisten Menschen haben eine Lieblingsjahreszeit. Da läuft alles wie geschmiert, die Dinge ergeben sich von selbst, das Leben ist einfach und alles fällt leicht. Der Körper fühlt sich wohl in seiner Haut, und wenn der Körper sich wohl fühlt, dann auch der Mensch. Meistens ist der Sommer der absolute Favorit. Es ist warm, auch ohne Heizung, man braucht nicht so viel anziehen, es wird früher hell, im Sommer kommen die großen Ferien, und selbst für die, die keine großen Ferien haben, symbolisiert der Sommer genau das: Ferien und zwar so groß, als wären sie für immer. Das ist das Lebensgefühl des Sommers. Aufatmen! Freiheit! Die Seele baumeln lassen! Ach, wenn es immer so weiter gehen könnte! Tut es aber nicht. Dann kommt der Herbst, die Zeit des Abschieds. Totensonntag. Angekündigt wird er durch den Spätsommer, der zwar noch ganz warm und milde ist, aber schon Wehmut verbreitet. Es ist eine Zeit der Reife, aber wer mag schon gern reifen, wenn das die Folgen der Vergänglichkeit vor Augen führt? Der Herbst mit seinen Stürmen schüttelt die Früchte vom Baum, wenn sie nicht vorher gepflückt worden sind. Eines Morgens ist alles weiß: Raureif hat sich auf die kahlen Äste gesetzt und zeichnet mit einigen Strichen die Struktur der Bäume nach. Die Landschaft verliert an Fülle und gewinnt an Kontur. Der Winter schließlich, zumindest so wie er im altmodischen Kinderbuch erscheint, lässt alles Leben sich in Höhlen und Hütten verkriechen. Die Bären schlafen. Die Eichhörnchen zehren von ihrem Proviant. Die Menschen sitzen im Kerzenschein beieinander und stopfen ihre Strümpfe. Es gibt ja sonst nichts zu tun, als auf den Frühling zu warten. Der kommt bestimmt, und mit ihm jede Menge Unruhe, Aufbruch, Arbeit. Leider sind die Zeiten vorbei, da man sich nach den Jahreszeiten richten konnte, um seine Tätigkeit und Aufgaben danach abzustimmen, was die Saison gerade von einem forderte. Das Neonlicht der Büros brennt das ganze Jahr lang, im Winter kann man getrost seine Sommersachen weiter tragen, da die Zentralheizung die Sommertemperatur übertrumpft. Winterschlaf und Strümpfestopfen lohnt sich nicht. Die Strümpfe wirft man weg, und in den Winterschlaf geht man, wenn man pensioniert wird, irgendwann einmal, wenn man sowieso zu alt ist, um noch bei dem ganzen Weltgetriebe mitzuhalten. Das Business geht weiter, als wäre es ständig Frühling.

Hier kann das Modell der Fünf Jahreszeiten ein wichtiges Instrument des Selbstmanagements sein. Denn ob wir es wollen und das Business sich danach richtet oder nicht, die chinesische Weisheit lehrt uns, dass alle Prozesse in Phasen verlaufen. Heute müssen wir erleben, dass auch Jahreszeiten nicht mehr das sind was sie mal waren. Früher galten sie als etwas Unveränderliches, nach dem die Menschen ihre innere Uhr stellen konnten. Heute ist alles durcheinander – frühlingshafte Temperaturen im Winter, Eis und Schnee im Frühsommer, im Herbst noch sommerliche Hitze, die alles verdorren lässt. Aber das macht nichts, denn die Früchte werden sowieso unreif gepflückt, die Zeit der natürlichen Reife am Baum ausgespart, aus Kostengründen. Es ließen sich viele Beispiel dafür finden, wie wir aus dem natürlichen Rhythmus geworfen sind und in einer künstlichen Welt zurecht kommen müssen. Kaum einer kann es sich leisten, mit den Hühnern aufzustehen und zu Bett zu gehen, auch wenn der Organismus sich danach sehnt und gegen den ihm aufgelegten Arbeitstakt revoltiert. Doch es kann in unserer straff durchorganisierten Zeit nicht nur nach den körperlichen Bedürfnissen gehen. Wenn allerdings der Körper zu kurz kommt, leidet die Seele, und wenn die Seele leidet, funktioniert der Geist auch nicht mehr richtig, und damit ist dann die beste Organisation für den Teufel. Es muss also sowohl für den Leib als auch für die Seele und den Geist, für das Gefühl und für den Verstand gesorgt werden. Zwar wird auch das beste Management nicht mehr die guten alten Zeiten mit ihren verlässlichen Kreisläufen zurückbringen können, aber ein gutes Selbstmanagement kann dazu beitragen, dass jeder für sich herausfindet, was die jeweilige Situation in der Außenwelt an Anforderungen stellt und wie die eigene Befindlichkeit des Innenlebens sich darauf einstellen kann.

Die fünf Jahreszeiten nach der alten chinesischen Tradition sind:
FRÜHJAHR   FRÜHSOMMER   SPÄTSOMMER   HERBST   WINTER

Das entspricht den Phasen von:
AUFBRUCH   BLÜTE   REIFE   RÜCKZUG   RUHE

Das sind die FÜNF HAUPTPHASEN eines Kreislaufs. Vielleicht wundern Sie sich darüber, dass es fünf sind und nicht, wie gewohnt, vier. Das lässt sich daher erklären, dass der Spätsommer eigentlich eine eingeschobene Phase ist, die ursprünglich eine Position der Mitte hatte und eine Funktion der Integration ausübte. In dieser Mitte liefen alle Fäden zusammen und ordneten sich zu einem harmonischen Ganzen. Da ist die Vier der vier Jahreszeiten, denen die Zwei der DUALITÄT VON YIN UND YANG entspricht. Es gibt zwei Phasen im Jahreskreislauf: die Yangkraft zeigt sich in dem Aufsteigen der Säfte in Frühling und Frühsommer, die Yinkraft zeigt sich im Abstieg und Rückzug, wie es in der

Natur in Herbst und Winter der Fall ist. Dazwischen gibt es den Übergang mit seinen gleitenden Grenzen. Er lässt sich schwer fassen. Etwas liegt in der Luft, ist nicht Frühling, nicht Sommer und auch noch nicht Herbst. Der Übergang vom frühen Sommer, in dem das Element Feuer, das alte Yang regiert, zum Herbst, in dem das junge Yin dominiert, ist gleitend, sanft, unmerklich. Wir nennen es Spätsommer und verbinden damit eine ganz eigene Stimmung. Diese Phase wird zu einem eigenen Element erhoben, es wird ihm die Zeit der Reife und Besinnung zugeordnet, Yin und Yang mischen sich zu gleichen Teilen, es ist eine Zeit zwischen den Zeiten. Früher war das Element, das dieser Phase zugeordnet ist, IN DER MITTE DER VIER angeordnet; es war der SITZ DES KAISERS. Von dort reiste der Kaiser in die vier Provinzen seines Landes, in den Norden, Osten, Süden und Westen, um sich zu informieren, wie es um sein Reich stand. Das fünfte Element der Erde entspricht dem fünften Element in der Alchimie, der QUINTESSENZ. In dem fünften Element «Erde» (das nicht mit unserem Naturelement Erde verwechselt werden darf) mischen sich Yin und Yang auf vollkommene Weise. Die Zeit der «Erde» ist die ZEIT DER SYNTHESE, DES WECHSELSPIELS UND DER EINSICHT IN DIE ÜBERGEORDNETEN ZUSAMMENHÄNGE. «Die fünfte Jahreszeit» (die später als Spätsommer in den Kreislauf der Jahreszeiten eingefügt wurde) bildet eine besondere Phase, die sich in den Übergängen der Jahreszeiten wiederholt. In der Psychologie der Fünf- Elemente-Lehre kommt der «Erde» eine besondere Bedeutung zu. Sie übernimmt die Rolle der Integration. So wie der Kaiser sich informiert und selbst in alle vier Provinzen seines Landes reist, so wie ein Dirigent alle einzelnen Orchesterstimmen kennt, um sie koordinieren zu können, so wie der Präsident dem Parlament vorsteht, aber gleichzeitig alle Vorschläge und Einwände beherzigen sollte, so steht die «Erde» für jene Bewusstseinsfunktion, die als Schnittstelle aller Interessen, Triebe, Reaktionen und Reflexe und vorgegebenen Konditionierungen der Seele den Überblick behält bzw. behalten sollte und als gemeinsamen Nenner die Scharfstellung eines einheitlichen Fokus der Aufmerksamkeit erwirkt. «Erde» steht auch für die Praxis: Praktizieren heißt das umzusetzen, was man weiß. Wissen ohne Praxis nützt nichts, aber Praxis ohne Sinn und Verstand erschöpft sich im frustrierenden Herumdoktern. «Erde» steht für das LEBENSLANGE LERNEN, in dem sich Denken und Handeln verbinden. Viel schwieriger ist es, den Übergang vom Winter, vom «alten Yin», zum Frühling, dem «jungen Yang» zu schaffen.

Aber mit dem Tao-Modell des Selbstmanagements sind auch solche Krisen zu bewältigen. Der Taoismus lehrt uns, die Dinge zu nehmen, wie sie kommen, und unsere kostbare Lebensenergie nicht daran zu verschwenden, uns über etwas Gedanken zu machen, das wir nicht verändern können. Das Prinzip der «Einfachheit» lehrt uns, immer weniger Komplikationen in das Leben einzubauen. Wir erkennen, was das Leben komplizieret machen könnte, rufen uns in die Gegenwart zurück, und richten unsere Aufmerksamkeit auf das Große Ganze, auf die Weite des Tao.

Nimm die Dinge wie sie kommen.
Ängstliche Sorge vor dem, was die Zukunft bringen könnte, und vor allem Schmerz um das bereits Geschehene sollten dir fremd sein.
Gram und Enttäuschung haben ihren Ursprung außerhalb deiner selbst.
Verschließe die Tür von innen.
Befreie dich von ihnen.
Ist dies geschehen, so kommt die Stille leicht und wie von selbst.
Keine Anstrengung ist nötig, einen Geist zu sammeln, der sich von allen Ursachen der Unruhe abgewandt hat.
Glaube nicht, dein Leben wäre dann leer. Ganz im Gegenteil, du wirst sehen, dass die größte aller Freuden drin besteht, einfach zu sein.
TAOISTISCHE BELEHRUNG, ZITIERT BEI BLOFELD

Stellen Sie sich lebhaft vor, wie Sie gleich einer Frucht Zeit haben zu reifen und die Süße reifer Früchte in sich zu entwickeln. Können Sie diese Vorstellung mit dem sinnlichen Eindruck eines lustvoll besetzten Duftes verbinden? Vielleicht erinnern Sie sich an Ihre Kindheit, als Sie im Garten oder in den Feldern Früchte pflücken gingen und den Duft des Sommers in sich aufnahmen. Wenn Sie an diese schönen Erinnerungen anknüpfen, werden Sie die Phase der «Erde» zu schätzen wissen und diese besondere Qualität in Ihr Leben bringen wollen. Wird nämlich diese Phase übersprungen oder abgekürzt, fehlt es an Qualität.

Wenn Sie «Reife» zu Ihrem inneren Zentrum und Ausgangsort machen, sind Sie schon auf dem besten Weg, die taoistischen Prinzipien der Lebensführung umzusetzen. Sollten Sie das Problem haben, auf eine Jahreszeit fixiert zu sein und alle anderen Jahreszeiten abzulehnen bzw. von der bisherigen Erfahrung ausgehen, dass Sie sich nur in einer Jahreszeit in einem Hoch fühlten, während andere Zeiten Ihnen immer wieder Tiefs bescherten, dann kann Ihnen diese Übung helfen:

IM KREISLAUF DER JAHRESZEITEN
Am besten vor dem Einschlafen zu machen.
1. Denken Sie an die Jahreszeiten und lassen Sie vor Ihrem inneren Auge Bilder aufsteigen, die die Jahreszeiten von ihrer schönsten Seite zeigen. Vielleicht fallen Ihnen typische Postkartenansichten ein: erstes Grün, Mandelblüte, reife Ährenfelder, Herbstlaub, verschneite Wälder.

2. Ordnen Sie diese Bilder in einem Kreislauf an. Lassen Sie das erste Grün Blätter treiben und die Knospen in die Blüte übergehen, die Blüte in die Frucht, die sich rundet und verfärbt, rot wird oder gelb. Lassen Sie die Frucht zu Boden fallen, zusammen mit dem Laub, das der Sturm umherwirbelt. Lassen Sie es schneien und den Schnee sich zu einer weißen Decke auftürmen. Lassen Sie den Schnee schmelzen, das erste Grün sich zeigen. Ein Bild wechselt das andere ab, wobei die Übergänge fließend gestaltet sind, wie in einer Diashow mit kunstvoller Überblendung.
3. Bewegen Sie die geschlossenen Augen, als würden sie den Kreislauf verfolgen. Achten Sie darauf, dass die Augenbewegung wie in Zeitlupe, gleichmäßig und rund verläuft. Achten Sie auch darauf, dass Sie den Atem nicht anhalten, sondern ruhig weiteratmen. Vielleicht gelingt es Ihnen, Ihren Atem wie eine weich fließende Musik zu hören. Vielleicht hilft Ihnen auch, eine Musik auszuwählen und anzuhören. Es sollte eine sich stetig wiederholende Musik sein, die in Ihnen den Eindruck von Kontinuität hervorruft und Sie durch die einzelnen Phasen trägt. (z.B. Pachelbels Kanon).
4. Vielleicht möchten Sie den Kopf leicht im Kreis drehen, um besser mit den Rhythmen im Kreislauf in Kontakt zu bleiben. Jetzt vergegenwärtigen Sie sich den Grund für den Wechsel in den äußeren Erscheinungsformen: Sie sehen einen Baum vor sich. Sie wissen: Im Frühling steigt der Saft auf. Im Herbst zieht sich der Saft zurück, bis er im Winter als Reserve unter der Erde in den Wurzeln konzentriert wird. Sie lernen zu «sehen», Sie sehen das Auf und Ab des Saftes, das Austreiben und Zurückziehen in der Natur, obwohl es nicht sichtbar ist. Sie gehen mit den Rhythmen mit, atmen weiter, lassen Sich dich von der Kontinuität tragen wie von einem großen, breiten Strom. Vielleicht kommen Ihnen Sätze oder auch nur Satzfetzen, Worte in den Sinn, die die rhythmische Abfolge der Wechsel und die Kontinuität, die sich dahinter verbirgt, nachvollziehen

- Irgendwie geht es immer weiter, auch wenn die äußeren Umstände sich verändern, irgendwie bleibt etwas in uns selbst immer gleich, und auch wenn unsere inneren Zustände wie Launen sind, die vorübergehen, so gibt es in der Natur Rhythmen, die sich wiederholen.
- Alles hat seine Zeit.
- Und gleichzeitig ist das Leben in jedem Augenblick neu.

Man nennt Kontinuität das, was die Dinge aus ihrer Starrheit befreit und sie in Bewegung versetzt. Man nennt Wandlung das, was eine andere Form verleiht, indem es die einen den anderen anpasst. Was sie aber vervollkommnet und sie jedem Menschen auf Erden zugänglich macht, ist das Reich des Handelns.
I GING, GROSSER KOMMENTAR

In jedem Augenblick kann ich mich neu auf die Umstände einstellen. Anders als der Baum kann ich selbst bestimmen, wann ich meine Energie investieren und mich engagieren möchte oder wann ich den Wunsch habe, durch Rückzug Reserven aufzubauen und mich zu regenerieren. Dazu ist es jedoch wichtig, ein Gefühl dafür zu entwickeln, wo ich eigentlich stehe, in welcher Phase ich mich gerade befinde, welches Verhalten meinem inneren Entwicklungsstand entspricht. Nun kommen von außen noch die Herausforderungen hinzu. Sie verführen dazu, sich ganz auf die Außenwelt zu konzentrieren und den Umständen entsprechend sich anzupassen. Doch Authentizität – das Gefühl, aus innerer Notwendigkeit heraus zu handeln – entsteht weder ausschließlich im Rückzug noch im Ausdruck, sondern in Abstimmung auf das, was gerade läuft – innen wie außen.

Entwicklungsprozesse haben ihre Eigenbewegung. Sie brauchen Energie, um nicht zu versacken, sich zu erschöpfen, im Sande zu verlaufen, ihre Kraft zu zerstreuen. Woher kommt diese Energie? In der Natur, bei Tieren und Pflanzen, sind es die genetischen Programme, die den Ablauf regeln, in dem sie ihn vorprogrammieren. Einem Baum steht es nicht frei, seine Blätter zu behalten, weil er sagt: Wer bin ich als Baum ohne Blätter? Kommt gar nicht in Frage! Ein Mensch kann allerdings an seinem Selbstbild festhalten, auch wenn es schon längst nicht mehr aktuell ist. Ein Mensch hat aber auch die Freiheit, Veränderungen zu bejahen und als Entwicklungschancen zu nutzen. Leidensdruck ist das schlechteste Motiv für Veränderung, denn Leiden lähmt, raubt Energie, erschöpft, raubt die letzten Reserven, schwächt. Das kann dazu führen, aus dem Gefühl von Hilflosigkeit und Ohnmacht sich endgültig aufzugeben, passiv alles mit sich geschehen zu lassen. «Was soll's, man kann doch nichts machen. Es kommt so, wie es kommt» ist eine Haltung, die dahinvegetieren lässt. Resignation bringt den psychischen Stoffwechsel zum Erliegen. Es findet kein Austausch mehr statt. Freiwillig und bewusst mit den Veränderungen mitzugehen hingegen gibt Energie. Paradoxerweise entsteht der Eindruck, aktiv an dem Veränderungsprozessen beteiligt zu sein und die Wahl zu haben, Entscheidungen zu fällen also die Freiheit zu besitzen, selbst etwas zu tun, und nicht nur abzuwarten.

Beenden heißt: Verfertigen, vollenden
Das chinesische Schriftzeichen zeigt ein Haus mit Dach.
Etwas zum Abschluss bringen heißt, ein Dach aufsetzen.
Es geht darum, jedes Unternehmen zu vollenden.
Man kann nur Fortschritte erzielen,
wenn man auf der Wegstrecke aufbaut,
die man schon zurückgelegt hat.
DENG MING-DAO, TAO IM ALLTÄGLICHEN LEBEN

Selbsteinschätzung nach Phasen oder Typen

Sind Sie «nur in so einer Phase» oder «sind Sie eben so ein Typ»?

Wenn Menschen befragt werden, was ihre Persönlichkeit ausmacht, so antworten sie meistens mit einer Charakterisierung ihres Typs, denn sie gehen davon aus, dass der Typ, der sie sind, ihre Persönlichkeit ausmacht. Diese Typisierung unterscheidet sie von anderen Typen, und somit von anderen Personen bzw. Persönlichkeiten. Seltener werden Menschen nach ihrem Wesen befragt, und seltener haben sie deshalb die Gelegenheit, darüber nachzudenken, was ihre Person im Wesen ausmacht. Das Wort Person kommt von dem lateinischen Wort *«personare»*, was soviel heißt wie» durchtönen». Das Wesen ist das, was die Maske durchtönt – die Schauspieler der griechischen Antike trugen Masken, und die Maske bestimmte ihre Rolle. Was jedoch hindurchtönte, war ihr Wesen, ihre einmalige und unverwechselbare Menschlichkeit, die über alle Rollen hinausging. Alle Rollen konnten von Menschen übernommen werden – die antike Vorstellung von «Menschlichkeit» war eben die, das Menschen zu allem fähig waren, zu Gutem wie auch zum Bösen. Doch ebenso wie es «Rollen des Guten» und «Rollen des Bösen» gibt, und der Schauspieler nicht unbedingt mit der Aussage seiner Rolle übereinstimmen muss, so kann das, was einen Menschen vordergründig charakterisiert, nicht unbedingt sein Wesen ausmachen. Das Wesen ist das, was durch die Rolle hindurch sich ausdrückt, und nicht immer gleich wahrgenommen wird. Das Typendenken befasst sich mit dem Vordergründigen, mit dem was typisch an einem Menschen ist – im Vergleich zu anderen Menschen, die zur gleichen Zeit auf der Bühne stehen, und andere Rollen zugeteilt bekommen haben. In gewisser Weise ist es bequem, sich mit dem Vordergründigen abzufinden, denn dann muss sich nichts verändern. Ein Mensch ist so wie er ist, nämlich so, wie er erscheint, und basta. Man muss keine weiteren Gedanken daran verschwenden, welche Rollen er sonst noch übernehmen, welche Fähigkeiten und Möglichkeiten er sonst noch haben könnte – er ist als Typ charakterisiert und abgestempelt. Das Typendenken ist ein Denken in erstarrten Fixierungen. Das Phasendenken hingegen geht davon aus, dass Menschen sich in einem ständigen Veränderungsprozess befinden und dass diese Veränderlichkeit eben ihre menschliche Besonderheit – ihre große Verletzlichkeit und Unruhe, aber auch ihre Größe und Würde, ihre Freiheit ausmacht.

Korrekt heißt: Richtig und richtungsweisend, aufrecht
Das chinesische Schriftzeichen zeigt eine oberste Linie: sie stellt eine Grenze dar. Darunter sieht man einen Fuß. Sich korrekt zu verhalten heißt, an der richtigen Grenze halt zumachen.
Obgleich das Tao unendlich ist, wissen die, die dem Tao folgen, sich ihre eigenen Grenzen zu setzen. Dies geschieht nicht durch Unterdrückung oder Verdrängung, – durch Ausgrenzung -, sondern durch einen ständigen, stetigen Prozess des Gebens und Nehmens, in dem wir zwischen unseren Energien und den sich uns bietenden Gelegenheiten verhandeln.
DENG MING-DAO, TAO IM ALLTÄGLICHEN LEBEN

Das Phasendenken macht sich eine korrekte Lebenshaltung zu nutze. Sie lässt den richtigen Zeitpunkt erkennen und dazu nutzen, die richtige Veränderung einzuleiten. Das Phasendenken führt eher zum beständigen Glück als das Typendenken, weil es die Veränderlichkeit der Welt und die menschliche Fähigkeit der angemessenen Veränderung in Betracht zieht. Während das Typendenken sich damit abfindet, dass es nun mal so ist wie es ist, führt das Phasendenken in eine Zukunft der Wahlfreiheiten und selbstbestimmten Entscheidungen hinein.

Kunst ist Kunstfertigkeit, Fähigkeit, Können, Magie.
Das chinesische Schriftzeichen verbindet die Zeichen für «fließend» und «Getreideanbau». Wer Getreide ernten will, muss wissen, wie es anzubauen ist.
Wissen, wie man lebendiges Wachstum erzeugt, das ist Kunst.
Die Alten waren in Kontakt mit der gewaltigen Kraft des Tao und wollten sie mit seinen Rhythmen in Einklang bringen. Deshalb legten sie großen Wert auf die Ausbildung von Fähigkeiten. Dem Tao zu folgen gelingt nicht mit der Haltung von Passivität. Es geht darum, aktiv den Nutzen wahrzunehmen, und dies setzt Kunstfertigkeit voraus.
DENG MING-DAO, TAO IM ALLTÄGLICHEN LEBEN

Jede Phase hat ihren Sinn und ihre Aufgabe. Auch wenn im Leben nicht immer genau zu erkennen ist, in welcher Phase Sie sich selbst befinden, oder die Menschen, mit denen Sie zu tun haben, werden Sie bald mit ein bisschen Übung erkennen, welches Muster vorherrscht. Jede Phase hat ihren «Typ», wobei auch die Typen wechseln, genau wie die Phasen. Wenn Sie sich mit einem Typ identifizieren, der aus einer vergangenen Phase Ihres Lebens stammt und nicht mehr der gegenwärtigen Lebensphase mit all ihren Aufgaben und Chancen, Notwendigkeiten und Möglichkeiten entspricht, tun Sie sich nichts Gutes. Richtig: Machen Sie das Beste aus Ihrem Typ – aber: Überprüfen Sie öfters, welcher Typ Sie zur Zeit sind bzw. welcher Typ am besten zu den Rollen passt, die Sie zur Zeit spielen.

Mit welchem Typ sind Sie identifiziert?
Die Favoriten in Ihrer Garderobe könnten Aufschluss darüber geben.
1. der sportliche, unkomplizierte Typ? (Typ Kumpel, Sportsmann, Reporter, Spürhund auf der Pirsch, Abenteurer auf Durchreise, Naturkind, Robin Hood)
2. der erotische, verführerische, sehr weibliche oder sehr männliche Typ? (Typ Vollweib und Powerfrau. Macho, Adonis. Don Juan, Casanova)
3. der besänftigende und vermittelnde, der harmonisierende Typ? (Typ La Mamma. Der empathische Berater, der gutmütige Spaßmacher, Hofnarr)
4. der unnahbare, coole Typ (Der unpersönliche, korrekte Typ in Nadelstreifen, der Profi vom Fach in Arbeitskleidung oder Uniform, der Zeremonienmeister in rituellen Gewändern)
5. der geheimnisvoll zurückhaltende Typ? (Typ Träumer, Romantiker, Genie, Engel, Muse, ein wenig verrückt, und anderen ein Rätsel)

Welche Wirkung wollen Sie mit Ihrem Outfit erzielen?

1. Dynamik, sportliche Fairness?
2. Power, Erotik, Extravaganz?
3. Gediegenheit, Anpassung?
4. Souveränität und Eleganz?
5. Individualität?

Stellen Sie zu den fünf Kategorien fünf Ensembles zusammen. Denken Sie auch an die Accessoires. Dann stellen Sie sich vor, Sie schlüpfen in die Kleider, legen die Accessoires an – wie fühlen Sie sich in den Kleidern, mit den Accessoires?
Welche Figur machen Sie?
Welche Rolle übernehmen Sie?
Was wird von Ihnen in dieser Rolle erwartet?
Was traut man Ihnen zu, und was nicht?
Stimmt Ihre Ausstattung überein mit der Wirkung, die Sie erzielen wollen?
Senden Sie die Signale aus, die Sie beabsichtigen?

Jede Phase hat ihre typischen Aufgaben. Wenn Sie erkennen, «was Sache ist», können Sie sachlich argumentieren und tun, was getan werden muss. Sie vermeiden Mehrarbeit, indem Sie die Dinge dann tun, wann die Zeit reif ist. Sie vermeiden, den zweiten Schritt vor dem ersten zu machen. Hier einige Beispiele für phasenbedingten Aufgaben, wie sie sowohl in einem Unternehmen oder einem freien Beruf, in einem Haushalt oder einem Dienstleistungsbetrieb auftreten können:

Planen	Investieren	Ökologie	Kontrolle	Restauration
Projekte	Prestige	Buchführung	Abrechnung	Inventur
Versprechen	Verführen	Verarbeiten	Verabschieden	Vertiefen
Anfang	Phantasie	Checken	Ernüchterung	(vorläufiges) Ende

Wie finden wir heraus, wann der richtige Zeitpunkt gekommen ist? Wie kommen wir zu den «Wetterprognosen», die uns helfen, sich im (Berufs-) Leben zu orientieren? Woran erkennen Sie wir Hochs und Tiefs im Großraumklima, das sich ja auch auf uns auswirkt und wiederum unsere innere Befindlichkeit mitbestimmt? Wie können wir uns ein Bild davon machen, was eigentlich läuft – auch wenn die offiziellen Prognosen anders lauten? Der beste Zugang ist der über das Gefühl. Das Gefühl zeigt uns an, wie und auf was wir reagieren. Resonanz entsteht durch das unwillkürliche Mitschwingen und die Einstimmung auf die allgemeine Stimmung, das Gefühl entsteht als Reaktion auf «Atmosphären», auf «klimatische Bedingungen» (wobei nicht nur die Atmosphäre und das Klima in der Natur, sondern das Klima in den zwischenmenschlichen Bereichen gemeint ist). Es ist nützlich, die Gefühle zu kennen, die typischerweise den einzelnen Phasen zugeordnet sind. In einem Unternehmen, das kurz vor dem Aus steht, arbeitet es sich anders als in einem neu gegründeten Team, in dem die Begeisterung noch spürbar ist und sich auf alle überträgt. Frühsommer-Stimmungen sind meist aufgeheizt und ein wenig überdreht, Spätsommerstimmungen haben etwas Abgeklärtes, Klassisches, Reifes. Die Herbstphase, die in der Natur eine Phase des Übergangs und Rückzugs bedeutet, wirkt sich im Business oft als Routine und Bürokratie, als Überbetonung der Struktur aus – oft ein Zeichen für den Anfang des Endes. Das Leben zieht sich zurück, die Hülse bleibt als schöne Form. Der Saft ist raus, etwas stagniert. Im Herbst herrscht oft Klarheit aufgrund von Ernüchterung, eine gewisse Kühle und Strenge, die es verbietet, sich heimisch zu fühlen. Der Winter macht Angst – früher war die Angst, die Vorräte aufzubrauchen und nicht durch den Winter zu kommen, durchaus berechtigt. Heute lebt ein unternehmerisches System von den Reserven und Depots, die es anhäufen hat können. Ohne dieses Polster im Hintergrund ist auch der Einzelne aufgeschmissen, wenn unerwartet Notsituationen auftreten und kein Rückhalt, keine Rückendeckung gegeben ist.

Hier finden Sie eine Liste der negativen Gefühle, die auftreten, wenn ein Mensch den Aufgaben nicht gewachsen ist, die die Phase an ihn stellt.

Frühjahr	Frühsommer	Spätsommer	Herbst	Winter
Aufbruch	Blüte	Reife	Rückzug	Ruhe
Kraftlos	glanzlos	sinnlos	traurig	ängstlich

Dies sind Zustände, in denen Energie fehlt. Missstände können aber nicht nur durch einen Mangel, sondern auch durch ein Zuviel von schädigender, negativer Energie gekennzeichnet sein. Dies äußert sich dann in emotionalen Überreaktionen, an denen sich die Missstände erkennen lassen.

Frühjahr	Frühsommer	Spätsommer	Herbst	Winter
Aufbruch	Blüte	Reife	Rückzug	Ruhe
Übereifrig	überdreht	überreizt	überdrüssig	übermüdet

Das Zuviel führt zu einer weiteren heftigen Reaktion, die sich dann als Dauergefühl, ja sogar als Lebensgefühl etabliert. Ein solches Lebensgefühl beruht auf einer Verallgemeinerung. Ein einmaliges Erlebnis wird verallgemeinert und wirkt sich gefühlsmäßig auch auf die anderen Phasen im Kreislauf aus.

Frühjahr	Frühsommer	Spätsommer	Herbst	Winter
Aufbruch	Blüte	Reife	Rückzug	Ruhe
Abgelehnt	abgedreht	abgelenkt	abgewandt	abgeschaltet

Erkennen Sie die Verallgemeinerungen, die Ihnen das Leben schwer machen!

Sobald Sie bestimmte Gefühle als verallgemeinerte Antwort auf eine bestimmte phasenbedingte Anforderung erkennen, können Sie sich vorbereiten, eine Gegenstrategie zu entwerfen, indem Sie beginnen, sich Alternativen zu den Reaktionsmustern (und des damit verbundenen Gefühlsverhaltens) auszudenken. Sie können sich diese Alternativen anschaulich ausmalen. Entwerfen Sie im Geist ein Bild, wie statt der negativen Gefühle (Energieschlucker) positive Gefühle (Energiespender) sich in Ihnen ausbreiten. Erlauben Sie sich, die geliehene Power der energiespendenden Bilder in Anspruch zu nehmen und daran zu wachsen, bis Sie die Kraft haben, von sich aus und ganz natürlich, etwas zu unternehmen, was das Stimmungsruder herumreißt und das Pendel in die andere Richtung schwingen lässt.

Hier finden Sie Eigenschaften, die als Energiespender wirken:

Frühjahr	Frühsommer	Spätsommer	Herbst,	Winter
Aufbruch	Blüte	Reife	Rückzug	Ruhe
Frisch	strahlend	weise	respektvoll	in sich ruhend

Finden Sie Symbole, die diese Eigenschaften repräsentieren.
Finden Sie ein Symbol für Frische, für strahlenden Glanz, für Weisheit, Respekt und Ruhe.
Wie können Sie diese Eigenschaften in sich entwickeln?
Rufen Sie sich die Symbole bei Bedarf in Erinnerung. Sofort wird sich die entsprechende Eigenschaft vergegenwärtigen und Ihren gegenwärtigen Zustand verändern, denn Ihr innerer Zustand ist offen für Eindrücke und Einflüsse – es liegt an Ihnen, Ihr Innenleben mit den richtigen Impulsen zu füttern. Ihre Gedanken bestimmen die Qualität Ihrer «Inneneinrichtung».

Standortbestimmung

Um Ihr Leben zu lenken, müssen Sie wissen, wohin Sie wollen. Was ist der nächste Schritt? Welches Ziel peilen Sie an? Wo stehen Sie im Leben? Finden Sie es heraus, indem Sie lesen, wie es anderen Menschen geht, und wie viele verschiedene Standpunkte sich unterscheiden lassen. In welcher Position fühlen Sie sich eher zu Hause, welche ist Ihnen völlig fremd?

Was im Ton übereinstimmt, schwingt miteinander.
Was wahlverwandt ist im innersten Wesen, das sucht einander.
KUNGTSE

WAS MACHT MENSCHEN GLÜCKLICH?

Hier finden sich fünf sehr verschiedene Beschreibungen von Glücksmomenten im Leben. Welche Beschreibung trifft bei dir am meisten auf Resonanz?

A. ... Ich erinnere mich an einen Augenblick, da war ich voll in meiner Kraft. Ich hatte mich schon ein wenig warm gelaufen, aber der größte Teil der Bergwanderung lag noch vor mir. Ich würde einen ganzen Tag für den Auf- und Abstieg brauchen. Ich brach frühmorgens auf. Der Parkplatz am Fuße des Berges war noch leer. Ich zog meine Bergstiefel an und ging mich langsam ein, bald steigerte ich mein Tempo. Und da war dieser Augenblick, wo ich mir bewusst wurde, wie gut mein Körper funktionierte, wie gut meine Muskeln im Schuss waren. Sie ließen mich in einem Art reibungslosen Trab fallen, jede Bewegung reihte sich an die nächste, es war ein wunderbarer Tanz, ein Fest. Das Aufsteigen bereitete mir keine Mühe, im Gegenteil, es forderte meinen Körper heraus und ich spürte die Lust, den Spaß dabei. Wenn es Hürden gegeben hätte, ich hätte sie ohne weiteres genommen. Da war kein Widerstand, keine Bremsung, kein Kräfteverlust. Alles ging flott voran, und ich fühlte mich auf eine Weise jung, wie dies in meiner Jugend nie der Fall gewesen war.

B. ... Die Sonne auf dem Gesicht. Der Urlaub war so, wie Flitterwochen und Hochzeitsreise eigentlich sein sollten. Es war der erste Tag und ich spürte die frühlingshafte Wärme meinen Körper zärtlich wie eine Brise streicheln. Ich war allein, aber ich war nicht einsam. Ich betrachtete die herrliche Gartenanlage, ich genoss jede einzelne Blüte, die Farben, die exotischen Bäume. Ich liebte einfach alles um mich herum, und ich fühlte mich geliebt. Nicht von den einzelnen Menschen, die mir entgegen kamen, oder von bestimmten Personen im Hotel, es war nicht so, dass ich nach Kontakt ausschaute, obwohl es, glaube ich, durchaus landesüblich war, hier als ältere Frau von den hübschen Jungen angesprochen zu werden. Mich sprach niemand an, aber ich muss gelacht haben, denn die Jungen lachten mir einfach zu. Ich schaute eine rote Blüte lange an, ich schien in sie hineinzutauchen, in ihren Glanz, in ihr Strahlen. Ich fühlte mich wie sie, überströmend vor Liebe, ich fühlte mich unwiderstehlich attraktiv, ich fühlte, wie diese Ausstrahlung ganz aus meinem Kern und Wesen kam. Dieser Ausdruck war ganz und gar ungekünstelt, er entsprach meiner eigentlichen Natur. Auf der Bühne habe ich diese Ausstrahlung und dieses Glück nie erreicht.

  C. ... Ich fühlte mich wie Kompost, und das machte mich glücklich. In den Tropen wird einem die Vergänglichkeit besonders bewusst, die Luftfeuchtigkeit zusammen mit der Hitze zersetzen die Elemente, verwandeln sie, nichts behält seine Form, oder nicht lange. Ich spürte, wie mein Körper sich auflöste. Die Grenzen existierten nicht mehr. Meine Gedanken schweiften ab, verschwammen, sammelten sich wieder, brüteten vor sich hin. Ich saß vor meinem Computer und tippte Texte ein, die ich selbst nicht verstand. Alles hatte seinen Sinn, und alles ergab sich von selbst, ich war nur der Kanal für die Botschaften, das Leben in seiner Fülle mischte sich in mir und benutzte mich als Mittel. Während die meisten Leute Mittagsruhe hielten, konnte ich jetzt am besten arbeiten. Der altmodische Ventilator drehte quietschend seine Runde und leistete mir Gesellschaft. Er schien meine Gedanken durch eine Mühle zu drehen, in kleinsten Partikelchen zu zermahlen, zu feinstem Staub werden zu lassen. Und dann, auf wundersame Weise, bildeten sich aus diesem Staub Muster und fanden sich zu Gestalten zusammen. Das Zimmer an sich war keineswegs inspirierend, eine Art Verließ, so hoch wie breit, aber es ließ meinen Geist wie einen Schmetterling gaukeln und treiben. Ich war in Kontakt mit mir selbst, mit dem Sinn meines Lebens, mit Gott, anders kann ich es nicht sagen.

  D. ... Der Himmel war unendlich blau, wolkenlos. Es gibt solche Tage im Herbst. Alles erscheint mit einer Genauigkeit, die weh tut, man schaut einfach hindurch, und sieht doch alles ganz scharf. Ich war in den Bergen auf einer bestimmten Höhe wandern gegangen und sog die Bergluft ein. Ich konnte es nicht fassen. Ich blieb stehen. Das Glück überfiel mich und schmerzte, es war ein seltsames Glück, in das sich Wehmut und eine unbestimmte Angst vor Verlust mischte. Ich wusste, ich konnte diesen Augenblick der Klarheit nicht festhalten. Ich dachte: So sollte man sterben. Dies ist ein guter Augenblick für den Tod. Ich fühlte eine große Befreiung, eine Erleichterung, eine Ungebundenheit, die mich durchatmen ließ. Und nach einigen Atemzügen kehrte die Lebenslust wieder zurück. Wie weggeblasen waren die Gedanken an den Tod, an das Sterben. Ich dachte noch: So einfach ist es: tief durchatmen, und schon bist Du glücklich. Aber so wie in jenem Augenblick habe ich das Glück nie wieder in seiner Schärfe und Klarheit erlebt.

E. ... Am Morgen wusste ich, dass ich krank war. Ich schaute aus dem Fenster: Es war ein grauer verregneter Morgen. Nichts lockte mich in die Welt. Ich genoss es, im Bett bleiben zu dürfen. Ich schaute auf die Uhr: Jetzt stand ich meist schon vor meiner Klasse. Eigentlich bin ich gerne Lehrerin gewesen, aber in letzter Zeit beschlichen mich Zweifel, was dies alles für einen Sinn habe. Trotzdem hielt ich meinen Lehrplan gut durch. Aber als ich nun in meinem Bett versank, fühlte ich ein nie gekanntes Glück, von all dem weit entfernt und dispensiert zu sein. Ich betrat eine Traumwelt und dachte noch: Das war lange schon fällig. Ich schlief ungewöhnlich lange, den ganzen Tag hindurch. Etwas in mir ergänzte und erfüllte sich, während ich schlief und träumte.

WAS HILFT IHNEN IM UNGLÜCK?

Oft gibt es ganz einfache Tricks, wie man sich aus dem Unglück herausholen kann. Jeder Mensch hat da seine Art. Was hilft Ihnen, wenn Sie unglücklich sind?

C. ... Wenn ich unglücklich bin, hilft es mir, mich auszusprechen. Ich brauche jemanden, der mir zuhört und mir hilft, meine Gedanken zu ordnen. Oft weiß ich selbst nicht, was mich unglücklich macht, doch im Austausch mit anderen Menschen komme ich dann drauf, was mir fehlt. Durch diese im Dialog gewonnenen Erkenntnisse kann ich dann mein Leben wieder in den Griff bekommen.

D. ... Wenn ich unglücklich bin, hilft mir, mich mal richtig auszuweinen, zu seufzen und zu klagen, mich gehen zu lassen und mein Unglück nicht verstecken zu müssen. Wenn ich mich gehen lassen kann, fühle ich mich erleichtert und von meiner Last befreit.

E. ... Wenn ich unglücklich bin, hilft es mir meine Angst einzugestehen, statt forsch darüber wegzugehen und so tun, als könnte mich nichts erschüttern. Wenn ich meine Schwäche und Rührung zeigen darf, finde ich zu meinem Lebensmut zurück. Eine Geschichte, die mich rührt, ein Film oder ein Theaterstück, das mich so richtig in meinen Grundfesten erschüttert, wirkt Wunder. Dramatische Opernarien und das Pathos der antiken Tragödien holen mich aus meinem Unglück heraus. Wenn ich unglücklich bin, hilft es mir, mit lauter Stimme traurige Lieder zu singen.

A. ... Wenn ich unglücklich bin, hilft es mir, laut zu schreien. Ich gehe in den Wald, wo niemand mich hört, und brülle los. Wenn ich mir nicht sicher bin, ob jemand das hört, tue ich so, als machte ich Stimmübungen, um mein Volumen zu erweitern. Es hilft auch, während des Kampfsporttrainings oder des Boxens Schreie auszustoßen. Ich schreie prophylaktisch meinen ganzen Zorn heraus. Dadurch vermeide ich es, in bestimmten spannungsgeladenen Situationen einfach loszubrüllen und andere Menschen anzuschreien. Durch das Stimmtraining wird zugleich meine Stimme nicht nur stärker, sondern klarer und wirkungsvoller. Ich lerne, mich auch mit leiser Stimme durch meine deutliche Artikulation durchzusetzen.

B. ... Wenn ich unglücklich bin, hilft mir das Lachen. Ich suche dabei aber nicht krampfhaft etwas, worüber ich lachen könnte – ich bin ja unglücklich eben weil ich nichts zu lachen habe. Ich beginne mit einem Glucksen im Bauch, einer besonderen Bauchmuskelübung, die die Bauchdecke hüpfen lässt. Man kann davon sogar Muskelkater bekommen. Am Anfang sind es nur die Muskeln, die lachen, aber die Lachbewegung wirkt ansteckend, und bald könnte ich mich kringeln vor Lachen. Das hilft, denn sogleich hebt sich die Stimmung, durch das Lachen wird alles in mir und um mich herum heller, leichter, beweglicher, bunter.

SCHICKSALSMUSTER IM MÄRCHEN.

Märchenhaftes Glück? Meist gehen Märchen gut aus und enden mit dem Satz: «...und wenn sie nicht gestorben sind, dann leben sie noch heute.» Märchen erzählen in bewegter Form, wie es trotz aller Hindernisse, Widerstände, Gefahren und schlechten Voraussetzungen dennoch zu dem «Ende gut, alles gut» kommen konnte. Das macht Märchen so spannend. Obwohl viele von ihnen nach dem selben Muster gestrickt sind, erzählen sie jedes Mal aufs neue, wie ein Mensch sein Glück macht. Sicher gibt es das eine oder andere Märchen, das Ihnen als Kind besonders gut gefallen hat, und sicher gab es die eine oder andere Episode im Märchen selbst, die Sie besonders liebten und auf die Sie schon sehnsüchtig warteten, wenn Sie das Märchen vorgelesen bekamen. Welche Episode fanden Sie damals besonders spannend? Und mit welcher Episode könnten Sie sich heute besonders gut identifizieren?

A. ... Der Held zieht aus und besiegt die Ungeheuer. Ein Abenteuer jagt das andere. Im Märchen wird erst dann geheiratet, wenn der Mann sich im Leben bewiesen und bewährt hat und für die Familie sorgen kann. Der Lebenskampf ist die Voraussetzung für das Hochzeitsfest.

B. ... Als Preis für seinen Sieg bekommt der Held die Königstochter. Große Freude allerorts, ein großes Fest wird gehalten. Alle sind eingeladen. Das ganze Land feiert mit.

C. ... Alles scheint geregelt. Die Nachkommen melden sich auch schon an. So könnte es ewig weiter gehen. «...und wenn sie nicht gestorben sind, so leben sie noch heute». Das ist der Satz, mit denen alle Märchen enden. Das ist der glückliche Endzustand, das Signal dafür, das Märchenbuch zuzuklappen und schlafen zu gehen. Manch einer sehnt sich jedoch zurück zu jenen Zeiten, da er noch frei und ungebunden durch den Wald strich und von der Hand in den Mund lebte, den wilden Tieren trotzte und so manche Helfer und Verbündeten im Zwergen-, Riesen-, Geister-, oder Feenreich fand.

D. ... In der Wirklichkeit aber geht das Leben weiter. Es hat nichts mehr von einem Märchen an sich. Das ernüchtert. Und könnte in Langeweile und Routine umschlagen, wenn da nicht die Krisen und Chancen wären, die Veränderungen einleiten. Freiwillig oder unfreiwillig muss man sich immer wieder neu aufmachen – da braucht es schon einen guten Grund, einen wichtigen Auftrag, ein vielversprechendes Ziel, um davon überzeugt zu sein. Das Märchen liefert Motive und Erklärungen für die Ablösung, die den Helden sich von allem Bekannten trennen und trotzig seinen eigenen Weg gehen ließen.

E. ... Das Märchen gibt Gründe dafür an, warum Menschen ihre Heimat verlassen und sich auf den Weg machen. Abgesehen von der Neugier ist es die Not, die Menschen aus dem Haus treibt. Entweder sie selbst sind so arm, dass sie lieber die Gefahren der Fremde und der Wildnis auf sich nehmen, oder sie müssen ihre Kinder in den Wald schicken, um dort für ihr Überleben zu sorgen. Nicht selten beginnt ein Märchen mit dem Satz: «Es waren einmal zwei Kinder, deren Eltern waren so arm, dass sie sich nicht ernähren konnten.» Die Kinder gehen in den Wald, um Beeren und Pilze zu sammeln, geraten auf Abwege, verlieren sich, und finden ganz neue Möglichkeiten, sich im Leben zu beheimaten.

AUS DEN TUGENDEN DER HELDEN UND HEILSBRINGER LERNEN

Was genau macht ein Held? Was genau macht einen Helden zum Helden? Er macht einen Unterschied, mit seinen Entscheidungen, Entschlüsse und Taten sticht er aus der Menge der Leute heraus, er unterscheidet sich von den anderen Menschen, die als Gewohnheitstiere den bekannten, normalen, alltäglichen Verhaltensmustern und Handlungsabläufen folgen.

Ein Held ist eine Führerfigur, ein Vorbild, ein Idol, die eine neue Vision in die Welt bringt und zur Nachfolge einlädt. Ebenso ist es ein spiritueller Führer, ein Weiser oder ein Heiliger. In vielen Heiligenlegenden wird erzählt, wie Menschen als lasterhafte Persönlichkeiten plötzlich auf den Weg der Tugend gerieten. Sowohl Helden wie auch Heiligen gelang es, den Spieß umzukehren und die Energie ihrer Laster in die Stärke ihrer Tugenden umzuwandeln. Mythen und Legenden haben den Sinn, den Vorgang der Wendung zum Besseren, der

Wandlung, Bekehrung oder Erlösung zu erzählen, so dass die Geschichte zu einem Beispiel für alle wird. Welches Einstiegsmodell spricht Sie am meisten an? Mit welchem Helden oder Heiligen identifizieren Sie sich, so dass Sie seine Wandlung nachvollziehen können?

A. ... Jäger und Sammler: In den frühen Kulturen der Sammler und Jäger waren die Menschen ganz darauf angewiesen, sich ihre tägliche Nahrung zu erbeuten. Die Einsicht, dass ein Jäger mit dem Tier in Verbindung treten muss, um seine Beute erlegen zu können, gehört zu einem archaischen Wissen, das heute zum großen Teil verloren gegangen ist. Der Jäger und seine Beute sind durch ihren Überlebenswillen aneinander gebunden. Beide sind Lebewesen, beide werden von derselben Lebensenergie durchströmt. Beide handeln instinktiv. Die Rollen von «Opfer» und «Täter» können sich umkehren, wenn das Tier den Jäger angreift, wenn das Tier entwischt und den Jäger zum Verhungern verurteilt, oder wenn das Tier als Gattung sich nicht fortpflanzt und somit keine Nahrungsquelle mehr für das Jägervolk darstellt. Der archaische Jäger «weiß» um diese existentielle Verbindung; der Jagdzauber geht davon aus und sucht nach Verbündeten und Bündnissen. Der Jäger verkleidet sich als Tier, trägt Tiermasken, ahmt die Tierbewegungen im Tanz nach, beschwört den Tiergeist, er verhandelt mit der «Herrin der Tiere», der «Mutter des Meeres», um ihre Kinder als notwendige Nahrung für sich erbeuten zu dürfen. Er verspricht, nicht mehr zu fischen und zu jagen, als er braucht. Viele Mythen erzählen von dem Verstoß gegen diese Abmachung, und von seinen unheilbringenden Folgen. Der ungeduldige Jäger, der eigenmächtig handelt, hat keine Chance. In vielen Heiligenlegenden belehren Tiere den Menschen, helfen ihm und verleihen ihm eine höhere Einsicht in die Weisheit der Geduld. Christus erscheint dem heiligen Hubertus auf der Jagd als Hirsch. In einigen Ikonen wird der heilige Christophorus mit einem Hundskopf dargestellt, wie er den Christusknaben über den Fluss trägt. Der heilige Hieronymus hatte in seiner wilden Jugend einen Menschen umgebracht, musste fliehen und zog sich in die Wildnis zurück; dort lernte er sich gedulden. Ein Löwe ließ sich von ihm einen Dorn aus der verletzten Pfote ziehen. Der Löwe symbolisiert sowohl die Wildheit als auch die Geduld des Hieronymous.

B. ... Krieger und leidenschaftlich Liebende: als solche kennen wir die meisten Helden unserer Märchen, Legenden und Mythen. Sie bekämpfen das Böse und verhelfen dem Guten zum Sieg. Sie verlieben sich leidenschaftlich und werden durch ihre Leidenschaft verwundbar. Sie ziehen in den Krieg, um die Liebe zu vergessen. Sie führen Krieg, um des Kriegens willen. Wenn der Frieden erreicht wird, fällt es ihnen schwer, ihn zu halten. Sie werden unzufrieden. Eine tiefe Unruhe bemächtigt sich ihrer. Der heilige Augustinus hatte ein leidenschaftliches Temperament, das seiner nordafrikanischen Herkunft entsprach. Von ihm stammt das Wort: «Unruhig ist mein Herz, bis es ruht in dir, Gott mein Herr.» Nach einer ausschweifenden Jugend wurde er zu einem der größten Vertreter und Kirchenväter des Christentums.

C. ... Denker: Sie kommen in den Legenden meist nicht vor, denn der Mythos wird abgelöst durch den Logos, und die geistigen Führer sind jetzt Menschen, die durch die Kraft ihrer Gedanken, ihrer Reden und Schriften in die Geschichte eingehen. Sie sind Philosophen, aber auch Politiker, große Staatsmänner. Ihre Tugend ist die des Gleichmuts, den sie durch Besinnung erreichen und sich in wirren Zeiten erhalten; so etwa der Philosophenkaiser Marc Aurel oder der Stoiker Seneca, der auf Befehl seines einstigen Schülers, des Kaisers Nero, Selbstmord beging. Die Lehren einer vollendeten Lebenskunst wurden in der Antike formuliert und bilden einen wichtigen Bestandteil unserer abendländischen Kultur.

D. ... Handelnde: Händler und Kaufleute, geniale Erfinder, Wissenschaftler und Forscher, Techniker, Künstler. Sie tragen dazu bei, dass sich die westliche Zivilisation rasch entwickelt und einen hohen Lebensstandard mit sich bringt. Oft waren ihre Pioniere und Genies jedoch keineswegs um das Allgemeinwohl bemüht. Erst im Laufe ihres Lebens erfuhren sie, dass sie nicht als Einzelne wirken konnten, wollten sie nicht einsam und verkannt sterben, und dass sich nur gemeinsam, in der Gemeinschaft die Wirklichkeit verändern ließ. Das soziale Engagement hat viele Facetten. Wirksam wird es nur, wenn es auch durch ein Gefühl und eine tiefes Wissen um die Allverbundenheit getragen wird. Die Religionsgründer Christus und Buddha haben dies zum Fundament der Weltanschauung gemacht. Von Buddha wird in einer Legende erzählt, er würde so lange immer wieder auf diese Welt zurück kehren, bis auch alle Dämonen von ihrer Unwissenheit befreit sind.

E. ... Träumer: Eremiten, Verrückte, Weise, Heiler. Sie leben abseits der Gesellschaft und sind durch ihre Wundertaten berühmt. Man weiß nichts Genaues von ihnen, doch die Legenden und Mythen, die sich um ihr Schicksal ranken, prägen sich dem kollektiven Gedächtnis besser ein als jede historisch fundierte Dokumentation.

AUS DEN LASTERN DER MÄCHTIGEN UND HERRSCHERN LERNEN

In Mythen und Märchen bewahren sich geschichtliche Ereignisse. Die Mächtigen und Herrscher, von denen erzählt wird, haben wahrscheinlich wirklich existiert, vielleicht waren es auch mehr als eine geschichtliche Person, die sich in der mythischen Gestalt, in der märchenhaften Figur verewigt haben. Natürlich gibt es auch gute und weise Herrscher, aber von viel größerem Interesse sind diejenigen Herrscher, die das Böse verkörpern und letztlich, wenn nicht in der realen Geschichte, so doch in den Märchen, besiegt und als Herrscher überwunden werden. Jeder der bösen Herrscher hat einen besonderen Fehler, an dem er scheitert und von dem wir lernen können, wenn wir solche Fehler vermeiden wollen. Alle diese Fehler beruhen auf einem emotional geprägten Verhalten, das zu ausgeprägten Lastern führt. Laster belasten. Die Herrscher sind Gefangene ihrer Emotionen, sie können nicht anders, so scheint es, obwohl wir, die wir ihre Geschichten hören und verstehen möchten, was schief gelaufen ist, wissen, dass jedes Verhalten aufgrund von Bewusstwerdung und Einsicht, in ein anderes, besseres Verhalten umgewandelt werden kann. Emotionen (früher als Gemütsbewegungen oder Gemütswallungen bezeichnet) haben eine starke Dynamik und Wirkungskraft. Sie verleihen eine außerordentliche energetische Aufladung – ein emotionaler Mensch kann geradezu wie besessen wirken. Es wäre absolut unklug, ganz auf eine solche Ballung der Lebensenergie verzichten zu wollen. Eine solche Enthaltsamkeit würde zu einem langweiligen Leben und einer blassen Persönlichkeit führen. Auch geben die Laster in einer Geschichte ihren Personen erst die richtige Würze, Kontur und Farbigkeit. Laster belasten nur denjenigen, der sie auszutragen hat; sie sind nur für ihre Träger lästig; für den distanzierten Beobachter sind sie ein Hochgenuss. Gönnen Sie sich diesen Genuss. Lehnen Sie sich innerlich im Lehnstuhl bequem zurück und beobachten Sie, wie ein Laster sich aus dem anderen entwickelt. In welchem Laster könnten Sie sich wiedererkennen?

E. ... Viele Märchen beginnen mit der Schilderung eines alten, grausamen Herrschers, der sein Volk unterjocht und das Leben zur Hölle macht. Er terrorisiert alle, versetzt das Land in Angst und Schrecken, und hält dadurch das Zepter in der Hand, auch wenn er schon viel zu alt ist, um dem Land zu dienen und Thronerben zu schenken. Im Grunde ist dieser Herrscher am Ende, und er weiß es. Aber gerade dieses Wissen um seine Ohnmacht lässt ihn seine Macht missbrauchen. Er wird zum Monster, das eigentlich erlöst werden will. Das Beste, das ihm passieren kann, ist, dass er eines Tages abgelöst wird und sterben kann. Und genau das passiert auch in den Märchen.

A. ... Es kommt ein junger Herrscher auf den Thron. Man könnte nun meinen, das Gute würde sich durchsetzen. Doch zum Entsetzen aller entwickelt sich dieser junge Herrscher gar nicht gut. Das Böse zeigt sich in seiner Unfähigkeit, seine Emotionen im Zaum zu halten; er ist ein Herrscher, der sich nicht im Griff hat; eine Unbeherrschtheit ist der Nährboden für die Laster von Launenhaftigkeit, Ungeduld, Zorn, Eifersucht, Rachsucht. Er, der früherer Rebell und Freiheitskämpfer, verliert seine Ideale, seine Würde und seine Selbstachtung. Insgeheim weiß er darum. Doch statt Einsicht zu haben, sich bekehren zu lassen und sich zu ändern, macht er immer weiter, bis auch er getötet oder abgesetzt wird.

B. ... Nun kommt einer auf den Thron, auf den alle Hoffnungen gerichtet sind. Er soll der Heilsbringer, der Erlöser, der Friedensfürst sein, auf den man so lange gewartet hat. Und am Anfang beweist der neue Herrscher viel sein Können, ist ein gerechter Richter, ein Begründer neuer Verfassungen und ein weiser Gesetzgeber. An seiner Innenpolitik ist nichts auszusetzen. Doch um den Frieden im Inneren des Landes zu wahren, meint er, immer mehr Land dazu gewinnen, expandieren und sich ausbreiten, und somit immer neue Kriege anzetteln zu müssen, um das zu kriegen, was er für die Stabilität seines Landes als notwendig erachtet. Und langsam wendet sich das Blatt: die Emotion der Gier nimmt überhand, er kriegt nie genug, wird nicht satt und will immer mehr. Sein Begehren ist unersättlich, seine Leidenschaft treibt ihn und sein Land in den Wahnsinn. Oft beruft er sich auf einen göttlichen Auftrag, wähnt sich und sein Volk als auserwählt, er schürt den religiösen Eifer, der in geistiger Verwirrung endet.

C. ... Als Folge des politischen Wahnsinns kommt oft auf den feurigen, leidenschaftlichen Herrscher eine Herrscherfigur, die die Vernunft wiedereinführen will und die Ratio zum Prinzip erhebt. Es wird der Glaube an den gesunden Menschenverstand ausgerufen, die Leitlinien des richtigen, des korrekten, normalen Verhaltens als allgemein verbindlich erkannt und anerkannt. Es werden soziale Verträge ausgearbeitet, und alle dazu verpflichtet, sich daran zu halten. Doch die Aufklärung hat gezeigt, dass auch solche Ideensysteme, die auf dem guten Willen und der vernünftigen Einsicht beruhen, schnell zu Ideologien verkommen, wenn sie nicht die Triebkräfte, die aus dem kollektiven Unbewussten kommen, integrieren. Gerade unter dem Zeichen der Aufklärung, des Rationalismus und des Sozialismus wurden die furchtbarsten, die menschenverachtendsten Verbrechen verübt. Idealismus wandelt sich zu Fanatismus, der staatlich verübte Terror führt in einen Zustand der Diktatur und endet in der Herrschaft der Willkür.

D. ... Wo die Demokratie versagt hat, sammelt sich das Militär unter seinen Generälen, den eigentlichen Machtinhabern des Landes, das Militär plant einen Putsch, den es mit Hilfe seiner Waffengewalt durchführt. Unterstützt von den multinationalen Interessen großer Konzerne kommt es zur Machtübernahme durch eine Marionettenregierung, die den Wirtschaftsbonzen und Kapitalisten dient. Die Generäle werden reichlich belohnt durch Posten und Positionen innerhalb dieser Militärdiktatur. Wenn es brenzlig werden sollte, setzen sie sich beizeiten ins Ausland ab und bringen das Geld des Landes auf einem Geheimkonto in Sicherheit.

E. ... Und da sind wir wieder, wo viele Märchen begonnen haben: Terror, Angst und Schrecken regieren. Fängt jetzt das alte Lied von vorne an? Oder gibt es noch andere Optionen?

Welche Form der Herrschaft könnte stattdessen folgen? Wenn die «alten Bösen» siegen, führen sie ihr Land in archaischen Zustände, wie wir sie (nicht nur) aus den Märchen kennen und fürchten: es sind jene grausamen, paranoiden, alten «Bösen», denen jedes Mittel recht ist, um ihre Macht weiter zu erhalten. Es könnte aber auch sein, dass sich in einer neuen Bewusstseinsstufe weltweit Einsichten und Erkenntnisse durchsetzen, die sogar die «Bösen» sich eines Besseren besinnen lassen und eine neue politische Wirklichkeit heraufbeschwören. Das Tao-Modell bietet ein geeignetes Raster, um in den Zukunftsvisionen und Utopien rechtzeitig die Laster zu entdecken und der Gefahr schon im Ansatz gegenzusteuern.

DAS LEBEN WIE EIN UNTERNEHMEN FÜHREN

In jedem Unternehmen finden wir verschiedene Rollen. Angenommen, Sie würden Ihr Leben wie ein Unternehmen führen – in welcher der hier aufgelisteten Rollen würden Sie sich am meisten wiedererkennen?

A. ... Typ Forscher, Entwickler, immer auf der Suche nach Neuem, nach unbekannte und unbewohntem Gebiet. Pionier. Ressort: den Markt auskundschaften, neuen Ideen nachgehen, Möglichkeiten erforschen, das Gebot der Stunde, den Zeitgeist erspüren, zukunftsorientierte Visionen entwickeln, Nischen entdecken, erste Projekte machen, Vorschläge vorlegen. Einzigartige Exponate ausarbeiten.

B. ... Typ Manager, engagierter Organisator. Ressort: Initiative ergreifen in großem Rahmen und Stil, die Ideen umsetzen, in die Aktivität gehen, repräsentieren, investieren, Image aufbauen und pflegen. Mit ganzem Herzen und voller Überzeugung die Promotion (überstürzt) ankurbeln. Mit Leidenschaft und Engagement dabei. Zuviel Herzblut lässt allerdings manchmal die Übersicht und den Kopf verlieren.

C. ... Typ «The Brain», der Meisterdenker. Ressort: Systematische Planung zur Realisation von Ideen. Wie das Gehirn ist er nur dann nützlich, wenn er kooperiert und in engem Austausch mit dem Rest des Unternehmens (dem Körper) steht. Sonst verliert er sich in den Tabellen, die er für seine Berechnungen aufstellt, und findet kein Ende. Da er nur auf der rationalen Ebene operiert, ist er besessen von der systematischen Erfassung aller rationalen Möglichkeiten, dabei ahnt er, dass sein Werk immer unvollkommen und auch nicht umsetzbar sein wird. Der Bewirker und Autor des «Ewig Unvollendeten». Dann nutzt alle Ratio und alle Logik nichts – er wird zum Außenseiter, zum skurrilen Spinner, der sich ein teueres Hobby leistet.

D. ... Typ Systemanalytiker, Kritiker, Controller. Ressort: Buchführung, Bilanz ziehen, ausrechnen, was unter dem Strich heraus kommt. Er entdeckt die Nachteile und Schattenseiten, das Minus. Er ist gründlich und verlässlich, er nimmt es genau. Aber er wirkt unterkühlt und ernüchternd, wenig motivierend und unterstützend. Er plädiert für Veränderung: Duldet keine Stagnation, plädiert für Interventionen. So wird er zum Krisenmanager.

E. ... Typ Unternehmerpersönlichkeit: sie haftet mit ihrem Eigentum und Ansehen. Sie braucht entsprechend gute Nerven und Durchhaltekraft, abgesehen von all dem Fachwissen der Mitarbeiter. Sie muss durch Ausstrahlung überzeugen, und tut dies oft auch. Sie steht im Zeichen eines besonderen Charisma und ist die geborene Führungskraft in leitender Position. Ressort: Das Ganze überblicken und die großen Zusammenhänge beachten, letzte Entscheidungen treffen. Garantien geben. Reserven verwalten. Kernkompetenzen erkennen.

Ängste bringen uns in Kontakt mit unseren Gefühlen

Jeder Mensch hat das Gruseln, das Sichängstigen zu lernen, damit er nicht verloren sei, entweder dadurch, dass ihm niemals Angst gewesen, oder dadurch, dass er in Angst versinkt; wer daher gelernt, sich zu ängstigen nach Gebühr, der hat das Höchste gelernt.
SÖREN KIERKEGAARD

WAS MACHT IHNEN AM MEISTEN ANGST?

Oft wollen wir uns unsere Ängste nicht eingestehen, weil sie uns in den Augen anderer und vielleicht auch unserer selbst als schwach, angreifbar, verletzlich, unvollkommen erscheinen lassen. Das äußere Bild, die Maske der Perfektion wird durch Anzeichen der Angst gestört, das soziale Ansehen geschmälert. Während Frauen vielleicht noch rollenbedingt ihre Angst zeigen und an die männliche Beschützerhaltung appellieren dürfen, fühlen sich Männer aufgrund ihrer sozialen Konditionierung dazu verpflichtet, den starken Mann zu markieren und die Ängste einfach nicht wahrzunehmen. Ängste können uns jedoch in Kontakt mit unserer weiblichen, empfindlichen Seite in Kontakt bringen und dadurch unser Bewusstsein erweitern, was sich als Stärkung der ganzen Persönlichkeit ebenso wie des Systems sozialen Zusammenlebens (in der Familie, in dem Team, in dem Unternehmen, sogar in der Gesellschaft allgemein) auswirken kann. Ängste bringen uns in Kontakt mit einer Seite der Wirklichkeit, die oft ausgeblendet wird. Es geht darum, diese vergessene oder verdrängte Seite wieder einzublenden. Nur so entsteht wahrer Mut und kommt aus dem Herzen. Courage heißt, den Dingen beherzt ins Auge zu sehen. Folgender Katalog der Ängste regt Sie vielleicht dazu an, sich mit der einen oder anderen Angst auseinanderzusetzen.

    A. Die Angst vor dem Leben.
    B. Die Angst vor der Liebe.
    C. Die Angst vor Unordnung und Chaos.
    D. Die Angst vor Risiko, Veränderung, Verlust.
    E. Die Angst vor der Vergänglichkeit und dem Tod.

- **A.** Die Angst vor dem Leben führt zu einem Gefühl der Frustration und Selbstablehnung.
- **B.** Die Angst vor der Liebe führt zu einem Gefühl der Beliebigkeit, zu Überschwang oder Überdruss.
- **C.** Die Angst vor Chaos, Risiko, Veränderung führt zu einem Gefühl der Unordnung und Vorläufigkeit, zur Wehmut.
- **D.** Die Angst vor Verlust führt zu einem Gefühl von Trauer, innerer Distanz, Resignation, Apathie.
- **E.** Die Angst vor der Vergänglichkeit und dem Tod führt zu einem Gefühl der Fremdheit, Heimatlosigkeit und Entwurzelung.

Angst stellt sich ein, wenn ein Grundbedürfnis nicht erfüllt werden.
- **A.** Die Angst vor dem Leben basiert auf dem Grundbedürfnis nach Selbstverwirklichung und kreativem Ausdruck. Am Anfang des Lebens ist dieses Bedürfnis besonders ausgeprägt und stellt oft eine Überforderung dar.
- **B.** Die Angst vor der Liebe basiert auf dem Grundbedürfnis nach Unabhängigkeit, und Ungebundenheit um der Selbstbestimmung willen.
- **C.** Die Angst vor Chaos, Risiko, Veränderung basiert auf dem Grundbedürfnis nach Ordnung, Gleichgewicht, Kontinuität, Stabilität.
- **D.** Die Angst vor Verlust basiert auf dem Grundbedürfnis nach Besitz. Diese betrifft den Besitz von Rechten, von Möglichkeiten und Freiheiten, von einem Platz in der Welt, von einem verlässlichen Partner.
- **E.** Die Angst vor der Vergänglichkeit und dem Tod basiert auf dem Grundbedürfnis nach Unsterblichkeit im Sinne einer Fortsetzung der Existenz, wenn auch auf einer anderen Ebene.

EIGENE ÄNGSTE ENTDECKEN

Oft wissen wir nicht genau, was uns eigentlich Angst macht. Angst bleibt ein diffuses Gefühl, eine ständige, untergründige Belastung. Sie trübt unser Lebensglück. Angst, die bewusst wird, kann jedoch unsere Wahrnehmung schärfen und die Aufgaben des Augenblicks frühzeitig erkennen lassen. Ängste zu verdrängen führt zu Konterreaktionen: die Angst vor der Angst führt zu Verhaltensmustern, die als Selbstheilungsversuche falsche Lösungen darstellen, d.h. zu Lösungen führen, die wiederum zu Problemen werden. Die forsche Lebenshaltung «Ich hab keine Angst» beweist nicht Mut, sondern eine besonders fatale Flucht nach vorne, die die Zukunft ungünstig beeinflussen wird.

Sich der Angst auszusetzen, führt dazu, Gegenkräfte zu mobilisieren, und, mehr noch, die Energie, die in jeder Angst gebunden ist, freizusetzen. Wenn wir die Ängste orten, können wir dort, wo wir uns am meisten ängstigen, am besten zu unserer Kraft finden.

Mit welcher Jahreszeit verbinden Sie Ihre größte Angst?

    A. ... Im Frühling treibt alles aus, wächst, gedeiht, kämpft sich durch die Winterstarre und erwacht zu neuem Leben. Gefühle wie Bitterkeit durch Frustration lassen sich erklären aus der Angst, sich nicht durchsetzen zu können mit Ideen, Plänen, Vorhaben. Es ist die Angst, alle Anstrengung sei umsonst, die Kraft reiche letztlich nicht aus, oder die Hindernisse seien zu groß, seien unüberwindbar, so dass es sich gar nicht erst lohne, anzufangen.

    B. ... Im Frühsommer erblüht die Flora, die Fauna schmückt sich in den schönsten Farben, überall beginnt das Werben und Balzen, der Drang zur Fruchtbarkeit meldet sich und lenkt das Treiben. Der Maienmonat ist der Monat der Liebe. Gefühle wie Eifersucht und Hass lassen sich erklären durch Gefühle der Hässlichkeit, der Angst, nicht beachtet und angenommen, geliebt und begehrt zu werden, nicht attraktiv genug zu sein.

    C. ... Im Spätsommer erfasst viele Menschen eine seltsame Wehmut, eine Art unerklärlicher Weltschmerz durch das Gefühl, nicht genügend Zeit im Leben zu haben, um ganz ausreifen zu können. Es ist die Angst vor der Vergänglichkeit, die uns auch Angst vor der Reife macht.

    D. ... Im Herbst ziehen sich in der Natur die Säfte wieder zurück, die Blätter und Früchte fallen ab, die Tiere bereiten sich für den Winter vor, sammeln Proviant und suchen sich Höhlen. Gefühle wie ständiger und unspezifischer Trauer, einer lebenslangen Verschlossenheit, die sich in Bindungsunfähigkeit äußert und sich als Kälte ausdrückt, lassen sich durch Isolation und Einsamkeit erklären. Dahinter steht oft die Angst vor Abschied und Trennung. Eine solche Angst kann verhindern, sich jemals binden und festlegen zu wollen. Sie schlägt um in die Angst, gefangen zu sein und führt zu einer starken, manchmal sogar lebensfeindlichen Sehnsucht nach Freiheit und endet in Beziehungslosigkeit.

    E. ... Im Winter geht es in der Natur um das Überleben unter schwirigen Bedingungen. Der Winter erweckt auch in den Menschen Ohnmachtgefühle, die auf extreme, existentielle Bedrohung reagieren. Gefühle, nicht gewollt zu sein, keinen Platz, keine Heimat zu haben führen zu Nihilismus und Verzweiflung. Es entsteht chronischer Stress durch tiefe Vernichtungsängste.

ALTE VERLETZUNGEN HEILEN

Wenn Ängste unbewusst bleiben, laden sie dazu ein, immer wieder überzureagieren. Traumata sind Verletzungen, die dazu führen, dass bestimmte Reaktionsmuster sich als Antwort auf das Trauma herausbilden und Gewohnheiten entstehen lassen, die oft die Lebensqualität massiv beeinträchtigen. Der Sinn der Bearbeitung von Traumata ist es, diese verfestigten Gewohnheitsmuster zu verflüssigen, so dass die Person und ihre Energie wieder in Fluss kommt. Eine Steigerung oder Neuentdeckung der Lebenslust ist die unmittelbare Folge. Es lohnt sich also! In welcher Phase sind, wenn vorhanden, Ihre Traumata zu finden? Wo müsste die Trauma- Arbeit ansetzen?

A. ... Traumatische Erlebnisse in der Kindheit (Kreativität und Selbstverwirklichung sind gestört und müssen neu aufgebaut werden)

B. ... Traumatische Erlebnisse in den Liebeserfahrungen (Selbstakzeptanz und Beziehungsfähigkeit sind nicht entwickelt worden, oder durch schlechte Erfahrungen gestört)

C. ... Traumatische Erlebnisse in der Ausbildung (Das Denken muss und kann gelernt werden – nur so ist es möglich, nicht durch Autoritäten bevormundet zu werden, sondern mündig zu werden, einen eigenen Standpunkt einzunehmen, Stellung zu beziehen, einen Beitrag in gesellschaftlichen und politischen Fragen zu leisten)

D. ... Traumatische Erlebnisse durch Verlust (Es bedarf einer radikalen Neuorientierung während oder nach einschneidenden Veränderungen, Krisen, Katastrophen)

E. ... Traumatische Erlebnisse durch Krankheit und andere Ausnahmezustände. (Voraussetzung für Vitalität und Gesundheit ist das Angeschlossensein an den Strom der Lebensenergie. Aufgabe: Urvertrauen aufbauen, und aufrecht erhalten, auch in Notzeiten, zum Glauben finden, oder eine vergleichbare, sinnstiftende Weltanschauung/ Lebensphilosophie sich erarbeiten)

EMOTIONEN, GEFÜHLE ALS REAKTIONSMUSTER.

Wie reagieren Sie auf Ängste? Ängste bringen uns in Kontakt mit unseren Gefühlen und erklären, warum wir in bestimmten Situationen, ausgelöst durch bestimmte Reize, emotional reagieren. Emotionale Reaktionen geschehen unkontrolliert – oft erkennen wir uns selbst nicht wieder und wünschten uns, wir hätten anders oder nicht reagiert. Der verantwortungsvolle Umgang mit unkontrollierten emotionalen Reaktionen gehört zu den wichtigsten Aufgaben, sich seiner selbst bewusst zu werden. Dazu gehört, Verantwortung zu übernehmen für die eigenen Aktionen, statt durch unbewusste Reaktionen in einem Teufelskreis gefangen zu bleiben. Gefühl und Emotion werden oft verwechselt. Die Emotionen lassen sich an ihrer energetischen Ladung erkennen: sie treiben uns an, drängen zu einem Ausdruck, wollen sich zeigen, nach außen treten; Emotionen fordern zum Tun, zum Eingreifen oder Angreifen auf. Sie fordern die Veränderung heraus. Emotionale Menschen möchten etwas unternehmen, etwas tun, statt tatenlos zuzuschauen. Sie gelten als extrovertiert. Im traditionellen Weltbild des Taoismus werden Emotionen deshalb dem Männlichen, dem Yang zugeordnet. Gefühle hingegen bestimmen das Innenleben. Wer in Kontakt mit seinen Gefühlen kommen will, muss sich nach innen wenden. Gefühlvolle und gefühlsbestimmte Menschen gelten als introvertiert. Gefühle werden dem Weiblichen, dem Yin- Prinzip zugeordnet. Doch auch in den Gefühlen gibt es eine Yang- Qualität, insofern Gefühle aufsteigen, uns bewegen und sich äußern, wenngleich sehr viel verhaltener als emotionale Reaktionen. Diese sind wie ein Gewitter, das plötzlich kommt, aber ebenso plötzlich wieder vergeht. Gefühle sind wie eine Großwetterlage: sie bestimmen die Atmosphäre, das Klima. Emotionale Reaktionen können Veränderungen kurzfristig bewirken, doch erst die Gefühle lassen die Stimmungslage langfristig, gründlich und anhaltend sich wandeln. Negative Emotionen sind wie akute Entzündungen, negative Gefühle hingegen wie chronische Krankheiten. Dasselbe gilt für positive Wendungen. Sind sie emotional gesteuert, so können sie ebenso rasch wieder verfliegen wie sie bewirkt worden sind. Wenn jedoch ein Gefühl für die entscheidenden positiven Werte im Leben entwickelt wurde, kann sich ein Sinn für Qualität und Würde durchsetzen und alles andere beeinflussen. Deshalb ist die Arbeit an den Gefühlen ein wichtiger Bestandteil jedes Heilvorgangs. Die Arbeit besteht einerseits in der Kontaktaufnahme mit den verborgenen und unbewussten Gefühlslagen (dem Yin-Aspekt unserer Seele), andrerseits in der Beobachtung unserer emotionalen Reaktionsweisen und unseres impulsiven Wesens (dem Yang- Aspekt unserer Persönlichkeit). In jeder Person mischen sich Männliches und Weibliches.

- Extroversion (die Tendenz, aus sich heraus zu gehen, nach außen zu leben, alles ausleben) und
- Introversion (die Tendenz, in sich zu gehen, die Gründe für alles bei sich selbst zu suchen und nach innen gewandt zu leben, wobei die Impulse, etwas zu tun und zu verändern, unterdrückt, abgeblockt und festgehalten werden)

Sie sind grundsätzliche Verhaltensweisen, die zur Verfügung stehen und zwischen denen sich wählen lässt. Auch ein introvertierter Mensch kann sich dazu entscheiden, in den Ausdruck zu gehen, sich zu äußern, zu zeigen, und in der Außenwelt Stellung zu beziehen. Ebenso steht es einem extrovertierten Menschen frei, sich zurückzuziehen aus der Außenwelt und sich auf seine

Innenwahrnehmung zu konzentrieren. Welche Gefühle kennen Sie von sich selbst, und welche emotionale Reaktionen können Sie mit Ihren Gefühlen in Verbindung bringen?

A. ... Ungeduld als emotionale Reaktion kann zu Zornausbrüchen führen. Jähzorn kann plötzlich aufflammen, Launenhaftigkeit kann überschlagen in unbedachte, sehr heftige Reaktionen, in einen tätlichen Angriff, eine unkluge Provokation, ein Vorwärtspreschen als Flucht nach vorne. Man tut den zweiten Schritt vor dem ersten. Und bereut es danach. Zu spät. Impulsives Benehmen stört jede Kontaktaufnahme, Beziehungsgestaltung, Verhandlung, es ist undiplomatisch und oft verletzend. Wird jedoch diese Emotion unterdrückt, kehrt sich die Aggression nach innen und wirkt selbstzerstörend, macht depressiv, führt zur Resignation und einem verminderten Energieniveau. Man hat zu nichts mehr Lust, fühlt sich schlaff, gebremst, wird sauer, frustriert.

B. ... Begierde als emotionale Reaktion kann zu einer Leidenschaft führen, die durch keine Einsicht und Rücksicht gezügelt wird. Man will alles, und sofort, nimmt sich nicht die Zeit zum Nachdenken und zur Vorsicht. Leidenschaftliches Engagement kann überschlagen in Hysterie, den Geist verwirren, bestehende Ordnungen auflösen und zum Wahnsinn führen – wobei der Wahnsinn als Extrem nur der Endzustand einer bestimmten psychischen Entwicklung bedeutet. Die rosa Brille der Verliebten, die Vernarrtheit, die der Verliebtheit entspricht, das Hängen an Illusionen, die Verblendung der Romantiker und Idealisten – all das sind Zwischenstationen. Leidenschaftliche Hingabe kann übergehen in Abhängigkeit und Sucht. Eifersucht zum Beispiel. Oder Sehnsucht. Als chronisch gewordene Gefühlshaltung bestimmt sie das Leben, wenn die Leidenschaft nicht ausgelebt werden konnte oder durfte. Sehnsucht vermittelt das ständige Gefühl, etwas im Leben zu versäumen, alles Wichtige zu verpassen. Das Leben geht an einem vorbei. Daraus entsteht eine Spannung, ein Druck, der nicht erlöst werden kann, so lange er nicht bewusst geworden ist. Daraus erklärt sich auch ein latenter Zeitdruck, ein Zustand des Gehetztsein, der Hetze, der in Stress resultiert und eine schwere Belastung darstellt.

C. ... Besessenheit ist nicht nur ein krankhafter Zustand. Auch im Alltag können wir manchmal von etwas besessen sein. Besessenheit führt zu emotionalen Reaktionen, die uns Dinge tun lassen, als stünden wir unter einem Zwang. Wir sind fremdbestimmt, wie ferngesteuert; man kennt den Ehrgeiz, der einen zerfrisst, der Neid, der an einem nagt. Wenn man Glück hat, gelingt es einem, sich dabei zu ertappen und rechtzeitig auszusteigen. Humor gibt die Gelegenheit, über sich selbst zu lachen. Oft siegt aber auch der Zwang und die Sucht, der Fanatismus. Alles was dem im Weg steht, soll weg, nichts soll einen aufhalten – so entstehen vernichtende, zerstörerische, mörderische Impulse, die wiederum Anlass geben zu einem tiefsitzenden Schuldgefühl, zu Scham,

Selbstablehnung und einem melancholischen Grübeln, das zu nichts führt. Selbstvorwürfe erlösen nicht.

D. ... Selbstsucht ist eine Erklärung für emotionale Reaktionen, die sich aus der Angst vor dem Verlust ableiten lassen. Egoismus (und in seiner Steigerung der Narzissmus) ist die natürliche Reaktion des Menschen auf seine Trennung von einer größeren und umfassenderen Ganzheit. Übertriebener Individualismus, der ungerührt auf seine Freiheit und Unabhängigkeit pocht, rechtfertigt Beziehungsunfähigkeit, Unverbindlichkeit und Beliebigkeit im Leben, was auf der Gefühlsebene für weitere Selbstentfremdung sorgt.

E. ... Angst macht abergläubisch und setzt das Denken außer Kraft. Wer sich von Hause aus ohnmächtig fühlt, strebt nach Macht und Kontrolle. Herrschsucht ist eine Erklärung für emotionale Reaktionen der Panik und der Paranoia. Jeder moderne, aufgeklärte, rationale und bewusste Mensch hasst es, sich bei solchen panischen und paranoiden Reaktionen zu ertappen, oder ertappt zu werden. Angst zu haben ist tabu, vor allem für Männer. Männer müssen Furchtlosigkeit zeigen, tapfer sein. Aber auch Frauen tun sich zunehmend schwer in unserer modernen Gesellschaft, ihre Ängste ernst zu nehmen und sich ihrer Ängstlichkeit zu stellen. Man fühlt sich minderwertig, lächerlich, daneben, blöd, untauglich, impotent. Und solche Gefühle schüren Minderwertigkeitskomplexe, die wiederum der Auslöser für weitere Reaktionen sind. Ein Teufelskreis schließt sich.

Kreisläufe des Pechs, Kreisläufe des Gelingens

Notzeiten sind das Gegenteil von Erfolg.
Aber sie können zu Erfolg führen,
wenn sie den rechten Menschen treffen.
Wenn ein starker Mensch in Not kommt,
so bleibt er trotz aller Gefahr heiter,
und diese Heiterkeit ist die Grundlage späterer Erfolge.
Sie ist die Beständigkeit, die stärker ist als das Schicksal.
I GING, KOMMENTAR VON WILHELM ZUM ZEICHEN 47, «BEDRÄNGNIS»

Ein Unglück kommt selten allein, sagt eine Redewendung. Das Glück ebenso wie das Unglück scheint einem Gesetz der Serie zu folgen – ist man einmal in dem Kreislauf der Verschlechterung gefangen, fühlt man sich vom Pech verfolgt, und es scheint schwer, den Bann der selbsterfüllenden Prophezeiung zu brechen. Ebenso verhält es sich mit dem Erfolg – hat man es erst einmal geschafft, sich auf der Spur des Gelingens zu befinden, so scheint einem alles zu gelingen. Dabei scheint alles von selbst zu gehen, und wird immer besser. Es stellt sich also die Frage nach dem Ausstieg aus dem Pech-Zirkel, und dem Einstieg in den Glücks-Zirkel. Wahrscheinlich wünschen wir uns alle, den Zaubertrick der Verwandlung vom Pechvogel zum Glückspilz zu kennen. Dabei ist weniger Zauberei als Einsicht im Spiel. Genau das ist das durchgehende Thema der «Inneren Alchimie» der taoistischen Tradition.

Die Weisen lebten in Frieden unter dem Himmel auf der Erde, sie folgten
dem Rhythmus der Planeten und des Universums. Ihre Gefühle kannten
keine Extreme, ihr Verhalten und Denken spiegelten nicht die Konflikte
der Gesellschaft wieder.
Im Inneren vermieden sie es, sich übermäßig zu belasten.
Sie weilten in Stille und erkannten die leere Natur der Erscheinungen.
DER GELBE KAISER, KAPITEL I,
ZITIERT IN «DIE WELT DER FÜNF ELEMENTE», BEI DIOLOSA S. 96

Launen sind wechselhaft – mal ist die Laune gut, mal schlecht. Stimmungstief folgt auf Stimmungshoch. Diese Wechselhaftigkeit können wir für uns nutzen, wenn wir die Bedingungen für den Stimmungsumschwung kennen lernen und die Verantwortung für unser Befinden übernehmen. Die ersten Anzeichen eines Wechsels zum Schlechteren oder eine Chance zur Verbesserung sollten als Signal gelten: Zeit, das Ruder in die eigene Hand zu nehmen! Es ist nämlich möglich, mittels von Management- Strategien das Plus anwachsen zu lassen und sich rechtzeitig aus Minuszuständen herauszuheben, bevor es das ganze Leben überschattet. Wir alle kennen jene Teufelskreise, die immer wieder unsere Bemühungen um Bewusstheit zunichte machen und uns in den Bann unserer (schlechten) Gewohnheiten ziehen. Der *circulus vitiosus* ist ein Kreis, in dem sich ein Laster (lat. *vitium*) an das andere reiht, wobei der Übergang nahtlos geschieht und es dem Bewusstsein schwer macht, einzugreifen. Aber nach demselben Prinzip wie jene Regelkreise des Lasters funktionieren, so funktioniert auch ein *circulus virtuosus*, bei der virtuos eine gute Gewohnheit als Tugend (lat. *virtus*) in die nächste übergeht, sie aufbaut, verstärkt und unterstützt und weiterträgt.

Wir können lernen, schnell vom Stimmungstief auf ein Hochgefühl umzusteigen und auf Dauer einen Zustand der inneren Ausgeglichenheit anzusteuern. Dabei hilft, sich ein Bild von den möglichen Minus-Zuständen und Reaktionen zu machen, um sie im Alltag (wieder) zu erkennen, sobald sie auftreten und sich unserer zu bemächtigen versuchen.

«LASTERKREIS», DER VON NEGATIVEN REAKTIONEN GESPEIST WIRD

> *Die Großbuchstaben deuten den Yang-Charakter der Emotionen an*
> Paranoia (E) führt zu Aggression (A)
> Aggression (A) führt zu rauschhafter Entgrenzung (B)
> Rausch und Entgrenzung (B) führt zu Besessenheit (C)
> Besessenheit (C) führt zu Gewalt (D)
> Gewalt (D) führt zu Paranoia (E)
> NACH CLAUDE DIALOSA IN «DIE WELT DER FÜNF ELEMENTE» S.III

Wahrscheinlich sind uns diese Art von (emotionsbedingten) Lastern eher fremd, da wir durch unsere Erziehung, unsere soziale Konditionierung, unsere Anpassung an herrschenden Normen und Konventionen (Gott sei Dank, bzw. dank unserer Zivilisierung) daran gehindert werden, solche starken emotionale Reaktionen hemmungslos auszuleben. Wer eine solche «Stärke» markiert und den starken Mann spielt, hat meist in unseren Breitengraden keinen Erfolg damit. Vielleicht erkennen wir uns eher in dem Lasterkreis der negativen Gefühle, die einander verstärken und uns insgesamt ins Minus bringen, indem sie uns schwächen.

«Lasterkreis», der von negativen Reaktionen gespeist wird

Die Kleinbuchstaben deuten den Yin-Charakter der Gefühle an
Ängstlichkeit (e) führt zu Blockaden (a)
Blockaden (a) führen zu Lebensekel (b)
Lebensekel (b) führt zum Grübeln (c)
Grübeln (c) führt zur ständigen Sorge (d)
Sorge (d) führt zu Ängstlichkeit (e)
NACH CLAUDE DIALOSA IN «DIE WELT DER FÜNF ELEMENTE» S.111

Genauso wichtig ist es aber auch, konkrete Vorstellungen von Plus-Zuständen zu haben, um es möglichst nicht beim Wunsch bleiben sondern ihn Wirklichkeit werden zu lassen.

ERSTREBENSWERTE EIGENSCHAFTEN UND LERNZIELE IM PHASENMODELL

In dem Buch «Der gelbe Kaiser» werden bestimmte Fähigkeiten und wünschenswerte Eigenschaften, also «Tugenden» (wörtlich: Verhaltensweisen, die etwas taugen) aufgezählt. Sie werden bestimmten «Elementen» zugeordnet, die jedoch eigentlich als Phasen bzw. Wandlungsstufen und Zustände des Bewusstseins zu verstehen sind.

Holz/Frühling – Geduld und Kreativität
Feuer/Sommer – Geistesfrieden und Liebe
Erde/Spätsommer – Achtsamkeit und Zentriertheit
Metall/Herbst- Mitgefühl und Gelassenheit
Wasser/ Winter – Furchtlosigkeit und Weisheit
NACH CLAUDE DIALOSA IN «DIE WELT DER FÜNF ELEMENTE» S.96

Diese (buddhistischen) Tugenden sind Ziele, die zu verwirklich es sich jederzeit lohnt; sie können aber besonders in den ihnen entsprechenden Phasen und Momenten des Lebens angesteuert werden, um den Verlauf des Lebens glücksbringend zu gestalten.

«TUGENDKREIS», DER VON POSITIVEN ZUSTÄNDEN DES BEWUSSTSEINS VERSTÄRKT WIRD:

(E) Furchtlosigkeit führt zu Geduld (A)
(A) Geduld führt zu Geistesfrieden (B)
(B) Geistesfrieden führt zu Achtsamkeit (C)
(C) Achtsamkeit führt zu Mitgefühl (D)
(D) Mitgefühl führt zu Furchtlosigkeit (E)

NACH CLAUDE DIALOSA IN «DIE WELT DER FÜNF ELEMENTE» S.97

Furchtlosigkeit (eine Wintertugend), führt zu Geduld, (einer Frühlingstugend). Geduld (die entsteht, wenn man auf das natürliche Wachstum vertraut) führt zu Geistesfrieden (einer Tugend des frühen Sommers, die im Gegenzug zu ungehemmten Wachstum, das expandiert und explodiert, den Geist beruhigt und zügelt). Geistesfrieden (durch die Einsicht in die Grenzen bedingt) führt zu Achtsamkeit (einer Tugend, die mit der Reife des späten Sommers kommt und die Wahrnehmung zentriert). Achtsamkeit (eine Tugend, die es ermöglicht, die Gegenwart bewusst zu erleben) führt zu Mitgefühl (einer Tugend des Herbstes, wenn es um das Loslassen des Eigenwillens geht). Mitgefühl (einer Tugend, die das Ego überwindet) führt zu Furchtlosigkeit (einer Tugend, die das «Überwintern», das Überdauern, das Überleben ermöglicht). Und Furchtlosigkeit erwartet neues Wachstum mit Geduld. So schließt sich der Kreis, denn Furchtlosigkeit (das Bewusstsein, das alles Fürchterliche nur Erscheinung und vorübergehend ist), führt zu jener Geduld, die es im Frühling braucht, um die überschießende Kraft des Wachstums zu bändigen und ihr eine geistige Ausrichtung zu geben.

TUGENDEN SIND LERNZIELE

Was müssten Sie aus Ihrem Leben lernen, um Kreisläufe des Gelingens aufzubauen und damit den Alltag erfolgreicher gestalten zu können?

A. Lernziel Geduld
B. Lernziel Geistesfrieden
C. Lernziel Achtsamkeit
D. Lernziel Mitgefühl
E. Lernziel Furchtlosigkeit

Achten Sie darauf, welche Tugenden Ihnen besonders leicht oder besonders schwer fallen. Steigen Sie bei den Lernerfahrungen ein, die Ihnen vertraut sind und die Sie sich zu eigen gemacht haben. Verfolgen Sie dann die Abfolge des Kreislaufs und arbeiten Sie sich zur nächsten Tugend vor. Was steht Ihnen im Wege?

- Lernziel Geduld: Lernen Sie, dass alles seine Zeit hat.
- Lernziel Geistesfrieden: Lernen Sie, dass alles seinen Zauber hat.
- Lernziel Achtsamkeit: Lernen Sie, dass alles seinen Sinn hat.
- Lernziel Mitgefühl: Lernen Sie, dass alle Lebewesen glücklich sein wollen.
- Lernziel Furchtlosigkeit: Lernen Sie, dass allem eine Kraft innewohnt.

LERNEN AUS ERFAHRUNG, UMSTEIGEN IM LEBEN.

Oft müssen wir nur anders sehen lernen, um das verborgene Glück zu entdecken. Es ist wie bei einem Vexierbild: das Glück ist da, aber es gelingt uns nicht, es zu ergreifen und es uns zu eigen zu machen, bis dann plötzlich etwas in uns kippt, so dass wir die verfestigten Standpunkte und Sichtweisen aufgeben und uns ganz dem Neuen, das sich uns eröffnet, hingeben können. Insofern ist oft Hingabe und nicht das Machen der Schlüssel zum Glück.

Das Sehen lehrt uns: Sehen ist nicht möglich ohne Fokus.
Bewusstsein ist Fokus, und Fokus ist Perspektive;
und jede Perspektive ist erweiterbar.
Das chinesische Schriftzeichen zeigt eine Person und ihr Auge.
Ohne Beobachtung ist Lernen nicht möglich.
DENG MING-DAO, TAO IM ALLTÄGLICHEN LEBEN

Schnell wechseln und sich neu einstellen können – nur so gelingt der Wandel von Minus zu Plus. Das Geheimnis liegt im Detail – in den kleinen Bewegungen. So gelingt es, die Mühe des größeren Aufwands zu vermeiden. Der schnelle Wechsel ist durch folgende Kriterien gekennzeichnet:
- Schnelligkeit der Veränderung – das Gehirn kann sehr schnell lernen und braucht manchmal nur eine einzige, intensive Lernerfahrung
- Eleganz der Veränderung – die Qualität, mit der sich Veränderung vollzieht, sollte »natürlich« sein, d.h. der Person entsprechen.

Darin besteht die Zukunftsschau:
Wer dem Tao folgt, ist sein eigenes Instrument der Prognose.
DENG MING-DAO, TAO IM ALLTÄGLICHEN LEBEN

Dieses Lernen geschieht durch einen Dreischritt.

1. ... STEIGEN SIE AUS. Sie kommen in Kontakt mit einem lästigen und belastenden Gefühl, das sich hinter der negativen emotionalen Reaktion, dem Laster, verbirgt. Sie erkennen, wie dieses Gefühl als Grundstimmung Ihr Leben bestimmt und Ihr Lebensgefühl, Ihr Weltbild, Ihre allgemeine Verfassung beeinflusst. Sie machen einen Punkt. Sie steigen aus dem Teufelskreis der Laster aus. Sie sagen Stopp und gehen auf Distanz. Sie beobachten sich von Außen.

2. ... STEIGEN SIE AUF. Dazu gehen Sie auf eine Ebene, die darüber liegt und eine größere Übersicht bietet, so dass Sie durch den Perspektivenwechsel ihren Horizont erweitern. (Die Ebene der Vogelperspektive) Aus der Distanz können Sie sich ein Bild von dem Laster und seinen Auswirkungen machen. Sie erkennen, wie Sie durch das Laster in einem Zustand der Abgetrenntheit gehalten werden. Das Laster verhindert ein tieferes Verständnis der Zusammenhänge, eine tiefere Freude und Liebe, einen Kräftezuwachs aus der Tiefe selbst. Das Laster hält Sie auf der Ebene der Oberflächlichkeit und Beschränktheit fest. Aus der Distanz können Sie dies genau sehen und nachvollziehen. Doch aus der Distanz sind Sie zwar einsichtig, aber noch nicht wirklich angeschlossen an den Strom von Kraft, Liebe und Weisheit. Sie können die Lage nur analysieren, aber noch nicht wirklich verändern.

3. ... STEIGEN SIE AB UND STEIGEN SIE WIEDER EIN, ABER ANDERS. Steigen sie um. Dazu gehen Sie auf eine andere Ebene, auf die Ebene der Energie. Sie erkennen, dass Energie alle Formen speist, sei es die Laster, sei es die Tugenden. Durch die grundlegende Energie sind Sie mit allem, was Sie umgibt, auf eine natürliche und selbstverständliche Weise verbunden sind. Auf dieser Ebene können Sie sich sammeln (Ebene des Grundwassers). Verstehen Sie Energie nicht nur als Begriff, sondern erleben Sie Energie am eigenen Leibe. Sie erkennen leibhaftig, wie alles zusammenhängt und dass Sie ein Teil dieser energetischen Zusammenhänge sind. Durch dieses partizipierende Erleben haben Sie teil am Plus im Leben. Lassen Sie sich von der Plus-Energie leiten. Aus dieser Sicht erkennen Sie den nächsten Schritt. Tun Sie ihn.

WELLENREITEN IM TAOFELD

For das chinesische Denken vollziehen sich Veränderungen nach unveränderlichen Gesetzen. Veränderungen sind die unmerklichen Tendenzen, die sichtbar werden, wenn sie einen gewissen Punkt erreicht haben. Ist es möglich, diese Tendenzen zu erkennen, noch bevor sie als Veränderungen sichtbar geworden sind, lassen sich die entsprechenden Abläufe besser lenken, Weichen können gestellt werden, bevor es zu spät und die Richtung festgelegt ist. Im Buch der Wandlungen, dem chinesischen Orakel des I Ging, werden die Gesetze der Wandlung angewandt auf bestimmte Situationen und Zusammenhänge, die den großen Kreisläufen der Natur entsprechen. So heißt es im Da Dschuang, in der Großen Abhandlung des I Ging:

Der Himmel ist hoch, die Erde ist niedrig.
Damit ist das Schöpferische und das Empfangende bestimmt.
Entsprechend diesem Unterschied werden vornehme (einflussreiche) und geringe (einflusslose) Plätze festgesetzt.
Bewegung und Ruhe haben bestimmte Gesetze.
Danach werden feste und weiche Linien unterschieden.

R. Wilhelm verweist auf drei Arten des Wandels im Buch der Wandlungen: Das Nichtwandeln, das Umwandeln und das Verwandeln.

1. Das «Nichtwandeln» ist sozusagen der Hintergrund, auf dem aller Wandel möglich ist. Bei allem Wandel muss ein Bezugspunkt da sein, sonst ist eine bestimmte Ordnung nicht möglich.
2. Das «Umwandeln» erscheint als Abfolge und Kreislauf – so wie «Festes und Weiches einander verdrängen», wobei jede Erscheinung die andere ablöst und die letzte in die erste einmündet.
3. Das «Verwandeln» lässt sich in den regelmäßig wechselnden Erscheinungen erkennen, wobei sich nichts gleich bleibt, sondern ständig anders wird. Solche Veränderungen prägen die Abläufe des menschlichen Schicksals.

In der großen Abhandlung finden sich folgenden Zeilen:

Das Schöpferische erkennt durch das Leichte.
Das Empfangende vermag durch das Leichte.

R. Wilhelm erklärt dies in seinem Kommentar folgendermaßen:
Während das Schöpferische im Unsichtbaren wirkt und sein Feld der Geist (das Bewusstsein), die Zeit, ist, wirkt das Empfangende im räumlich verteilten Stoff und vollendet die fertigen, räumlichen Dinge.
Das Schöpferische ist seinem Wesen nach die Bewegung.
Durch die Bewegung erreicht es die Verbindung des Getrennten ganz leicht.
Auf diese Weise bleibt es ohne Mühe, weil es die Bewegungen des Kleinsten leitet.
Das Empfangende ist seinem Wesen nach Ruhe.
Durch die Ruhe wird das Einfachste im räumlichen Dasein ermöglicht.

Diese Einfachheit, die durch reine Empfänglichkeit entsteht, ist dann der Keim aller räumlichen Mannigfaltigkeit.

So heißt es in der Großen Abhandlung: Was leicht ist, ist leicht zu erkennen. Was einfach ist, ist leicht zu befolgen. Einfachheit und Leichtigkeit ergeben sich aus einem natürlichen Maß, das Abweichen davon bewirkt Probleme – wer extrem lebt, macht es sich schwer.

Sich zu mäßigen, das ist der Weg des Tao.
Das verhindert Probleme auf dem Weg.
Das Bild des chinesischen Schriftzeichens für «Maß und Mäßigung» zeigt das Zeichen für «Herz, Sinn, Gefühl, Gedanken, Denken».
Alles was wir tun, ruft eine Reaktion hervor.
Sie mag durch andere erfolgen, sie mag in uns selbst entstehen.
Dem Tao zu folgen bedeutet unter anderem in der Praxis, das Ausmaß der Reaktion so gering wie möglich zu halten. Man sollte nur «wie ein Schatten des Tao» agieren.
Indem man sich mit dem Tao in Übereinstimmung bringt, verbindet man sich seiner bewegenden Kraft, und alle sich daraus ergebenden Folgen ordnen sich in die Gesamtbewegung des Tao ein.
Das nennt man «Tun ohne Tun».
Wenn es allerdings schon zu einer Reaktion gekommen ist, kann man die Energie von sich selbst ablenken, oder, besser noch, sie für sich selbst nutzen und einspannen, so dass ein Vorteil daraus entsteht. Das nennt man dann «das Ferne im Widerhall des Nahen» nutzen.
DENG MING-DAO, TAO IM ALLTÄGLICHEN LEBEN

Betrachten Sie den vollen Kreis des Taofelds im Tao-Symbol. Das ist das Meer, die Summe aller Wellen; der Hintergrund, auf dem aller Wandel möglich ist. Betrachten Sie die beiden Hälften des taoistischen Yin-Yang- Symbols, die fließend ineinander übergehen. Das sind die Spannungspole, zwischen denen Sie eingespannt sind. Sie können nicht aus. Sie können nur mitgehen, sie können die Wellen reiten. In jeder Welle ist die nächste schon enthalten. Jedes Spannungsextrem baut sich auf, bricht ab, geht über in das nächste. Alle Impulse nähren sich aus der gleichen Energie, haben denselben Hintergrund. Ein Extrem geht in das andere über, es steht auf der Kippe, findet seinen Schwung, seine Schwingungsform, seine Gestalt, bricht, rollt weiter, läuft aus, kippt. Der Umschwung erfolgt aufgrund einer inhärenten Eigendynamik, die am besten als Kipp-Phänomen zu beschreiben ist. Auf der Kippe zwischen Ein- und Ausatmen genießen Sie die Freiheit, nach einem Einatemzug die Fülle wieder aus sich heraus zulassen und leer zu werden, auszuatmen. Genau so ist es nach dem Ausatmen. Sie werden nicht leer bleiben. Mit dem nächsten Einatemzug geht es weiter, das Leben, es geht wieder los, und immer von neuem.

Betrachten Sie Ihr Leben als Ausdruck dieser schwingenden Energie. Betrachten Sie Veränderungen (seien sie gewünschter und angestrebter Natur, oder unbeabsichtigt zustande gekommen) als Ausdrucksformen des Wandels. Springen Sie auf die Welle des Gelingens auf, reiten Sie auf ihrer Energie. Machen Sie nichts, lassen Sie das Gelingen zu.

Gibt es etwas, das Sie bei sich verändern möchten? Möchten Sie mehr in die Plus-Energie kommen, weniger sich mit Minuspunkten befassen und von Ihnen aufgehalten werden? Möchten Sie eine bestimmte Art zu reagieren verändern, etwas, das Sie immer wieder in negative Befindlichkeiten und unangemessene Verhaltensweisen hinein katapultiert, ohne dass Sie sich dessen bewusst wären oder sich gar dafür bewusst entschieden hätten? Möchten Sie umsteigen? Lernen Sie die Kunst des Wellenreitens im Taofeld.

Vergegenwärtigen Sie sich das Symbol für das Tao: Sehen Sie die geschwungene Grenzlinie zwischen Schwarz und Weiß, zwischen Yin und Yang? Können Sie die Grenzlinie als Fragezeichen nehmen? Können Sie im Fragezeichen ein Signal, eine Aufforderung entdecken? Und während Sie sich mit Gelassenheit im Umgang mit dem Taofeld üben, stellen Sie sich selbst die Frage: Sind sie mit sich selbst im Einklang, oder gibt es Situationen in Ihrem Leben, in denen Sie sich wünschten, schnell überwechseln zu können von dem gewohnten Verhalten auf eine neue, bessere Verhaltensalternative?

TAO-TRICK: WENIGER MACHEN, MEHR LASSEN

    A. Zulassen
    B. Sich einlassen
    C. Sein lassen
    D. Loslassen
    E. Sich überlassen

    * Neues zulassen
    * Sich darauf einlassen
    * Es gut sein lassen
    * Es wieder loslassen
    * Sich dem Prozess überlassen

A. ... «Wachsen machen» wendet sich gegen die Natur. Künstlicher Dünger und Aufputschmittel erzwingen ein Wachstum, das von selber «noch nicht soweit ist». Besser ist es, die Dinge sich von selbst entwickeln und wachsen zu lassen, wenn die Zeit reif ist. Warten Sie auf die richtige Welle. Die Welle heißt «Mut».

B. ... Sich einlassen können bedeutet, entschlossen auf die Welle aufzuspringen und sogleich ihren Kern, ihr Wesen erfassen, zur Sache kommen, mit Engagement und Leidenschaft dabei sein. Lassen Sie die Welle sich entfalten, wehren Sie sich nicht dagegen, wenn etwas erblüht. Was uns berührt und begeistert, ist das Lebendige. Das Lebendige entsteht durch Zulassen. Reiten Sie auf der Welle von Anmut und Gnade.

C. ... Sich sein lassen. Es sein lassen. Das heißt nicht resignieren und aufgeben, sondern aufhören, daran herum zu basteln. Akzeptieren, so wie es ist. Einmal geboren, schickt man Kinder auch nicht zurück in den Mutterschoß, weil sie nicht den eigenen Vorstellungen entsprechen. Sie können nur gedeihen, wenn man sie so akzeptiert, wie sie sind. Nur dadurch können sie reifen und ihre unverwechselbare Eigenart entwickeln. Reiten Sie auf der Welle des Rhythmus und der Zeit.

D. ... Loslassen. Kinder gehen ihren Weg. Wellen verlieren ihre Form. Etwas Neues kommt. Sie werden dabei sein. Jetzt aber müssen Sie abspringen, um nicht unter die Wucht der brechenden Welle zu geraten. Bleiben Sie auf dem Sprung. Ein ganzes Leben lang. Das heißt es, die Wellen zu reiten, statt von ihnen überrollt zu werden.

E. ... Wenn Sie sich in jedem Augenblick Ihres Lebens der tragenden Energie bewusst sind, können Sie sich der Dynamik des Großen Ganzen überlassen und auf das setzen, was sich ergibt. Das Offensichtliche steht im Vordergrund. Folgen Sie ihm. Vertrauen Sie auf das Meer. Sie brauchen keine Wellen machen.

Meditationen können zu Einstiegshilfen werden. Im Tao-Modell des Selbstmanagements finden Sie fünf Einstiegsmöglichkeiten zu einer meditativen Umpolung Ihres Lebens. Von welchem Einstieg versprechen Sie sich am meisten?

D. ... MITGEFÜHL ERLEBEN: Beginnen wir bei einem Persönlichkeitsmuster und einer (meist unbewusst ausgebildeten) Verhaltensgewohnheit, die das Markenzeichen der westlichen Zivilisation geworden ist: dem Egoismus, der auf der Vorstellung von Freiheit und Unabhängigkeit des Individuums beruht. Wir werden von Kindheit an dazu erzogen. Er beginnt schon in der Unterscheidung zwischen Ich und Nicht-Ich, Mein und Nicht- mein, mit der Zuweisung von persönlichem Besitz, der Bewusstwerdung von Rechten und Pflichten. Basis dieses Denkens, das schon im Vorschulalter die ersten sozialen Kontakte und Erfahrungen im Kindergarten bestimmt, ist die Vorstellung eines Ichs, das sich als von der Welt und den Anderen abgegrenzt erfährt. Die Trennung von der Mutter, die in diesem Alter als Lernziel eingeübt wird, läuft parallel zur Abtrennung von der «Natur», dem paradiesischen Zustand der Sorgenlosigkeit. Es beginnt der Ernst des Lebens. Das Ich muss dafür sorgen, sich in der Welt zu bewähren und zu behaupten. Diese Welt ist ein feindlicher Ort, der keineswegs mütterlich und fürsorglich dem Ich seinen Platz zuweist. Der Platz muss erkämpft werden. Das macht hart. Und fest. Die Härte umgibt den Körper wie einen Panzer, der sich zunehmend verfestigt. Je mehr die Sorge um die Zukunft wächst, desto mehr muss sich das Ich abkapseln und für sich sorgen, koste es, was wolle. Es ist eine ständige Flucht nach vorne, angetrieben von einer diffusen Angst, zurückzuschauen, denn die Sehnsucht nach dem Paradies, nach der natürlichen Symbiose mit der Mutter, der Natur, der Erde, die Sehnsucht, einfach sich sein zu lassen, so wie man ist, einfach dazusein, die Sehnsucht nach einem unkomplizierten einfachen Leben könnte überwältigend sein und alle aufgebauten Mauern, alle Schutzwälle und Schilde wirkungslos machen. Die Lebensangst, genährt von Existenzsorgen, ist der Motor, der den Aufbau eines sozial korrekten «offiziellen Ichs» betreibt, und in Krisenzeiten sich als «fremdes oder falsches Selbst» entpuppt. Darauf ist kein Verlass. Umso mehr steigt der Pegel der Lebensangst, verbunden mit dem Gefühl von Isolation und Selbstentfremdung. Emotional reagieren wir auf einen solchen Zustand mit einer verzweifelten Selbstsucht, die als spontane Reaktion auf eine Bedrohung alle andere Gedanken und Gefühle ausschaltet. Gefühlsmäßig werden wir von einer seltsamen Trauer überschattet, einer Melancholie, die als Lebensgefühl ganze Epochen des Individualismus bestimmte. Oft haben wir vor lauter Funktionalität die Emotionalität ganz abgeschafft und gehen von vorne herein auf Distanz. Wir erzeugen einen Beobachter in uns, der alles beobachtet, nur nicht sich selbst beim Beobachten. Die Meditation, die dieses Persönlichkeitsmuster heilt, besteht darin, sich an den Zustand der Nichtgetrenntheit und das Eingebundensein in größere Zusammenhänge zu «erinnern». Das heißt nicht, sich nostalgisch an einer paradiesischen Vergangenheit (die so vielleicht nie stattgefunden hat) zu orientieren und sie zu idealisieren. Es heißt, sich auf eine tiefere Ebene des Daseins zu besinnen und Mitgefühl zu entwickeln, denn durch die Einsicht, dass wir alle nach Glück streben und Leiden vermeiden möchten, entsteht die Einsicht, dass es letztlich die Bestimmung des Menschen ist, die Grenzen seines beschränkten Denkens und die Enge seiner Selbstsucht zu überwinden. Echtes Mitgefühl ist etwas, das nicht gedacht und vorgestellt, als Vorsatz beachtet, sondern erlebt und gelebt wird.

E ... SICH TRAGEN LASSEN- DEM LEBEN VERTRAUEN: Aufgrund eines solchen Lebensgefühls der tieferen Verbindung aller Menschen, aller Lebewesen untereinander fällt es leicht, auf einer tieferen Ebene Vertrauen zu fassen zu dem, was die Menschen und alle Lebewesen leben lässt. In der Meditation entdecken wir die Lebensenergie, die verbindet und trägt, die ein zeitlich übergreifendes Kontinuum schafft. Oft entdecken wir die Lebensenergie im bewussten Atmen oder durch den Kontakt zur Natur. Es braucht keine Jenseitsvorstellungen – das Leben ist jetzt und die zeitliche Trennung zwischen Diesseits und Jenseits aufgehoben. Das Ich ist ein Teil der Welt. Die Trennung zwischen wahrnehmendem Subjekt und wahrgenommenem Objekt kann in (kurzen) Phasen der Zeitlosigkeit überwunden werden. Manchmal wird diese Tiefe auch als Abgrund des Göttlichen, als Nacht der Seele, als Erschütterung erlebt, die erzittern lässt (im Tremendum). Gott zeigt sich als das Unerklärliche, Unfassbare, als das schlechthin Rätselhafte (als Numinoses).

A ... DURCH BEWEGUNG IN DIE LEBENSKRAFT KOMMEN: Dynamische Meditationen zeichnen sich durch Bewegungen aus, wie sie sich in Tänzen, (Wett)kämpfen, Spielen, Zeremonien oder auch im tagelangen Wandern manifestieren. Bewegung verstärkt das Gefühl für den eigenen Körper und seine Fähigkeit zur Erneuerung. Lebendigkeit besteht in der Möglichkeit, das Alte auszuscheiden, sich davon zu reinigen, während das Neue sich verkörpern kann und zu seiner lebendigen Gestalt findet.

B ... LIEBE IST DIE LÖSUNG: Durch Andacht und Verehrung wird die Liebeskraft gestärkt. Von ihr wird gesagt, dass sie alle Hürden und Hindernisse überwinden kann. Sie wird in der Mystik als brennende Sehnsucht, als ununterbrochenes Streben, als ein mächtiges Angezogensein beschrieben, das den Menschen ergreift. Begeisterung und Hingabe lassen sich im Rahmen einer rituellen Ekstase «lernen». Der Mensch ist für die Ekstase geboren. Es ist ihm ein tiefsitzendes Bedürfnis (das in unserer Kultur nicht erfüllt wird und deshalb nach Ersatz sucht). Devotionalien sind Abbilder von Götter und Heiligen, die in den Volksreligionen dazu benutzt werden, tiefe Gefühle der Verehrung zu erzeugen. Mythen und Legenden halten solche Gefühle aufrecht, auch wenn die geistigen Lehrer gestorben sind. Durch flammende Predigten oder durch das Zusammenkommen von Liebenden, die als Gemeinde das inspirierende Vermächtnis übernommen haben, wird das Feuer der Begeisterung im Einzelnen erweckt.

C ... Meditation kann ein mentaler Prozess der Konzentration, des Gewahrwerdens, der Bewusstheit sein. Meditation heißt «geistige Ermittlung» und schließt die Beobachtung des inneren Beobachters mit ein. Alles, was das Bewusstsein an Inhalten erzeugt, um sich selbst seine Existenz zu beweisen, ist nichts als Illusion, Konstruktion, Produkt der Projektion. Die Welt ist Bühne, die Wirklichkeit ein Film. Und doch kann auch dies nur eine Station im Ermittlungsprozess sein – eine Täuschung unter vielen. Alles ist offen.

Farben, Götter, Weisheits-Energien
- Die Bedeutung der Archetypen.

Um den eigenen inneren Zustand positiv zu beeinflussen, haben sich kollektive Rituale entwickelt, die mit Hilfe von Archetypen sich die Inspiration holen, die es im Alltag braucht, um das Gute siegen zu lassen. Auch uns in unserer aufgeklärten Kultur tut es gut, sich an positiven Vorbildern zu orientieren und Alternativen zu unseren (veralteten, schlechten, schädlichen, schwächenden) Gewohnheiten zu haben und bei Bedarf uns bewusst zu werden, statt dem Druck und Zwang nachzugeben.

Auf einer Konferenz in Marrakesch erlebten viele Besucher aus Europa eine westafrikanische Tradition der durchtanzten Nächte und waren zutiefst berührt. Für viele wurde dieses Erlebnis zu einem Wendepunkt in ihrem Leben. Die Tradition sieht vor, dass göttliche Energien sich manifestieren zum Wohle der Menschen, die daran teil haben. Dies gilt für alle, die anwesend sind. Die Vorstellung und konkrete Erfahrung, dass Götter sich als Energien durch den Tanz manifestieren, findet sich ebenfalls in den afroamerikanischen und afrobrasilianischen Religionen, die ihren Ursprung in Westafrika, Heimat der verschleppten Sklaven, haben. Die Götter wurden als katholische Heilige angebetet, nachdem die eigene afrikanische Religion verboten worden war. Synkretismus, d.h. die Vermischung von Religionen, stellt keinen Mangel, sondern eine Erweiterung und Vertiefung der Religiosität dar. Auch der Buddhismus kennt archetypische Gestalten, die in der Meditation visualisiert werden, um an ihrer Energie teilzuhaben. Den Buddha-Familien, die als Weisheits-Energien in der buddhistischen Kontemplation die Stärken bestimmter Eigenschaften repräsentieren und gleichzeitig die Gefahren ihrer Schattenseiten aufzeigen, werden ebenfalls Farben zugeordnet. So entstand in meiner Vorstellung eine vergleichende Zuordnung, die mir neue Aspekte der jeweiligen Energietypen eröffnete. Leider kann die marokkanische Tradition der Gnauas (Westafrikaner in Marokko, die ehemals von den nordafrikanischen Arabern als Sklaven verschleppt wurden) hier nicht berücksichtigt werden. Ebenfalls werden die Stadien des (westlichen) alchemistischen Transformationsprozesses außer Acht gelassen. (Ich habe sie in meinem Buch Play Ecstasy beschrieben).

Jede Farbe ist eine Welt. Und das gilt auch für jede Energie, in die wir eintauchen. Sie ist so lange eine Welt für sich, wie wir ganz in ihr aufgehen und keinen Vergleich zu anderen Welten haben. Der Vergleich schafft Distanz und damit zunächst eine Schwächung der Energie, mit deren charakteristischen Färbung wir uns identifiziert haben, indem wir glaubten, sie mache unseren Charakter aus. Das Aussteigen aus der spezifischen Einfärbung vermittelt jedoch den Einstieg in einer übergeordnete Ebene, von der her sich eine Art Vogelsperspektive ergibt. Nun habe ich alle möglichen Welten im Überblick und sehe, dass die Einfärbungen nicht das Wesen der Energie ausmachen. Es ist nur ihre Erscheinungsform. Und wenn es mir gelingt, bei der Erfahrung dieser Übersicht zu bleiben, und nicht daraus ein abstraktes Konzept und eine Schule daraus mache, dann könnte es mir auch gelingen, zwischen den Formen hin und her zu gehen und die Energie nutzen, um Veränderungen zu erkennen, bevor sie eintreten, und auch, um das Wechseln bewusst zu veranlassen, statt auf die Wechselfälle des Lebens zu warten. Dem Wunsch, Veränderungen selbst zu bewirken, liegt ein magisches Denken zugrunde. Es ist ein wichtiges Hilfsmittel beim Selbstmanagement.

GRÜN	ROT	GELB	WEISS	BLAU	
Frühling	Frühsommer	Spätsommer	Herbst	Winter	
Morgen	Mittag	Nachmittag	Abend	Nacht	
Junges Yang		Altes Yang	Yin/Yang	junges Yin	altes Yin
Karma	Padma	Ratna	Buddha	Vajra	
Oxossi	Xango	Oxum	Oxala	Ogun	
Ossain	Yansa			Yemanja	
			Omulu		
			(SCHWARZ)		

Wenn man die Substantive wie Grün, Rot, Gelb etc. ersetzt durch Verben, dann entsteht sogleich ein anderes Bild. Eine Zeit, in der alles grünt, das ist der Frühling, wenn er mit Vehemenz hervorbricht. Noch gibt es keine Blüten, sondern nur junge Blätter und Triebe, die hochschießen. Um Frucht tragen zu können, müssen jedoch die Triebe Blüten hervorbringen, die wiederum befruchtet werden müssen, und das macht erröten: es ist die Farbe der Werbung, mit der im Pflanzen- und Tierreich die Aufmerksamkeit des Partners erregt werden soll, auf dem Markt ist es die Farbe, die am meisten das Auge gefangen nimmt. Weiter geht es mit dem Vergolden der späten Sommertage, in der die Reife jenes wunderbare sanfte Licht auf die Felder zaubert und alles in einem besonderen Glanz erstrahlt. Aber auch das wird sich nicht halten können, denn der Raureif kommt und die Nächte werden kalt. Der Glanz verblasst und macht einem Licht Platz, wenn die gewohnte Fülle sich lichtet. Die bunten Herbstfarben weichen einem filigranen Weiß- und Grau- Tönen, die in ihrer nuancenreichen Vielfalt die verborgene Struktur der Dinge hervortreten lassen. Es ist leer geworden in der Natur, doch die Leere vermittelt einen Eindruck von Raum und Weite, von neuer Freiheit, wenn das Alte verblasst und es sich lichtet. Die Luft selbst ist nicht blau, der Himmel schon. Wie ist das möglich? Das Blau als Endzustand vermittelt den Eindruck von Tiefe. Wir können uns besser konzentrieren. Die Nacht ist dunkelblau, das All schwarzblau.

Im Übergang von einer Farbe zur anderen können wir uns vergegenwärtigen, was genau mit uns passiert, wenn eine Phase in die andere Phase überwechselt. Meist sind solche Phasenübergänge mit heftigen emotionalen Reaktionen verbunden.

1. Das Grünen wird mit Jungsein und Verjüngung in Verbindung gebracht: Wer noch grün hinter den Ohren ist und keine Lebenserfahrung hat, wird ein *greenhorn* genannt. Im Englischen heißt *greening* auch Aufbruch, Hervorkommen, Sich- Herausbilden. Wenn das Grünen ins Erröten übergeht, meldet sich die Erotik. Das mag nun ins Lebenskonzept passen oder nicht – die Natur drängt darauf sich und die jeweilige Gattung zu erhalten, und mit der Erotik kommen die naturwüchsigen Triebe sich zu paaren, um fruchtbar zu werden.

2. Das Erröten mag als ein Zeichen der Peinlichkeit oder der Scham gedeutet werden, aber vorrangig ist es ein Zeichen der körperlichen Erregung. Mehr Blut strömt durch die Glieder, der Puls beschleunigt, das Leben pocht in den Adern. Das Rouge auf den Wangen soll nachhelfen, wo die Natur nicht ausreicht. Rot ist das Signal: Ich bin bereit! Wenn Rot in Gelb übergeht, so ist es für viele ein Abschied von allem, was das Leben intensiv, aufregend, abwechslungsreich machte. Es ist ein Vergilben, mehr als ein Vergolden, das diese Phase auszuzeichnen scheint. Wer will in unserer Kultur schon reif sein? Reife Haut ist alte, welke Haut, die gepflegt werden muss.

3. Das Verbum zu Gelb ist Vergilben. Besser klingt da das Vergolden in unseren Ohren. In der Alchimie geht es darum, aus Blei Gold zu machen. Im Leben geht es darum, Reife zu erlangen.

4. Verblassen ist ein Makel. Blass mag zu bestimmten Zeiten als vornehm gegolten haben, aber das Verblassen selbst ist ein Hinweis darauf, dass etwas weniger wird, um schließlich so unauffällig zu werden, dass es gänzlich aus dem Blickfeld verschwindet. Verblichen heißt so viel wie gänzlich abgestorben, verstorben. Schminke will diesem Prozess entgegenwirken und mit bunten

Farben dort nachhelfen, wo die Natur zu wenig Akzente gesetzt hat, um attraktiv aufzufallen. Haare, die sich lichten, werden bei Männern als weiteres Anzeichen des Alterns erlebt. Aber die Lichtung im Wald lässt Licht herein, wo der Wald mit seinem Dickicht wild wuchert. Lichtungen waren die ersten Orte der Kultur, denn nur ein gelichtetes Feld lässt sich bestellen. Dies ist die Zeit des Rückblicks, Zeit der Übersicht, Zeit der Bilanz; Zeit, Soll und Haben zu vergleichen, Zeit der schmerzhaften Abschiede, der Trennungen. Manches verblasst in der Erinnerung und verschwindet: Aus den Augen, aus dem Sinn.

5. Das Blau kennt keine entsprechende Tätigkeit, mir fällt nur dazu nur das Einbläuen ein – eine Form direkter, handgreiflicher Kommunikation hinterlässt seine Spuren als blaue Flecken. Einbläuen heißt: etwas sich (oder jemand anderem) besonders nachdrücklich einprägen. Alles endet im Blau, Blau ist die Farbe der Treue, alles endet in der Treue, treu ist wer *true* ist, wahrhaftig.

Dies ist das scheinbare Ende des Kreislaufs: die Lebenssäfte haben sich ganz zurück gezogen, tief unter die Erde, wo sie auf bessere Zeiten warten – besser heißt: geeignet, um hervorzukommen und neu zu beginnen. Aber natürlich gibt es keine besseren oder schlechteren Zeiten, sondern nur Phasen, die für bestimmte Verhaltensformen geeigneter sind als andere. In dieser «Blauen Phase» lässt es sich gut träumen, ins Blaue leben, sich auf die eigenen Stärken besinnen und diese pflegen. Dies ist die Zeit der notwendigen Regeneration, die auf alle Phasen des Erzeugens (des Generierens) und Erhaltens (der Generationen) folgen muss. Das Land liegt brach. Die Tür zum Reich der Möglichkeiten steht offen. Jetzt zeigt sich im Feld, was auf uns zukommt. Es ist die Zeit der Weichenstellung und des Orakels.

III.

DIE FÜNF ELEMENTE

Schwelgt ihr in den fünf Emotionen,
– Freude, Zorn, Traurigkeit, Angst oder Sorge oder Schock –,
kann dies zu Unausgewogenheiten führen.
Gelingt es Euch nicht, die Emotionen zu regulieren,
seid Ihr wie Sommer und Winter,
die einander nicht regulieren können,
und das bedroht das Leben an sich.

DER GELBE KAISER,
ZITIERT BEI JASON ELIAS, S. 190

Nochmals soll betont werden, dass es nicht darum geht, sich auf einen Typ zu versteifen, sondern die Abfolge der Phasen und den Prozess des Übergangs von einem Element in das andere in den Mittelpunkt der Betrachtung zu stellen. Es geht nicht darum, besondere Stärken oder Schwächen festzustellen und anschließend zu fixieren, sondern ein harmonisches Gleichgewicht zwischen allen Elementen als Ziel anzustreben. Der Zustand des Ungleichgewichts ist in allen Entwicklungsprozessen nicht zu vermeiden, denn die Erhaltung eines statischen Gleichgewichts würde jede Dynamik im Keim ersticken. Doch das Ungleichgewicht ist wie eine Krise: ein Zustand des Übergangs, indem wir besonders verletzlich und störungsanfällig sind. Wenn wir nicht in unserer Mitte ruhen, verlieren wir leicht den Überblick. Wenn wir unausgeglichen sind, geben wir das Ruder aus der Hand und überlassen die Führung den (unbewussten) Kräften, die nach Ausgleich streben. Darum warnt das Tao Te King:

Sei auf der Hut, wenn das Gleichgewicht der Dinge gestört ist.

* Was für die traditionelle chinesische Medizin gilt, mag auch für das Tao-Modell des Selbstmanagements gelten:

Die drei Schätze der Vitalität, der Energie und des Geistes erblühen jeden Tag und erfüllen ganzen Körper, so dass die kostbare Arznei auf natürliche Weise entstehen kann.
TSCHUANG TSE

Hier finden Sie nun die Fünf Elemente im einzelnen mit ihren Zuordnungen beschrieben. Zu welchem Element haben Sie sich hingezogen gefühlt? Welches Element hat Se am wenigsten berührt? Hier finden Sie die Auflösung:
A = Holz, B = Feuer, C = Erde, D = Metall, E = Wasser
Lesen Sie nun bei den fünf Glücksfarben nach, welche Zuordnungen sich (spielerisch, experimentell) machen lassen. Es handelt sich nicht um die letzte Wahrheit, sondern um einen Versuch.

Glücksfarbe GRÜN

Der weise und gerechte König Salomon trug als Kette fünf Smaragde um den Hals.
Sokrates, der Philosoph, trug ein Gewand, das mit fünf Seidenstreifen durchsetzt war.
Der amerikanische Präsident Abraham Lincoln trug immer fünf grüne Perlen am Revers.
Der Erzenengel Gabriel hält einen Palmwedel mit fünf grünen Blättern in der Hand.
Grün wie Jade ist in China die Farbe des Lebens.
Grün wird nach der chinesischen Fünf-Elemente-Lehre dem Element HOLZ zugeordnet.

Die Energie des Holzes dehnt sich aus wie ein Baum; sie macht stark und doch geschmeidig, harmonisiert die inneren Funktionen und sorgt für Ausgewogenheit zwischen uns und der Umwelt. Sie entspricht dem zunehmenden Mond; sie macht die Natur fruchtbar. Sie kann sich nach außen führen und dabei helfen, Energie sich ausdehnen und ausdrücken zu lassen, wenn sie in konzentrischen Ringen wie denen im Baumstamm von Innen nach Außen wächst und sich organisch verteilt.
LAM KAM CHUEN; CHI KUNG, WEG DER HEILUNG.

Die Jahreszeit ist FRÜHLING, die Tageszeit der MORGEN, die Entwicklungsphase WACHSTUM. Der Körper braucht BEWEGUNG, das Bewusstsein zeigt sich im WOLLEN und PLANEN, Thema ist der LEBENSENTWURF, vorherrschende Emotionen sind UNGEDULD, WUT, ÄRGER, oder auch FRUSTRATION und RESIGNATION. Impulse melden sich: VORPRESCHEN, AUFBRAUSEN, ANGREIFEN, WÜTEN, STÜRMEN, DRÄNGEN, WACHSEN, SICH BEHAUPTEN, ENTFALTEN UND AUSBREITEN WOLLEN. Das entsprechende Temperament ist CHOLERISCH, und die häufigsten Motive: Überwindung von Trägheit und Stillstand – Beseitigung der Zweifel – Beschleunigung, Effektivität. Die Richtung führt STEIL NACH OBEN, GEGEN DIE SCHWERE, SCHNELL NACH VORNE. Metaphern für die typische Bewegung sind: DER BRAUSENDE STURM, DIE FRISCHE BRISE.

Die Orakelzeichen für das Element Holz sind:
* TSCHEN, DER DONNER, DAS ERREGENDE
* SUN, DER WIND, DAS SANFTE

Der Donner steht für das dynamische Voranpreschen, der Wind für ein sanftes, aber eindringliches Wachstum, das sich organisch entwickelt und ausbreitet.

Zum Element Holz gehört der Typ einer aggressiven, dominanten Persönlichkeit, die kraftvoll, ambitioniert und ungeheuer ehrgeizig in die Offensive geht, statt defensiv abzuwarten und zu reagieren. Durch unsichtbare Mächte getrieben, die sie zwingen, in Bewegung zu bleiben und ständig neue Herausforderungen und neue Abenteuer zu suchen, wirkt dieses Verhalten jugendlich («STURM UND DRANG»), direkt und ungestüm. Gefühle werden klar und wirkungsvoll zum Ausdruck gebracht, mit einem scheinbar unerschöpflichen Energiereservoire werden alle potentiellen Hindernisse aus dem Weg geräumt: darin zeigt sich in der beharrliche Kraft des Schösslings, der seine Wurzeln tief in die Erde gräbt und gleichzeitig mit erstaunlicher Geschwindigkeit dem Licht entgegen empor drängt. Die Kraft dazu wird aus den Wurzeln bezogen, die die Nährstoffe aus der Erde aufnehmen. Langsam aber sicher strebt der Keimling nach oben und bleibt dabei geschmeidig und nachgiebig, wie dies besonders beim Bambus zu bewundern ist.

> *Der Bambus, der nachgibt, überlebt einen Sturm, wohingegen eine starke Eiche möglicherweise entwurzelt wird. Warum? Indem der Bambus nachgibt, behauptet er nicht den Raum, den er eben noch eingenommen hat. Er weiß sich «unkörperlich» zu machen und entgeht der vollen Wucht des Sturmes. Da er starke Wurzeln hat, verliert er nicht den Boden. Wenn der Sturm vorbei ist, schnellt der Bambus wieder in seine ursprüngliche Position zurück. Er bricht auch nicht unter der Last des Schnees zusammen,, weil seine Blätter keine großen und breiten Flächen anbieten, auf die sich das Gewicht legen könnte. Innen ist der Bambus hohl. Die dem Tao folgen, bewundern den Bambus, weil er zeigt, dass Leerheit, Hohlheit, Nichts und «Unkörperlichkeit» (im Sinne von Nicht-Masse, Nicht-Massivsein, Nichtkompaktsein) geradezu lebensnotwendig ist.*
> DENG MING-DAO, TAO IM ALLTÄGLICHEN LEBEN

Das Element Holz wird dem jungen Yang zugeordnet: Alle Kräfte wollen nun mit vereinten Kräften das Wachstum antreiben, die Kräfte und Säfte drängen von unten nach oben, aus der kleinen verschlossenen Form des Potentials in die große Form der Entfaltung. Es ist eine Zeit der hemmungslosen Mobilisation aller zur Verfügung stehenden Kräfte: Kraft will in Bewegung übergehen und Wirkung zeigen. Keine Phase bedarf mehr der Motivation und ist daher auf ein schlüssiges, zündendes Motiv angewiesen, das als Leitmotiv herausführen kann aus dem Stillstand der Winterstarre. Finden sich keine inspirierenden Motive, besteht die Gefahr, in einem verlängerten, chronischen Winterschlaf von Depression und Resignation zu verharren. Metapher für dieses Element ist der GRÜNENDE TRIEB IM FRÜHLING, der die Erdung braucht um sich darin zu verwurzeln. ZUGEHÖRIGKEIT ist der Nährboden, den ein junger Mensch braucht, um seine innewohnenden Fähigkeiten zu entfalten und seine Möglichkeiten zu realisieren. Dies erklärt das Bedürfnis nach Bewegungsfreiheit. Wenn Menschen ihre Energien nicht kreativ ausdrücken können, sind sie frustriert. LANGEWEILE UND HANDLUNGSUNFÄHIGKEIT tritt als Folge von FRUSTRATION UND NIEDERGESCHLAGENHEIT auf und verstärkt sich, je mehr die Frustration zunimmt, und je länger sie anhält. Hindernisse, die die drängende VORWÄRTSBEWEGUNG unterbrechen, lassen den Energiefluss stauen und schließlich stagnieren. Das bewirkt eine ungesunde Einstellung zum Leben an. Aus dem frischen Grün wird ein müdes, welkes Grün, wie es in der Natur z.B. im Moor zu sehen ist und den Eindruck von Dekadenz vermittelt, die im Gegensatz zu einer derben Vitalität elegant wirkt und deshalb auch in der Mode bevorzugt wird.

Dem Element Holz ist das Organ der LEBER zugeordnet: Sie gilt als BEFEHLSHABER DES BLUTES und ist für die ausgewogene Berücksichtigung der körperlichen, emotionalen, spirituellen Bedürfnisse verantwortlich. Als Beispiel aus der Strategie der Kriegsführung wird die Moral für die Kampfkraft genannt: sie ist ebenso wichtig wie ausreichende Ernährung, die durch den Nachschub gewährleistet wird. Wenn die Moral sinkt, kann die Lebenskraft sich nicht entfalten. Deshalb braucht es Ideale und Visionen. Eine gesunde Leber sorgt für ständiges Fließen von Blut, für Energie, und motivierende Emotionen. Neugier motiviert durch Offenheit für neue Ideen und Lernerfahrungen. Die GALLENBLASE wirkt ergänzend zur Leber als ein KLUGER UND WEISER RICHTER, der mit Hilfe seiner Urteilskraft das Königreich des menschlichen Körpers regiert. Er sorgt dafür, dass impulsives und leichtsinniges Verhalten gemäßigt wird und verhindert so übereilte Entscheidungen ebenso wie das Verharren in einem Zustand der Unentschlossenheit.

Die Menschen werden sanft und schwach geboren.
Im Tod sind sie hart und steif.
Grüne Pflanzen sind zart und saftig.
Im Tod sind sie welk und trocken.
Fehlende Biegsamkeit ist also das Merkmal des Todes.
Das Sanfte und Flexible ist das Zeichen des Lebens.
LAOTSE

Ein Übermaß an Energie führt in diesem Stadium zu verbockter Sturheit und Halsstarrigkeit, die ein Konzept durchsetzen lässt, auch wenn es nicht auf das Umfeld abgestimmt wurde und mehr Schaden bringt als Nutzen. Typisch sind unerfahrene Aktivisten, grün hinter den Ohren, Neulinge, die sich durchsetzen und auf Teufel komm raus positionieren möchten, ohne Rücksicht zu nehmen oder Respekt zu zeigen, hochmotiviert sind, immer nach vorne und weiter gehen möchten (JUNGDYNAMIKER, KARRIERISTEN, MACHERTYPEN); Zuviel Energie führt zu Übermut und Leichtsinn (HALBSTARKE), und zu mangelnder Sensibilität (DRAUFGÄNGERTUM).

Ein Mangel hingegen führt zu innerer Schwächung, die oft irreversibel ist, wenn die Überlastungssymptome nicht frühzeitig ernst genommen werden, und einen ZUSAMMENBRUCH DURCH ERSCHÖPFUNG zur Folge hat: der innere Motor fängt an zu stottern, WENN SICH DIE WUT NACH INNEN RICHTET. Depression ist Aggression, die nach innen geht statt ihren gesunden und angemessenen Ausdruck im Außen, im Austausch mit der Umwelt, als Antwort auf aktuelle Auslösersituationen, zu finden.

Durch Anpassung an Hindernisse oder deren Umgehung wächst das Holz ohne Hast und ohne Rast aus der Erde empor. Ebenso zeichnet den Edlen Hingabe aus und dass er nie in seinem Streben inne hält.
I GING, ZITIERT BEI ELIAS JASON S. 41

Die KARMA Familie strahlt grüne Energie aus und teilt mit dem Element Holz viele Eigenschaften. Ihre Energie ist flüchtig wie der Wind, und wie der Sturm. Die Lebensaufgabe ist ein HANDELN ZUM WOHLE ANDERER und gibt Anlass zur Hoffnung – Grün ist die Farbe der Hoffnung. Die KARMA Energie gibt die Kraft, durch beherztes, entschlossenes und frisches Handeln alles anpacken, alles erreichen und erfolgreich zu Ende bringen. Es gelingt scheinbar mühelos, – ganz natürlich, organisch, selbstverständlich, wie das ungebremste Wachstum im Frühling, unter Einsatz der angemessenen Mittel. Produktiv und in ständiger Bewegung, lassen sich mehrere Dinge gleichzeitig machen und zu Ende führen, wie ein Baum, dessen Wachstum sich nicht auf einen Ast, einen Zweig und ein Blatt beschränkt, sondern eine vollendete Gestalt mit vielfältigen Anteilen anstrebt. ENTELECHIE wird von Aristoteles als das Prinzip einer in sich ausgerichteten und sinnvollen Entwicklung beschreiben. Das Ziel ist in der Entwicklung selbst enthalten ebenso wie Sinn und Zweck, Ziel und fertige Gestalt schon im Keim eines Baumes enthalten sind. Das WACHSTUM gehorcht dem Prinzip einer sich selbst organisierenden und selbst regulierenden, sich aus sich selbst gestaltenden, bildenden Entwicklung. Handlungen, die dem Prinzip der innewohnenden Zielgerichtetheit (Entelechie) unterliegen, folgen einem UNBEWUSSTEN, INSTINKTIVEN WISSEN, was zu tun ist, wann und mit wem. Zu wissen, was die Umstände erfordern und mit dem Fluss zu gehen, statt sich dagegen zu stellen. Wer sich nach der tatsächlichen Erfahrung (nicht der Meinung) und der Stimme der selbstorganisierenden Weisheit des Körpers (nicht den fremden Konzepten) richtet, weiß intuitiv, was funktioniert und kann spontan handeln. Was richtig ist, zeigt sich im Moment des Handelns. Solche Handlungen erscheinen als natürlich und sind einfach, direkt, ungestellt und ungekünstelt. Die Aufmerksamkeit ist dabei fokussiert auf das, was gerade im Moment ansteht und getan wird oder getan werden muss, die Konzentration ungeteilt und gebündelt, die Gedanken werden sofort umgesetzt. Menschen, die unter dem Einfluss dieser Energie stehen, sind direkt, HANDELN UNVERZÜGLICH, DENKEN PRAKTISCH. Alles muss einen Nutzen und Zweck haben und in Erfahrungen umzusetzen sein. Innerhalb eines Teams oder eines Unternehmens sind sie der MOTOR DES FORTSCHRITTS; sie sind die Aktivisten, die durch ihre Aktionen die Dinge unter Kontrolle bringen und halten wollen. Ihre Intuition lässt sie innerhalb eines sozialen Systems (einer Familie, Gruppe, Gemeinschaft) einen Platz einnehmen, wo sie eine einflussreiche Position haben, optimal platziert sind und aufgrund dessen wirkungsvoll ihren Einfluss geltend machen können. Sie verfügen über eine DYNAMISCHE AKTIVITÄT, die alle begeistert und mit sich reißt. Gerne überlässt man es ihnen, Pläne zu schmieden, Termine festzulegen, Ziele anzuvisieren und ihre Verwirklichung unermüdlich anzustreben, motivierend einzuwirken und immer neue Anregungen zu geben.

Ihre Bewegungsenergie gibt das Tempo vor, das stetig und beharrlich, wie das Wachstum einer Pflanze das Vorgehen bestimmt. Es beruht auf dem Prinzip eines natürlichen Lernens aufgrund von Versuch und Irrtum. Es wird so lange versucht, bis es klappt. Ruhe und Zuversicht drücken sich in der Bewegung aus, die nicht Ruhe als Gegensatz zur Bewegung ist. Gerade in den Kampfkünsten finden wir eine RUHE IN DER BEWEGUNG, DIE FLEXIBEL MACHT, indem sie immer neu das Gleichgewicht finden lässt, indem sie uns abgestimmt auf den ganzen Organismus, das Größere Ganze, die höhere Ordnung erleben lässt. Alle Einzelbewegungen können sich einordnen und einfügen.

Die Gefahr der KARMA Energie besteht in MACHBARKEITSWAHN UND MACHTHUNGER, Manipulation, und einem Konkurrenzdenken, das «grün vor Neid» werden lässt. Stets zum Handeln getrieben, leiden manche Menschen darunter, einfach zu viel Energie zu haben. Durch Schnelligkeit und aggressive Kraft sind sie anderen zwar als JÄGER, ABENTEURER UND PIONIERE überlegen, aber als HELDEN brauchen sie Aufgaben, die übermenschliche Kräfte erfordern, um sich daran messen zu können. Sie reagieren überreizt und ungeduldig. Ihr Verhalten wird dem Reich der eifersüchtigen Götter, das von Konkurrenzdenken und Rivalität geprägt ist, zugeordnet. Sie stehen unter dem Druck, sich beweisen zu müssen, gleichzeitig leiden sie unter der Angst, unzulänglich zu sein, den Anschluss zu verpassen; gestört oder gehindert zu werden, ihr Werk nicht zur Vollendung zu bringen, die Aufgabe nicht zu meistern. Die Angst vor Versagen wiederum schwächt, entzieht die Energie, die zum effektiven Handeln nötig ist; das Steckenbleiben frustriert. Die Energie läuft heiß, führt zur Selbstzerstörung oder chronischer Erschöpfung. Da hilft nur die Weisheit, den ORGANISATIONSWILLEN des Machers zugunsten des Prinzips der zur SELBSTORGANISATION aufzugeben, denn nur so kann mit Gelassenheit agiert werden. Demut ist angesagt – und für Helden eine besondere Herausforderung.

Archetypen des Elements Holz sind DIE GRÜNEN GÖTTER. Ich sehe sie vor mir: Ossain, den GOTT DER PFLANZEN, der tief im Wald lebt, und den GOTT DER JAGD, Oshossi. Er ist immer unterwegs, immer auf der Pirsch. Seine Pfeile treffen ins Schwarze, von ihm heißt es «Er schießt den Vogel ab», aber sich selbst hat er verloren, als er in seinem Durst den Zaubertrank des mächtigen Medizinmanns Ossains trank. Seitdem lebt er mit diesem zusammen im Wald. Ossain hat die Gestalt eines Elfs: zart, feingliedrig, fast durchsichtig, wie ein im Wind zitterndes, im Licht schillerndes Blatt am Baum. In seinem Tanz vollführt er eine Geste, die zeigt, wie er sich an seinem selbstgebauten Zaubertrank berauscht. Er spricht mit den Pflanzen, er entdeckt ihre Heilkräfte und setzt sie wirksam ein. Wer Ossians Kräfte sich zu eigen machen will, muss sich sanft aber beharrlich schütteln, um durchlässig zu werden und die Sprache der Pflanzen zu verstehen. Das Schütteln geht über in eine Schwingung, die hilft sich auszubreiten wie ein junger Baum, der in alle Richtung wächst. Frühling, das ist die Zeit, in der die Bäume in den Himmel wachsen. Das Schütteln macht durchlässig für die beharrliche Kraft eines natürlichen Wachstums, das den Gesetzen der kreatürlichen Entfaltung, der organischen Gestaltwerdung folgt. Oshossi verleiht die Anmut des instinktsicheren Auftretens, kein Schritt ist falsch und wird halbherzig getan, sein Lauf ist nicht aufzuhalten, kein Schuss geht bei ihm daneben. Im Tanz zeigt er Ausdauer und Behändigkeit, unermüdlich treibt es ihn weiter, von einem Ziel zum anderen, seine Kräfte scheinen unerschöpflich, solange er in seiner natürlichen Umgebung und motiviert ist, die Jagd fortzusetzen. In Brasilien ist Oshossi der Patron der REPORTER, die hinter einer heißen Story her sind, der ERFINDER UND ENTDECKER, die manchmal ein Leben lang einer Spur, einer Idee, einer Vision folgen. Ossain bewahrt das indigene Wissen um HEILPFLANZEN und die Tradition des MEDIZINMANNS mit den dazugehörigen HEILRITUALE.

Im Element Holz wohnt HUN, die Yang-Seele, auch Geist-Seele genannt. Ihre Yang-Qualität macht sie zu einem Agens, das tätig wird und wirkt, allerdings im Verborgenen und auf der Ebene des Unbewussten, so dass das Ich keine Kenntnis davon hat. Der Verstand arbeitet und bringt die Ergebnisse mentaler Prozesse hervor: Das betrifft alle Vorstellungen, Gedanken, Deutungen,

Erinnerungen, Pläne. Irrationale Überzeugungen und Wahnideen gehören dazu ebenso wie visionäre Ideen und geniale Einfälle, Vernünftiges und das, was sich der Vernunft entzieht. Gemeinsam ist, dass sich alles SPONTAN ERGIBT und nicht durch logische Folgerungen erzwingen lässt. Es ist eine geistige Bewegkraft, die etwas bewirkt und an ihrer Wirkung erkannt wird. Hun ist ein KREATIVER GEIST, der nach einem AUSDRUCK sucht, der viele Menschen bewegt, überzeugt, vereint. Hun ist ein Kanal oder ein Sprachrohr für die Botschaften aus dem Unsichtbaren und Unbekannten. Hun ist EMPFÄNGLICH für unsichtbare Ausdrucksgestalten, Schemen, Gestalten, Geister, SIEHT GESPENSTER, ist in RESONANZ MIT GEDANKENFORMEN UND EMOTIONEN, die im Raum stehen, auch wenn die Menschen und Situationen, die sie hervorgerufen haben, nicht mehr anwesend sind. Vielleicht sind es auch ERINNERUNGEN an TRÄUME in einem kollektiven «Winterschlaf», der unserer jetzigen Existenz voranging. Dies bildet das Material, aus dem kreative Menschen schöpfen. Wer nicht den großen Bogen der Kreativität schafft, bleibt allerdings oft als GSCHAFTLHUBER in einer unproduktiven Wichtigtuerei stecken.

Im Kinderbuch «Pu der Bär» begegnen wir *Rabbit*, dem umtriebigen Hasen, der im Hundert-Ackerwald herum hoppelt, morgens schon unterwegs ist, alle zusammen trommelt, um gemeinsame Unternehmungen für den Tag zu organisieren.

Fragen:
Was will ich im Leben?
Wohin möchte ich gelangen?
Wie erreiche ich mein Ziel?
Wie kann ich mich dazu motivieren?
Wie kann ich Andere am besten motivieren?
Was bewegt mich? Was bewegt andere Menschen?
Wie kann ich meine Pläne in die Tat umsetzen?
Wie kann ich unnötige Verzögerungen zu vermeiden?
Wie kann ich «am Ball bleiben»?
Was hilft mir im Alltag, meine Bewegungsfreude zu steigern?
Wo könnte ich meine Bewegungsfreiheit noch mehr nutzen
und neue Wege finden?
Wenn ich mich ohne Einschränkungen, Bedingungen und
    Hemmungen von Außen frei entwickeln könnte, wohin würde
    mich der erste Impuls führen?

Schließen Sie die Augen, stellen Sie sich vor, Sie sind ein Baum im Frühling, dessen Zweige und Äste sich überall hin ausbreiten möchten. Welche neuen Triebe wachsen in Ihnen und drängen zu ihrem Ausdruck? Mit geschlossenen Augen spüren Sie das Wachstum in sich, das Gefühl konzentriert sich in Ihren Händen und Fingern, in Ihren Fingerkuppen. Welche Impulse melden sich in Ihren Fingern? Was liegt in der Luft, was steht im Raum und beeinflusst ihr Wachstum?

Je mehr es gelingt, ein persönliches ENERGIE-MANAGEMENT zu betreiben, desto weniger muss man sich dem äußeren Arbeitstakt beugen. Das Energie-Management macht selbstbestimmt, unabhängig und frei. Wer sich selbständig machen will, braucht viel Initiative. Es bedarf da der wütenden, stürmischen, drängenden Kraft, die der Jugend zugeschrieben wird. Diese Wandlungsstufe verleiht die Kraft, in SCHWUNG zu kommen, sich aufzuraffen, «den inneren Schweinehund zu überwinden», «sich selbst einen Tritt zu geben, zusammenzureißen», den «Arsch hochzukriegen», sich selbst zu MOTIVIEREN und zu MOBILISIEREN. Sie befähigt zu einem NEUANFANG und zur nötigen Kraft, wenn es darum geht, etwas in einem Zug DURCHZUZIEHEN. Achtung: Zu kurz kommen dabei leicht Ruhepausen, Phasen der Regeneration und Muse, Momente des Innehaltens und Zweifelns, der Reflexion, der Einwände, ob sie berechtigt seien oder nicht, des Zögerns, das nur als Verzögerung gesehen wird; aus Angst, den Schwung der mächtigen Wachstumsbewegung zu verlieren.

Was hilft, einen übertriebenen AKTIVISMUS zu ändern, bzw. seinen Yang-Charakter auszugleichen? Richten Sie ganz bewusst in Ihrem Alltag PAUSEN ein, in denen Sie «in den Winterschlaf» gehen und Kraft für den Frühlingsanfang schöpfen, so dass sie immer wieder neu und erfrischt ansetzen können. So vermeiden Sie, in einen Trott zu verfallen und wie der Hamster in seinem Rad sich im Kreise zu drehen, während Sie eigentlich auf der Stelle treten. Ertappen Sie sich dabei, wenn Sie Motorik mit Dynamik verwechseln und den Motor nicht mehr abstellen. Machen Sie ein STOPP, halten Sie inne, fahren Sie die Energie herunter, schalten Sie ab, kommen Sie zur Besinnung, bevor Sie zum besinnungslosen Arbeitstier werden.

Fragen Sie sich: Für wen tue ich das, was ich tue? Stellen Sie einen innerlich Bezug dazu her. Verrennen Sie sich nicht, indem Sie das IDOL DES EINSAMEN WOLFS aufbauen. Nehmen Sie Beziehungen auf, pflegen und stärken Sie sie, treten Sie in Kontakt und Kommunikation. Sie MÜSSEN NICHT ALLES ALLEIN MACHEN, erlauben Sie sich, um Hilfe und Rat zu bitten, erlauben Sie sich, Liebe anzunehmen und zu erwidern.

Wenn der Jäger und Macher in Ihnen frustriert ist, weichen Sie auf die sanfte Seite ihrer Kreativität aus und überlassen Sie sich den NATÜRLICHEN REGELKREISEN des Tao. Üben Sie sich in Gelassenheit und visualisieren Sie die vegetative Weisheit in Gestalt der elfenhaften Pflanzenwesen.

Lernziel dieser Wandlungsphase ist GEDULD

Leer werden:
Unbesetzt, frei, bescheiden, nachgiebig, vorurteilslos
Das Bild des chinesischen Schriftzeichens für «leer» zeigt offen ineinander greifende, gebeugte Linien, irgendwo darin ist ein Zeichen zu finden, das «Nichts» bedeutet.
Biegsam sein (wie der Bambus) heißt, im Kern seines Wesens über Flexibilität zu verfügen.
DENG MING-DAO, TAO IM ALLTÄGLICHEN LEBEN

Glücksfarbe ROT

Die liebestolle Messalina trug in ihrer Krone fünf rote Korallen.
Der notorische Verführer Casanova trug einen Ring mit fünf Rubinen am Finger.
Napoleon hatte fünf rote Federn des Paradiesvogels in seiner Jacke eingenäht.
Rot ist in China die Farbe der Freude, des Glücks und der Jugend.
Rot wird nach der chinesischen Fünf-Elemente- Lehre dem Element FEUER zugeordnet.

Ohne die Energie des Feuers wären wir kalt und leblos, denn das innere Feuer ermöglicht die zahlreichen chemischen und biologischen Prozesse im Körper. Feuer ist die strahlende Energie der Organe, der Geist des Lebens, der uns mit dem Universum und den anderen Lebewesen verbindet, das Sinnbild menschlicher Wärme, der Kommunikation und Empathie. Diese Energie ist explosiv, fließt nach oben, überwindet die Schwerkraft gleich einer aufsteigenden Flamme, setzt sich durch und durchdringt alles. Zur Heilung wird Wärme verwendet, um Gift aus dem Körper abzuleiten.
Heilende Hände können eine solche Energie entwickeln, die wie Magneten die blockierte Energie mit einem Ruck aus der Haut oder dem tieferen Gewebe herausziehen. Es ist, als ob mit einem Sauger eine verstopfte Leitung gereinigt würde.
LAM KAM CHUEN; CHI KUNG, WEG DER HEILUNG.

Alles Gelingen beruht auf der Wirkung gegenseitiger Anziehung.
I GING, KOMMENTAR WILHELM

Dem Element FEUER wird die Jahreszeit des FRÜHSOMMERS zugeordnet, ihr entspricht die Entwicklungsphase der BLÜTE. Alles in der Natur und auch in unserem Körper will aus sich herausgehen und sehnt sich nach PAARUNG, das Mittel dazu ist ATTRAKTIVITÄT. Die Hormone spielen verrückt. Der Sinn steht ganz nach WERBUNG, das Bewusstsein dient dazu, EINZIGARTIGIG-

KEIT ZU ENTWICKELN, dazu braucht es MUT ZUR ORIGINALITÄT. Thema ist PERSÖNLICHER AUSDRUCK UND STIL, um AUFZUFALLEN, und das nicht als Selbstzweck, sondern in einer BEZIEHUNG. Der Ausdruck ist ein Appell, der Aufmerksamkeit erregen will. Thema ist (LEBENS)LUST, LIEBE UND BINDUNG, BEJAHUNG, HOCHGEFÜHLE, HOCHZEIT. Das dazugehörige Temperament ist SANGUINISCH. Es geht darum, FESTE ZU FEIERN und der EKSTASE ALS INTENSIVIERUNG UND HÖHEPUNKT einen Platz im grauen Alltag einzuräumen. Ein wiederkehrendes Motiv ist das DRAMA, die Intensivierung und Überhöhung der Ereignisse im Leben. Die Dramatisierung des Alltags erlaubt eine Inszenierung und festliche Ausgestaltung dort, wo sonst die Gewohnheiten das Gesetz der Trägheit und der Entropie zu realisieren drohen. In dieser Wandlungsphase hingegen ist nichts gewöhnlich und durchschnittlich – alles muss sich AUSSERORDENTLICH, EXTREM UND EXTRAVAGANT, EXZENTRISCH UND EXZESSIV GEBÄRDEN, Hauptsache es setzt einen Akzent und hat Signalwirkung. Impulse führen zum ENTBRENNEN, auch zum EXPLODIEREN. Die Richtung führt ZENTRIFUGAL aus der ruhenden Mitte hinaus, nach allen Richtungen sich fortsetzend und ausbreitend, ausstrahlend wie ein STERN, SPIRALIG WIRBELND in der EXPANSION. Metaphern für die typische Bewegung sind: KOMETENHAFTER AUFSTIEG, METEOR, STERNSCHNUPPE, FEUERWERK, LEUCHTENDE FACKEL, FUNKENSCHLAG, LAUFFEUER, STROHFEUER

Das Orakelzeichen für das Element Feuer ist:
- LI, FEUER, DAS HAFTENDE

Das Feuer steht für die brennende Sehnsucht, die sich verzehrt. Sie kann uns weit bringen, aber auch innerlich auszehren und zerstören.

Was dunkel ist, haftet an dem, was hell ist, und macht es dadurch noch größer.
Etwas Leuchtendes, das Licht ausstrahlt, muss etwas in sich haben, das dauerhaft ist, weil es sich andernfalls im Laufe der Zeit verzehren würde. Alles, was Licht ausstrahlt, ist abhängig von etwas, das es ihm ermöglicht, unablässig zu leuchten.
I GING

Zum Element Feuer gehört der Typ einer ungeheuer temperamentvollen und emotionalen Persönlichkeit voller LEIDENSCHAFT und ENGAGEMENT, ENERGIE und ENTHUSIASMUS, mit einer elektrisierenden AUSSTRAHLUNG die andere Menschen anzieht WIE DIE FLAMME DIE MOTTEN. Mit starker Intuition und Empathie begabt, wissen diese Menschen, was Andere brauchen, denken oder fühlen. Sie sind gerne mit Anderen zusammen, es gelingt ihnen leicht, Beziehungen aufzubauen und zu erhalten. Trennungen belasten sie allerdings emotional sehr. Sie sind getrieben von der tiefen Sehnsucht, mit einem Anderen INTENSIV VERBUNDEN zu sein, eins zu werden, zu verschmelzen – dies ist ihre Stärke aber auch ihre Schwäche, denn Sehnsucht verzehrt, das FEUER BRAUCHT FUTTER. Gedanken und Gefühle können sich so sehr vermischen mit denen des Anderen, dass GRENZEN VERSCHWIMMEN oder aufgelöst werden. Oft wissen sie nicht, wo die Grenzen sind, ihr Temperament geht mit ihnen durch, ganz selbstverständlich nehmen sie an, alle Menschen wollten die intensive NÄHE genau sie selbst. Dadurch wirken sie oft VEREINNAHMEND und machen sich manchmal des ÜBERGRIFFS schuldig. Bei diesem Typ finden sich die großen VERFÜHRER der Weltgeschichte von der Sorte DON GIOVANNIS UND CASANOVAS. Als DIVA oder MACHO halten sie sich für unwiderstehlich, auch als wenn sie nicht mehr als einen GIGOLO abgeben.

In der MYSTIK können sie ungehindert ihren Enthusiasmus ausleben, da der Verbundenheit mit Gott nichts im Wege steht. Die LIEBE ZU GOTT und die BEDINGUNGSLOSE HINGABE an ihn ist oft stark erotisch, sogar sexuell eingefärbt. Dieser Persönlichkeitstyp ist wie eine BRENNENDE FACKEL, die in führender Position den Anderen mit LEUCHTENDEM BEISPIEL vorangeht.

Der Edle setzt das Werk der Natur in der Menschenwelt fort.
Durch die Klarheit seines Wesens bewirkt er, dass das Licht immer weiter
sich verbreitet und immer mehr das Menschenwesen durchdringt.
I GING, KOMMENTAR VON WILHELM

Das Element Feuer ist dem alten Yang zugeordnet: Der aufsteigende Saft erreicht seine höchsten Stand, alles drängt nach Außen, in den Ausdruck, will sich zeigen und mit den eigenen Vorzügen werben. Die Knospe der Pflanzen will aus dem Blattgrün heraustreten und sich davon absetzen, FARBE bekennen. Das innere Bild für diese Wandlungsphase ist das einer BLÜTE, DIE SICH ÖFFNET UND IHREN DUFT VERSTRÖMT. Es ist eine Zeit der PRACHT, die sich entfalten und ausdrücken will. Sie sucht in vielfältigen Formen ihren Ausdruck und dient, nicht nur im Bereich von Pflanzen und Tieren, der Anlockung und Anziehung. Werbung und Verführung ist ein Teil dieses natürlichen Vorgangs. Es ist eine Zeit, da die Natur, angekommen am HÖHEPUNKT IHRES GLANZES, sich selbst zu feiern scheint. Dabei geht sie verschwenderisch um und entfaltet einen Geist der Schönheit, der Harmonie, der übergreifenden Vereinigung, der dem Menschen, wenn er sich davon berühren lässt, Mut gibt und unmittelbar auf die Sinne ansteckend wirkt. Es ist eine Zeit der VERKLÄRUNG. Dieses Element schenkt dem Mensch die Gabe der BEGEISTERUNG. Auch der Mensch kann Feuer fangen, entflammen und in der Flamme aufgehen. So überwindet er die Schwerkraft, der er physisch unterworfen ist, für eine kurze Zeit erhebender HÖHENFLÜGE und entkommt den Belastungen der Alltagswirklichkeit, der Erdenschwere.

Die doppelte Klarheit des berufenen Mannes haftet an dem, was als recht erkannt worden ist und vermag die Welt zu gestalten. Indem der Mensch, der bedingt und nicht unabhängig da steht in der Welt, diese Bedingtheit anerkennt, sich abhängig macht von den harmonischen und guten Kräften des Weltzusammenhangs, ist ihm das Gelingen gewiss.
I GING, KOMMENTAR WILHELM

Bleib immer im Feuer, und du bleibst ewig jung.
CHINESISCHES SPRICHWORT

Dem Element Feuer ist das Herz zugeordnet. Das HERZ regiert alle Organe, es repräsentiert das Bewusstsein des Menschen. Es ist verantwortlich für Intelligenz, Weisheit und spirituelle Transformation. Es ist wie ein WEISER MONARCH, der sich bemüht, in seinem Reich FRIEDEN UND HARMONIE aufrechtzuerhalten. Das Herz wird als «WURZEL DES LEBENS» und «SITZ DER INTELLIGENZ» beschrieben; es inspiriert alle hochentwickelten mentalen Funktionen, die das Menschsein ausmachen: Bewusstheit, Empfindungsvermögen, Intuition und Inspiration, spirituelle Bestrebungen, die Fähigkeit, Gedanken, Gefühle und Emotionen zum Ausdruck zu bringen. Der HERZBEUTEL (der Sack, der das Herz umgibt und schützt) ist wie der HOFNARR, der den König zum LACHEN bringt, denn er weckt die FREUDE. Der Hofnarr hilft seinem König, sich von der schweren Last seiner Verantwortung zu erholen und erzeugt eine Atmosphäre der Freude und Heiterkeit. Eine INNERE SONNE schützt das Herz vor unnötig niederschmetternden Vorstellungsbildern. Der Herzbeutel nährt das Herz auf spiritueller Ebene. Der DÜNNDARM, der ebenfalls dem Element Feuer zugehört, hat die Funktion, das Reine vom Unreinen zu scheiden. Das entspricht den Aufgaben des INFORMATIONSMINISTERS. Die nahrhaften Teile unserer täglichen Interaktionen mit anderen Menschen, wie sie durch Kommunikation auf allen Ebenen und durch Feedback gegeben sind, müssen herausgefiltert und absorbiert werden, sofern sich von ihnen lernen lässt, während die unverdaulichen Anteile ausgeschieden werden. Wenn dies nicht richtig funktioniert, fällt es schwer, zwischen positiven und schädlichen Aspekten in den Beziehungen zu unterscheiden. Freund und Feind werden verwechselt. Physisch kommt es zu einer Vergiftung. In der Psyche sammelt sich gärender Abfall an und stiftet Verwirrung in der Seele.

Ein Übermaß der Feuer-Energie führt zur ÜBERHITZUNG, die sich in Rastlosigkeit, Manie, Phobien und Panik, und ganz allgemein in Zuständen der ÜBERERREGUNG zeigt. Das bedeutet: «seine Kerze an beiden Enden anbrennen». Der Geist ist dem Ansturm irrationaler Gedanken und romantischer Sehnsüchte nicht gewachsen und wird davon überflutet. Es kommt zu dem

Phänomen der GEDANKENFLUCHT, zu mentaler und emotionaler Verwirrung, zu SENTIMENTALITÄT. Im Zusammensein mit Anderen wirkt die feurige Kommunikation als unablässiges Bedürfnis nach INTENSITÄT UND NÄHE bald erschöpfend, sie schafft Isolation und damit das Gegenteil von dem, was beabsichtigt und gesucht wurde.

Ein Übermaß der Feuerenergie erschöpft die Wasserreserven der Nieren, so wie das Feuer der Sonne das Wasser eines Teichs verdunsten lässt. Wenn das Feuer zu stark zu lange brennt, geht die Kraft allmählich verloren: die Flamme flackert, wird schwächer, erlischt, es bleibt kalte Asche. Zuviel der Energie kann atemloses Sprechen hervorbringen und vor lauter Erregung nach Luft schnappen lassen; starke Erregungszustände können sich anfallartig steigern und BLUTHOCHDRUCK steigen lassen. Es besteht Gefahr von SCHLAGANFALL und HERZINFARKT. Gleichzeitig können Hitzewallungen sowohl zu Schweißausbrüchen als auch zu kalten Händen führen, Fieber wechselt sich mit Blutleere ab. Das Wichtigste ist, einen gesunden Ausgleich zu finden und sich zu beruhigen lernen.

Ein Mangel an Energie oder Energie-Loch hingegen schafft Lethargie, alles fällt auseinander, es gibt keine Kraft mehr, die chaotischen Gedanken zu bändigen, so kommt es zur inneren Zerrissenheit. Das Urteilsvermögen ist herabgesetzt, im Leben die Richtung verloren. Das führt zum Erleben von quälender Monotonie und Langeweile, zum Gefühl, KEINEN EINFLUSS, keine Bedeutung zu haben, NICHT GEMEINT ZU SEIN. Man fühlt sich selbst leer, erstarrt, ausgekühlt, erfroren, ohne Hoffnung, sich jemals wieder für etwas erwärmen zu können. Verzweiflung und Hoffnungslosigkeit fühlen sich unendlich kalt an.

Ein Mangel an Feuerenergie macht sich in jeder natürlichen Entwicklung negativ bemerkbar: so wie die Blumen das Sonnenlicht brauchen, um aufzublühen und in den Märchen die Liebe Erlösung bringt, so brauchen Kinder KÖRPERLICHE BERÜHRUNG und enge, liebevolle Beziehungen. TLC, *tender loving care* ist das wichtigste Vitamin für das seelische Wachstum. Wenn den Menschen dies vorenthalten wird, büßen sie ihre charakteristische Ausstrahlungskraft ein und WELKEN DAHIN. Also muss dafür gesorgt werden, dass das Feuer der Leidenschaft und der Begeisterung stets brennt.

Die PADMA Familie glüht vor roter Lebendigkeit und Lust. Das Anhaften des Feuers, das Futter braucht, um nicht zu verlöschen, und ohne Futter sich selbst verzehrt, kann zur SÜCHTIGKEIT führen, süchtig nach allem, was ins Umfeld kommt und was dennoch immer nur ein Ersatz sein kann, weil es nie die ganz große, die einzige Liebe ist und sich immer nur als vorläufig und vorübergehend erweist. Für Padma- Menschen ist Attraktivität eine Überlebensnotwendigkeit. Sie möchten anziehen und mit allem, was sie anzieht, verbunden sein, unmittelbar, mit Haut und Haar, ohne Wenn und Aber, aufgehen im anderen, mit Leib und Seele. Sie leben in einem Zustand, als wären sie STÄNDIG NEU VERLIEBT und sehen die Welt durch eine Brille, die alles in rosarotes Licht taucht. Wie niemand sonst kennen sie den BITTERSÜSSEN GESCHMACK des Lebens, der Lust und Schmerz in engster Nachbarschaft ansiedelt. GETROFFEN VON AMORS PFEIL ODER DEM PFEIL DER EKSTASE gelingt es ihnen selten, zu einem inneren Abstand zu finden. Sie sind getroffen und BETROFFEN, mitten im Geschehen und nicht am Rande als Beobachter. Die Statue von Bernini, die die Mystikerin Teresa von Avila getroffen vom Liebespfeil des mystischen Lustschmerzes darstellt, gibt die typische Körperhaltung wieder: reine Hingabe, ein Hinneigen, AUFBÄUMEN, HINSCHMELZEN im Aufbegehren, eine SPIRALIGE WINDUNG UND DREHUNG UM DIE EIGENE ACHSE, die den ganzen Körper durchläuft. Der Halbkreis oder die Mondsichel symbolisiert als Hälfte, die nach der anderen Hälfte sucht, eine grundlegende Unerfülltheit im Leben. Die Sehnsucht nach Erfüllung und VOLLENDUNG IM LEBEN wird jedoch nicht im Wirken und im Werk, sondern durch die Beziehung zum anderen Menschen in der Liebe gesucht. STÄNDIG AUF DER SUCHE NACH BEZIEHUNG, sind Padma- Menschen bereit, sich auf den Anderen einstimmen, sich EMPATHISCH auf ihn einzustellen, die Wünsche von seinen Augen ablesen, selbstlos in RESONANZ mit ihm zu gehen, um ihn zu erreichen und zu seinem Kern vordringen, ihn in seinem Wesen anzusprechen, und ihn zu berühren – mit dem ZAUBERSTAB DER BERÜHRUNG, das Lied, das in allen Dingen schläft, zum Klingen zu bringen. Ihnen gelingt es, zum HERZEN ZU SPRECHEN, DAS VERBORGENE ANS LICHT zu bringen. Padma- Menschen müssen zu allem einen inneren Bezug herstellen, um über das Gefühl eine Verbindung herstellen zu können. Nur wer Grenzen aufzulösen bereit ist, ist zu wirklicher Begegnung fähig. LIEBE VERWANDELT UND ERLÖST.

Archetypen des Elements Feuer sind DIE ROTE GÖTTIN, DER ROTE GOTT, ich sehe sie, Yansa, die Kriegerin, die mit dem WIRBELWIND reist, um die Ungerechtigkeit in der Welt zu bekämpfen und REVOLUTIONEN anzuführen, die Göttin, die mit dem BLITZ einfährt, bevor ihr Mann mit dem DONNER folgt. Ich sehe Xango, der einst als König ein großes Reich regierte, es jedoch durch unmäßige EXPANSION verlor und selbst Opfer seiner eigenen Maßlosigkeit wurde. In seiner Gegenwart musste sich alles ENTZÜNDEN und das zerstörte letztlich sein Umfeld. Sogar sein Hofpalast verbrannte und alle kamen darin um. Da ging er hin und erhängte sich. Der Mythos sagt: So wurde er ein Gott und wohnt seither im VULKAN. Wer ihn totsagt, nach dem wirft er mit glühendem MAGMA, so dass in der LAVA sein Andenken lebendig bleibt. Wer von Xango besessen wird, leidet unter IRRITATIONEN, HITZE-

WALLUNGEN, unter heißer Haut, die trocken ist, die zum Platzen gespannt ist, sich rissig und schuppig anfühlt. In Afrika feiert man ihm zu Ehren ein Ritual: eine Schale mit Feuer wird auf dem Kopf getragen. Es gilt, die FLAMME zu ERHALTEN, ohne schwelenden Rauch zu verbreiten. Das Feuer soll ruhig brennen, es soll die Menschen wärmen und ihnen LICHT SPENDEN. Manche verehren in ihm den GESETZESGEBER, (in Kuba wird er mit Moses verglichen), der mit heiligem Zorn wütet, andere sehen in ihm ihr Idol eines FEURIGEN LIEBHABERS mit übermenschlicher POTENZ. Yansa hingegen verleiht COURAGE, sie gibt auch in aussichtslosen Situationen der Unterdrückung MUT. Sie hilft gegen Blutleere, ihr Stein ist die Koralle, das Blut der Erde.

In dem Element Feuer wohnt SHEN, Geist, genauer: DAS FEUER DES GEISTES, wie es Pfingsten auf die Apostel herabkam und bis heute ekstatisch als QUELLE DER INSPIRATION erlebt wird. Geist unterscheidet sich von Bewusstsein insofern die Filter der selektiven Wahrnehmung nicht in Funktion treten. Ich nehme alles so wahr, wie es ist, ohne Deutung und Bewertung, ohne Vorbehalt und ohne Urteil. Noch ist die Welt noch vor jeder Trennung und Unterscheidung, jenseits aller Ur-Teile, in sich zusammenhängend, GANZ UND DOCH OFFEN. Solche Erkenntnis überträgt sich DIREKT UND UNMITTELBAR, ohne Einwände dazwischen, und ohne Bedingungen. Dies ist ein Erleben JENSEITS DER SUBJEKT-OBJEKT-SPALTUNG. Ich, das Subjekt, bin eines mit dem, was ich erkenne als Objekt. Das ist ein außergewöhnlicher Bewusstseinszustand, der in der Meditation (z.B. als SAMADHI) angestrebt wird und manchmal, eher selten, spontan auftritt: ALLES, WAS ICH ERKENNE, IST EIN TEIL VON MIR, und ich bin ein Teil davon. Alles ist eins, und geistig nehme ich an der Einheit, an einem fortlaufenden Prozess der möglichen Vereinigung teil. Das ist wahre Vergeistigung. Das ist SPIRITUALITÄT.

Fragen:
Wofür schlägt Ihr Herz?
Was lässt Ihr Herz höher schlagen?
Was begeistert Sie?
Was nährt Ihr inneres Feuer?
Was lässt Ihre Augen leuchten?
Wann fühlen Sie sich erkannt und wirklich gemeint?
An welchen (körperlichen) Anzeichen erkennen Sie zuerst diesen
    Zustand von Wohlgefühl und Vertrauen einem anderen
    Menschen gegenüber?
Wie viel Nähe möchten Sie in einer Beziehung erleben?
Wie viel Distanz brauchen Sie, um sich wohl zu fühlen?
An welchen (körperlichen) Anzeichen erkennen Sie zuerst einen
    Zustand, der Ihnen signalisiert, auf Abstand gehen zu wollen?

Wann wird es Ihnen leicht ums Herz?
Was lässt Ihr Herz schwer werden?
Was würde sich in Ihrem Leben verändern, wenn Sie Ihr inneres
Feuer (mehr) ausleben würden? Was spricht dagegen?

Schließen Sie die Augen, stellen Sie sich vor, Sie sind eine Knospe in den ersten Sommertagen, an denen die Sonne hervorbricht und eine lange Phase von Regen und Wind ablöst. Sie sind eine Knospe, die erblühen möchte. Welcher Gedanke oder welches Gefühl lässt Sie sofort erblühen, sich öffnen, Farbe bekennen, sich so zeigen, wie Sie wirklich sind, und dabei Stolz auf sich selbst empfinden? Mit geschlossenen Augen spüren Sie, wie Sie sich öffnen, wie Sie erblühen, wie die Blütenblätter ihre Farbe zeigen, ihr leuchtender Glanz sich verbreitet und anziehend wirkt. In welchen Situationen fühlen Sie sich so wohl, dass Sie auf natürliche und selbstverständliche Weise dazu angeregt sind, sich zu zeigen? Gibt es Menschen, in deren Nähe Sie besonders angeregt sind, sich zu öffnen und zu zeigen? In welchen Situationen oder mit welchen Menschen hingegen empfinden Sie Scheu, sich zu zeigen? Wie können Sie sich zu Ihrem eigenen Schutz so verhalten, dass Sie den für Sie notwendigen Abstand wahren?

Je mehr es gelingt, ein persönliches BEZIEHUNGS-MANAGEMENT zu betreiben, je mehr ich das Maß und Bedürfnis – meiner selbst und der Anderen – nach Nähe und Distanz erspüre, desto weniger werde ich selbst mit Verführung und Ablehnung konfrontiert. Impulsives Handeln, das die Grenzen Anderer nicht respektiert, kann verletzen und die Beziehung gefährden. Die eigenen Grenzen kennen befähigt dazu, Ja und Nein im richtigen Augenblick im richtigen Ton sagen zu können. Das Herz öffnet und schließt sich und bringt dadurch das Blut überall hin. Je mehr es gelingt, Nähe und Distanz zu regulieren, desto weniger werden die Beziehungen überstrapaziert und in Folge dessen abgebrochen.

Im Kinderbuch «Pu der Bär» beggenen wir *Tigger*, dem kleinen Tiger, der übermütig herumtollt, überall hereinplatzt, und in seiner unbändigen Bewegungslust nicht zu stoppen ist, weshalb er nicht Tiger sondern *Tigger* heißt.

Was hilft, das innere Feuer zu wecken? Viele Menschen haben die kindliche Lust am Spiel verloren oder nie entwickeln können. Freude steigert die Lebensqualität und kann geweckt werden – TANZEN UND SINGEN sind uralte Mittel, DAS LEBEN ZU FEIERN. Wenn Sie übermäßig SCHÜCHTERN sind, können Sie lernen Beziehungen und Kontakte nonverbal aufzubauen. Das Singen im Chor und das Tanzen im Tanzkreis bietet Ihnen die Möglichkeit, Ihre SCHEU STUFENWEISE ABZUBAUEN.

Was hilft hingegen, die LEIDENSCHAFT ZU ZÜGELN UND DEN GEIST ZU ZÄHMEN? Wie kann der Yang-Charakter ausgeglichen werden? Warum sollte man überhaupt die Liebe managen? Nach Ansicht der Chinesen entsteht Stress, wenn die Tore des Herzens entweder permanent offen oder geschlossen sind. Entweder fällt es schwer, eine eigenständige Position zu behaupten, oder es fällt schwer, sich emotional zu öffnen. Üben Sie sich darin, das eine mit dem anderen in Einklang zu bringen.

Richten Sie ganz bewusst in Ihrem Alltag BEWEGUNGS- PHASEN ein, in denen Sie sich austoben, z.B. tanzen, Sport treiben, oder eine Kampfkunst erlernen. Ihr Körper reguliert den eigenen Energiefluss, so dass Sie in der Beziehung bereit sind, sich auf den Energieaustausch mit einem anderen Menschen einzulassen. So vermeiden Sie, die Liebe wie eine Technik, einen Kampf, einen Hochleistungssport zu betreiben. Sie müssen jetzt nicht ein Ziel erreichen oder Erfolg haben. Sie können Ihre Sinne öffnen und sich ganz der Liebe, die Sie in der Beziehung erfahren, hingeben. Durch Entspannung kreieren Sie NATÜRLICHE INTIMITÄT (statt gekünstelter Laszivität) und eine Atmosphäre, die dazu einlädt, sich gehen zu lassen, auf den Anderen einzugehen, die trennende Mauer aufzuweichen und wegschmelzen zu lassen.

Fragen Sie sich: Wie zeige ich meine Liebe, wenn ich liebe, und wie kommt diese Liebe an? (Würde ich dies als Liebe erkennen, wenn ich in der Position des Anderen wäre?) Achten Sie auf Ihren Ausdruck und die Wirkung, die Sie damit erzielen. Verschanzen Sie sich nicht hinter der MASKE DER UNNAHBARKEIT, isolieren Sie sich nicht durch Ihren Stolz, geben Sie die ILLUSION DER ABSOLUTEN UNABHÄNGIGKEIT auf – wir alle sind aufeinander angewiesen und auf einer tieferen Ebene der Energie miteinander verbunden. Springen Sie über Ihren Schatten, wenn es darum geht, sich berühren und involvieren zu lassen, ENGAGIEREN SIE SICH! Erlauben Sie sich, Ihr Herz zu spüren, Ihren Gefühlen Raum zu geben. Erlauben Sie sich aufbauende, liebevolle Gedanken, investieren Sie in eine Beziehung und fragen Sie sich, was sie fruchtet. Wenn Ihre LIEBE AUF UNFRUCHTBAREN BODEN FÄLLT, sollten Sie nicht weiterhin Ihre Kraft in verlorene Liebesmüh' stecken sondern weitergehen, das Feuer Ihrer Liebe weitertragen, Ihre Ausstrahlung weiterhin pflegen, bis sie auf Resonanz stoßen.

Wenn der unwiderstehliche Verführer und Macho in Ihnen einsehen muss, dass das feurige Liebeswerben seine beabsichtige Wirkung verfehlt, weichen Sie auf eine andere Qualität des Liebesstrebens aus. Erzeugen Sie in sich selbst ein INNERES FEUER DER FREUDE, das signalisiert, dass Sie MIT SICH SELBST IN FRIEDEN sind (statt LÜSTERN nach Befriedigung zu gieren) Aktivieren Sie Ihre weibliche Seite der Zärtlichkeit und Fürsorge, geben Sie sich selbst die MUT-

TERLIEBE, die Sie brauchen, um Frieden zu finden. Dies gilt auch, wenn Sie das Lieben verlernt haben: Lernen Sie, wie die LIEBE ALS KOSMISCHES PRINZIP im Universum wirkt, feiern Sie mit und überlassen Sie sich der Freude.
Lernziel: GEISTESFRIEDEN

Handeln aus dem Herzen ist richtiges Handeln zum richtigen Zeitpunkt. Das Bild des chinesischen Schriftzeichens zeigt das Zeichen für «Herz», und das Zeichen für «Vereinigung». Ein Handeln im Einklang mit den Umständen und in Übereinstimmung mit dem eigenen Herzen ist selten, aber kostbar.
Kraft spielt keine Rolle.
Gewicht spielt keine Rolle.
Moralisch im Recht sein, spielt keine Rolle.
Alles, was zählt, ist Timing:
Timing ist alles im Tao.
Timing ist richtiges Handeln zum richtigen Zeitpunkt
Timing bedeutet harmonische Vereinigung.
Blinde Zerstörung der Dinge kann man nicht als gutes Handeln bezeichnen.
Die Dinge genau im richtigen Augenblick zusammenzubringen -
das kann Timing genannt werden. Was zählt, ist richtiges Handeln zur richtigen Zeit.
DENG MING-DAO, TAO IM ALLTÄGLICHEN LEBEN

Glücksfarbe GELB

Der reiche Rockefeller hielt sich fünf gelbe Kanarienvögel.
Zum Frühlingsanfang wurden im alten China die ersten fünf gelben
   Blüten nach Peking in den Kaiserpalast gebacht. Sie galten als
   Zeichen für Glanz und Wohlstand.
Gelb ist in China die Farbe der Mitte und der Langlebigkeit
Gelb wird nach der chinesischen Fünf-Elemente- Lehre dem Element
   ERDE zugeordnet.

Die Energie der Erde bewegt sich horizontal, seitlich und kreisförmig wie die Planeten.
Sie symbolisiert den Wechsel zwischen den Jahreszeiten und entspricht dem Vollmond: groß, rund und golden. Diese Energie macht geduldig, hilfsbereit, und fördert jeden Wandel.
Während die Erde um die Sonne kreist, beschreibt sie eine Ellipse und bleibt immer auf der gleichen Ebene. Diese ruhige, gleichmäßige Bewegung entspannt den Körper und beruhigt den Geist. Heilende Hände vermitteln durch die Berührung ein Gefühl von Sicherheit und Geborgenheit, sie sind angenehm warm und geben der Seele einen Rahmen, an dem sie sich orientieren, ein Gefäß, in dem sie sich sammeln kann.
LAM KAM CHUEN; CHI KUNG, WEG DER HEILUNG.

Dem Element Erde entspricht die Jahreszeit des SPÄTSOMMERS, die Tageszeit des NACHMITTAGS (SIESTA), die Entwicklungsphase der REIFE, das innere Bild einer FRUCHT, die sich aus der Blüte herausbildet und bestehen bleibt, wenn die Blütenblätter abfallen und der äußere Glanz vergeht. Alle Kraft geht in die VOLLKOMMENE AUSBILDUNG der Frucht, die erst durch diese Phase der Reifung ihr VOLLES AROMA entfalten kann. Nichts kann hier übergangen und abgekürzt werden, wenn es um Vollkommenheit geht. Vollkommenheit mag zwar zunächst eine abstrakte Vorstellung sein. Reife jedoch ist eine QUALITÄT, die sich sinnlich erfahren lässt, z.B. als SÜSSE in der sonnengereiften Frucht. Reifung ist ein Prozess, den wir aus der Natur und von uns selbst kennen. Alles in der in der Natur und auch in unserem Körper achtet darauf, dass das BESTEHEN DER FORM, die die Reife ermöglicht, durch EINEN ÄUSSEREN UND INNEREN ZUSAMMENHALT gewährleistet wird. ORDNUNG ist notwendig, um in dieser Brut-Phase Sicherheit und gibt Halt geben. Das betrifft den Nestbau und die Brutpflege, das harmonische Familienleben, die GUTE ATMOSPHÄRE im Büro bei der Arbeit. Auch hier haben die Hormone die Funktion, den Körper mit Stoffen zu versorgen, die das Gemüt in eine bestimmten Zustand versetzen. Der lange Zustand der Schwangerschaft bereitet sowohl Mutter wie auch Kind auf die Geburt vor, die ein ZUSAMMENSPIEL VON IMPULSEN UND REAKTIONEN beider Organismen voraussetzt. Im KREATIVEN PROZESS des geistigen Ausbrütens von Ideen und Kunstwerken und auch in der unternehmerischen Phase der PROJEKT- UND PRODUKTENTWICKLUNG braucht es eine solide Basis, die durch SOLIDARITÄT entsteht. Verständnis und Anerkennung sind die Voraussetzung für eine Zusammenarbeit, die Effekte der SYNERGIE erzielt. Feedback ist nur dann von Nutzen, wenn es konstruktiv ist und deshalb aufbauend wirkt. Statt kategorisch negativer Kritik sorgen PRAKTISCHE VERBESSERUNGSVORSCHLÄGE, die sich gleich umsetzen lassen, für ein gutes Betriebsklima, ohne HARMONIESÜCHTIG sein zu müssen. Hier hilft es, ein eigenes DENKEN entwickelt zu haben, denn INTEGRATION UND SINNSTIFTUNG lassen sich nicht ausschließlich über das Gefühl herstellen. Das Thema dieser Phase ist ORGANISATION, das Temperament, das vorherrscht, schwingt zyklisch abwechselnd zwischen den Polen der MANIE UND BESESSENHEIT (die man braucht, um etwas durchzusetzen) und einer Verhaltenheit, die mitunter in die DEPRESSION führen kann. Dem emotionalen Aufgebot von Durchhaltekraft folgt oft eine Phase der LEERE, die von Selbstzweifeln und innerer Zerrissenheit begleitet wird. (Mütter, die sich jahrelang für ihre Familie aufgeopfert haben und deren Kinder aus dem Hause gehen, fragen sich: UND WO BLEIBE ICH? Sie fühlen sich ausgelaugt, wie das leere Gehäuse einer Frucht, oder das verlassene Haus einer Schnecke, die weitergezogen ist, die sprichwörtlich gute Haut, die aber nicht mehr gebraucht wird. Gerade in unserer Kultur mit ihrem Jugendkult hat ihre Probleme mit der Phase der Reife.) Die häufigsten Motive in dieser Phase sind: Überwindung von Postfestum-Stimmung, Leere, Defizit und Mangel – Pflichtgefühl und Verantwortung-Weiterbildung – Akzeptanz des Bestehenden. Impulse werden weniger ausgelebt und eher unterdrückt oder abgebremst, was zur IMPLOSION führen kann. Die Richtung führt ZENTRIPETAL nach INNEN, ZUM ZENTRUM, um sich dort zu SAMMELN und zu BLEIBEN, so dass die Bewegung in Ruhe übergeht. Metaphern für die typische Bewegung und Haltung ist: Das AUSSITZEN, das SITZENBLEIBEN, SESSHAFT WERDEN, BESITZ anlegen und verwalten. Impulse verleiten zum ZÖGERN, ZAUDERN, INNE HALTEN, die Richtung ist HORIZONTAL auf einer Ebene bleibend, BEHARRLICHES UMKREISEN und EINKREISEN. Metaphern für diese Bewegung ist DER TANZ DURCH DAS LABYRINTH.

Die Orakelzeichen zum Element Erde sind:
- KEN, BERG, DAS STILLHALTEN
- K'UN, ERDE, DAS EMPFANGENDE

Der Berg steht für die Fähigkeit, Ruhe zu bewahren und Kontinuität aufzubauen, die Erde für die Empfänglichkeit einer Wahrnehmung, die sich der Gegenwart öffnet. Achtsamkeit bewahrt uns davor, alles durch die Brille unserer Gewohnheiten zu betrachten.

Der Berg ruht auf der Erde. Wenn er steil empor ragt, schmal ist und ihm eine breite Grundlage fehlt, wird er irgendwann umstürzen. Er ist nur stark, wenn er sich breit und mächtig aus der Erde erhebt, weder stolz noch übertrieben steil. Ebenso ruhen die Herrschenden auf dem breiten Fundament des Volkes. Auch sie sollten großzügig und günstig sein wie die Erde, die alle und alles trägt. Dadurch machen sie ihre Position so sicher wie die eines fest in der Erde verwurzelten Berges.
I GING

Dem Element Erde entspricht ein Persönlichkeitstyp, der in unserer Gesellschaft geradezu Nostalgiewert hat: Dieser Typ ist der GEBORENE HERRSCHER, voller Stolz, voller Selbstvertrauen, und absolut AUTHENTISCH. Er hat die natürliche Würde von Königen und Königinnen, er liebt die großen Gesten und er liebt es, HOF ZU HALTEN. Zu dem Typ gehören Menschen, die eigentlich in die Zeit des Barock gehören und das Leben in seiner PRACHTVOLLEN VIELFALT akzeptieren, Kontakte zu sehr verschiedenen Leuten unterhalten, die KOMPLEXITÄT LIEBEN, sich WEITSCHWEIFIG UND KOMPLIZIERT ausdrücken, auf Einzelheiten achten und ihre Erzählungen mit Details ausschmücken, wobei sie selbst oft das RUHIGE, STABILE ZENTRUM verkörpern, um das sich der Rest der Welt gern versammelt. Sie sind oft Philosophen und/oder VERWALTEN DAS WISSEN in Form von BIBLIOTHEKEN UND ARCHIVEN. Sie sind gerne Gastgeber, oft DIPLOMATEN, die ein KOSMOPOLITISCHES, OFFENES HAUS FÜHREN. Ihnen gelingt eine WELTOFFENE TOLERANZ, die für andere nur auf dem Papier steht oder als Lippenbekenntnis im Munde geführt wird. Sie sind von Natur aus VERMITTLER UND MODERATOREN, oft, weil sie schon als Kinder und Jugendliche ein Zuhause, das auseinander zu brechen drohte, zusammenhalten mussten. Äußerlich wirken sie zentriert und in sich ruhend, ein RUHENDER POL, eine Mitte, um die sich andere VERSAMMELN können, auch wenn sie selbst zu kurz dabei kommen, innerlich unbefriedigt sind und leer ausgehen. JEDE AUSDEHNUNG FÜHLT SICH GUT AN, jede EINSCHRÄNKUNG IST SCHMERZHAFT und wird als ein Verlust erfahren. Sie sind mitfühlend und haben ein ausgeprägtes Bewusstsein von sich selbst, den eigenen Vorzügen und Aufgaben, DEM EIGENEN WERT UND RANG, DER EIGENEN

POSITION, dem Zuhause, auf das sie sich beziehen und zu dem sie immer wieder zurückkehren. Emotionen, die dabei auftauchen, sind: Das GRÜBELN UND SINNEN, SICH SORGEN. Doch ebenso wie hier das Bewusstsein für Mangel, Unvollkommenheit, Entfremdung, Defizit und Leere herrschen kann, so wächst auch das Vertrauen in die Erde, wenn ihr Wesen einmal erkannt worden ist.

> **Erde:** *Wahre Fülle besteht nicht in den gefüllten Schatzkammern, sondern in der Großzügigkeit der Erde. Das Bild zeigt eine aus dem Boden wachsende Pflanze.*
> *Alles Wachstum kommt aus der Erde.*
> *Willst du dem Tao folgen, dann verstehe als erstes die Vollkommenheit von Himmel und Erde, sagten die Alten.*
> DENG MING-DAO, TAO IM ALLTÄGLICHEN LEBEN

Im Element Erde halten die Kräfte von Yin und Yang sich die Waage: es ist eine besondere Zeit, EINE ZEIT ZWISCHEN DEN ZEITEN, eine Zeit des Wechsels und des Übergangs, eine Zeit, die die Mitte aller Elemente darstellt. Der chinesische Kaiser wohnte in einem Tempel, der nach den vier Jahreszeiten und den vier Windrichtungen ausgerichtet war und in der Mitte das Element Erde beherbergte. IN DIESE MITTE KEHRTE DER KAISER ZURÜCK, WENN ER VON SEINEN REISEN DURCH DAS LAND KAM. Die Reisen des Kaisers wiederum hatten den Sinn, das ganze Land zu umfassen, sich seiner zu bemächtigen und es zu besetzen. Jedes Gebiet wurde durch diese rituellen Reisen wieder von neuem eröffnet, zugänglich gemacht und der ZENTRALISTISCHEN VERWALTUNG unterworfen. Man kann darin einen Prozess der ständig sich neu formierenden Identität sehen, die LERNERFAHRUNGEN INTEGRIERT und zu einer stabilen Struktur der Persönlichkeit heranreift. Die Lebensaufgabe in dieser Phase ist IN ORDNUNG ZU KOMMEN. Wenn Ordnung als Geschehen und nicht als Gegenstand vorgestellt wird, wird Ordnung nicht als etwas erlebt, was Außen schon vorgefertigt existiert und nach Unterordnung oder Einordnung verlangt, sondern als etwas, was sich in uns selbst vollzieht und uns mit dem Phänomen der SELBSTORGANISATION in Kontakt bringt. Dazu gehören auch die autoregulativen Funktionen unseres Organismus. So lange wir leben, gehen die selbstorganisierenden Prozesse in unserem Körper ständig vor sich und sind niemals ganz abgeschlossen ist. Trotzdem können wir das Gefühl haben, (auch jetzt schon) in Ordnung zu sein. Es geht um eine LEBENDIGE ORDNUNG, DIE SICH IN JEDEM MOMENT HERSTELLT. Das SINNEN, eine besondere Form des Denkens, ist wortverwandt mit der Wortwurzel, die auch im Senden steckt und auf eine reisende, kreisende Bewegung des Denkens verweist. Das Denken ist eine INNERE BEWEGUNG.

Gedanken können schweifen, oder auch abschweifen, können einen Inhalt umkreisen und einkreisen, aber auch im Kreise gehen. Das GRÜBELN könnte die Denkerfahrung wiedergeben, sich in einer Grube zu befinden und nicht mehr herauszufinden. Der Geist wird als undiszipliniertes Wesen beschrieben, das von Baum zu Baum springt wie ein Affe und nicht zur Ruhe kommen will. Solche Denkvorgänge sind ungeheuer anstrengend und zehren kostbare Lebensenergie auf. Deshalb sollte das Denken gut organisiert sein, um sich auf die wesentliche Aufgaben konzentrieren zu können. Diese besteht darin, den Prozess des Ordnens anzuregen, zu unterstützen, aber auch abzuschließen und in das Lebensgefühl von Raum, Ruhe und Stille zu überführen. Das Denken trägt so zur Stabilisierung des INNEREN FRIEDENS bei.

Hat man etwas zu unternehmen und will voraus,
so geht man irre; doch folgt man nach, so findet man Leitung.
I GING

Lernen und nicht denken ist nichtig. Aber Denken und nicht lernen ist
gefährlich.
KUNG DSI

Ein guter Lehrer: Altes üben und Neues kennen. Dann kann man als
Lehrer gelten.
KUNG DSI

Dem Element Erde ist der MAGEN zugeordnet. Der Magen nimmt die Nährstoffe auf und speichert sie. Ihre nährende Energie leitet er zur MILZ weiter, wo sie in Qi und Blut umgewandelt wird. Dort befindet sich ein Reservoir für das Blut und eine hohe Konzentration an roten Blutkörperchen. Das Blut wird dorthin hingeschickt, wo es benötigt wird. Es soll in die richtigen Kanäle gelangen. Die Nahrung wird umgewandelt. Wir haben es mit dem Ministerium für STOFFWECHSEL UND TRANSPORT zu tun. Wie wichtig die Aufgaben dieses Ministeriums sind, merken wir dann, wenn es nicht funktioniert.

Ein Übermaß an Yang- Feuer-Energie lässt das sogenannte Magenfeuer als UNERSÄTTLICHE GIER im Inneren wüten. Nichts kann diese Gier befriedigen. Oft zeigt sie sich in einer SAMMELLEIDENSCHAFT, die den Besitz von Dingen als Ersatz für Nahrung sucht und mit dem, was wirklich nährt, aufbaut und glücklich macht, verwechselt.

Ein Mangel an Yang und ein Übermaß an Yin- Wasser-Energie macht sich ebenfalls quälend bemerkbar: Wenn die Nahrung nicht vollständig verwertet und ausgeschieden werden kann, sammelt sich aufgrund von Feuchtigkeitsübermaß «Schlamm» oder «Schleim» an, eine Art Matsch, wie sie aus der Verbindung von Erde und Wasser entsteht. Das bewirkt neben gravierenden körperlichen Störungen ein GEFÜHL DER SCHWERE. Alle Probleme wiegen tonnenschwer und werden aus NIEDERGESCHLAGENHEIT UND MÜDIGKEIT nicht angegangen. Es hilft sich vorzustellen, wie die Sonne mit ihrem warmen goldenen Glanz den fauligen Moder und Sumpf TROCKENLEGT.

Die RATNA Familie strahlt goldgelbe Energie aus. Alles wird davon eingehüllt und äußert sich in FÜLLE, GLEICHMUT UND ZUFRIEDENHEIT. Das kann aber auch leicht umschlagen in Selbstzufriedenheit, protzige Angeberei, GIER UND KONSUMHALTUNG, materialistisches BESITZDENKEN, das in kleinliche Territorialansprüche mündet. Diese Energie verleiht etwas MAJESTÄTISCHES: der Ratna-Mensch wirkt GESETZT UND GESÄTTIGT, als wäre er vollkommen mit sich und der Welt zufrieden, als würde er nichts brauchen und alles in sich finden, SATT, PRALL, VOLL. Er lässt sich gerne verwöhnen und lebt in dem Gefühl, die Welt mit ihrem Reichtum würde ihn nähren und erfüllen. Ein solcher Mensch ist GROSSZÜGIG, FREIGIEBIG, ER LEBT IM GROSSEN STIL. Er will sich verschenken und verschwenden, ist GASTFREUNDLICH, in seinem Haus sollen alle Platz haben. Sein Motto ist: Die Sonne scheint gleichermaßen auf alles in der Welt. Die Welt ist HEIMAT für alle die sie bewohnen, und alle sollten zur Verantwortung dafür beitragen, um wirklich ERDENBÜRGER zu werden. Der Ratna-Mensch hat ein gutes Gefühl für Besitzverhältnisse und für sein eigenes Territorium. Am liebsten ist er bei sich zuhause und lädt deshalb zu sich ein, statt als Gast Andere aufzusuchen. Am liebsten würde er alles in sich aufnehmen, um es sich zu eigen zu machen und zu integrieren, sich einverleiben. Er kann nämlich nur das erkennen und anerkennen, was er handgreiflich und tatsächlich zu fassen bekommt, was er ganz begreifen und festhalten kann. Er neigt deshalb dazu, alles fixieren zu wollen und wird mitunter Opfer seiner fixen Ideen. Aber durch die Sinne und sein gutes Verhältnis zum Körper ist er mit den Rhythmen der Erde verbunden, er hat ein Gefühl für die Prozesse des Lebens, «fällt immer auf die Füße», ist in der Realität GUT VERWURZELT, fast zu sehr, da er zur Schwermut neigt und sich keine großen Visionen und Höhenflüge leistet. Dabei ist er BODENSTÄNDIG, hat einen ausgeprägten Sinn für das Konkrete, und eine gewisse Nüchternheit, und die Fähigkeit, die Dinge REALISTISCH einzuschätzen, was ihn davor bewahrt, das Maß zu verlieren. Die Schattenseite dieser Energie lässt allerdings Menschen zu HUNGERGEISTERN werden, mit großem Bauch und kleinem Hals, da sie den Hals nicht voll kriegen können. Da ihnen die eigene innere Welt ihnen schäbig und leer kommt und sie unter chronischer Unerfülltheit leiden, entwickeln sie nach dem Motto: GENUG IST NICHT GENUG, eine extreme Gier. Befriedigung entsteht durch Besitznahme und Konsum von etwas, das auf Dauer nicht nähren kann und so zu einem quälenden Gefühl führt, unterversorgt und BEDÜRFTIG, ja, letztlich dürftig zu sein.

Ein Archetyp des Elements Erde ist DIE GÖTTIN DES GOLDES, Oshun, die Göttin der SCHÖNHEIT, DES REICHTUMS, DER VERSCHWENDUNG, der Liebe und Verführung, der Fruchtbarkeit. Sie singt mit SÜSSER STIMME, ihr Lied beruhigt, tröstet und heilt. Es lockt aus dem Loch der Depression, aus dem letzten Winkel der Isolation heraus. Ihr Tanz ist ein LASZIVES KREISEN, dem sich niemand entziehen kann, ein gleichmütiges und selbstbewusstes Spiel mit den Kräften und Einflüssen, mit Nehmen und Geben, mit Binden und Lösen, Halten und Loslassen. Sie verwandelt alles, destilliert aus dem Blei des Alltags die GOLDENEN MOMENTE DER FREUDE, sie schafft das LEBENSELIXIER, nach dem alle sich sehnen. Alles vereinigt sie in der Mitte und lässt es in SCHIMMERNDEM GLANZ erstrahlen, sich aus der Mitte heraus erneuern. Sie PFLEGT UND NÄHRT, wo der Alltag Spuren von Verschleiß hinterlässt, sie schließt die Wunden, sie INTEGRIERT DAS FREMDE, sie erzieht zur WERTSCHÄTZENDEN HALTUNG, die aus einem Gefühl für das Gemeinsame und Verbindende kommt. Sie hat CHARISMA und eine NATÜRLICHE AUTORITÄT.

Du singst.
Aber kam das Lied von dir?
Du hast eine Stimme,
aber ist es deine Stimme?
DENG MING-DAO, TAO IM ALLTÄGLICHEN LEBEN

Im Element der Erde wohnt YI, DAS BEWUSSTSEIN. YI heißt zunächst Ordnung. Es entspricht der INFORMATIONSVERARBEITENDEN TÄTIGKEIT des Denkens, das sowohl bei der Bewältigung von Lebensaufgaben als auch bei der Bildung und Erweiterung von Bewusstsein beteiligt ist. Diese Tätigkeit schließt das ERINNERN, VERGLEICHEN, BEURTEILEN UND EINSCHÄTZEN, BERECHNEN, KOMBINIEREN, EINORDNEN UND VORSORGEN ein. Sie bezieht ihre Kraft aus dem Gesamthaushalt der Lebensenergie und verzehrt einen relativ hohen Anteil davon. Die Gehirnforschung beweist, dass das Gehirn selbst 20% aller Energie im Körper für sich benötigt. Durch Messungen der Gehirnströme wurde aufgezeigt, dass das Denken DAS GEHIRN SOZUSAGEN UNTER STROM STELLT und eine hohe Beanspruchung darstellt; – weshalb oft auf geleistete Denkarbeit mit Hunger (auf Süßes) reagiert wird. Exzessives Denken schwächt die Gesamtenergie. Der Griff nach der Tafel Schokolade während der Lernphasen soll rasch neue Energie zuführen, aber schadet auf Dauer dem Gesamtorganismus. In einer Zeit, in der physische Arbeit immer mehr durch

Denkarbeit ersetzt wird, ist es deshalb noch wichtiger, auf ANGEMESSENE ERNÄHRUNG zu achten.

Yi ist aber noch mehr als Ordnung und Bewusstsein, es ist steht für die KRAFT DES ICH. Da das Bewusstsein des Menschen immer ein Ich voraussetzt, das sich etwas bewusst und auch seiner selbst bewusst werden kann, hat Yi die Fähigkeit und Aufgabe, nicht nur ein ICH AUFZUBAUEN, sondern auch das Ich, wenn es z.B. durch TRAUMATISCHE ERFAHRUNGEN VERLETZT oder sogar zerstört wurde, wieder herzustellen, also die Ich-Kräfte zu stärken. Auch wenn es in Kontemplation und Meditation letztlich um ein erweitertes, kosmisches Bewusstsein gehen mag und die Erfahrung der Transzendenz das Ich übersteigt, ist das ichhafte Bewusstsein doch ZENTRUM UND AUSGANGSORT ALLER HÖHENFLÜGE, soweit sie an das Bewusstsein angeschlossen und dadurch integriert werden sollen. Meditation macht AUFMERKSAM, ACHTSAM, UND NÜCHTERN – die beste Medizin gegen Illusion, sei es die der Hoffnung, sei es die der Furcht. Nicht entgrenzende Rauschzustände werden angestrebt, sondern GEISTIGE ERMITTLUNG – eine wichtige Disziplin des Selbstmanagements.

Im Kinderbuch «Pu der Bär» begegnen wir *Winnie the Pooh*, dem liebenswürdigen Bären, mit seinen originellen Gedankengängen und Stehgreif-Gedichten, mit seiner Vorliebe für Honig und seiner fülligen Figur, das kleine ängstliche Ferkel, *Piglet*, fürsorglich und fest an der Hand nehmend, mit seiner heiteren Gelassenheit und seinem gutmütigen Bestreben, alle Bewohner im Hundert-Acker-Wald wie eine Familie in Harmonie zusammenzuhalten und auch Neuankömmlinge wie *Kanga* und *Rooh* zu integrieren. Er gewinnt sofort unsere Sympathie, denn er bleibt immer guten Mutes, egal, welche Missgeschicke ihm passieren. Er hilft immer und allen, stets bereit, sich auf Rettungsexpeditionen aufzumachen, versucht den ewig verdrossenen Esel *Eeyore* zufrieden zu stellen, und ist kein Spielverderber, auch wenn er die von *Rabbit* geplanten Unternehmungen (die Suche nach dem Nordpol) eigentlich blöd findet. Hauptsache er kommt zu seinem kleinen Vormittags-Imbiss. Am Ende des Buches verabschiedet sich Christopher Robin, das Kind, für das das Buch geschrieben wurde und das nun in die Schule gehen muss, von seinem Freund, dem Bären. Pu versichert, er werde immer für Christopher Robin da sein und auf ihn warten, bis er wieder einmal Zeit für einen kleinen Treff haben wird.

So wie die Erde grenzenlos weit ist und für alle Wesen, die auf ihr leben, sorgt, so sorgt der Edle für alle Menschen und schließt niemanden von seiner Fürsorge aus.
I GING

Fragen zum Element Erde:
Welches Wissen nützt Ihnen am meisten im Leben, wann und wo haben Sie das gelernt?
Wie würden Sie es einem Kind erklären, was genau Sie dabei gelernt haben?
Welches Symbol würden Sie für «Weisheit» wählen?
Welches innere Bild entsteht bei Ihnen im Gedanken an «Weisheit»?
Wie fühlt sich das an? Wie fühlen Sie sich dabei körperlich?
Gibt es ein Wissen, das Verwirrung und Ohnmachtgefühle in Ihnen hervorruft?
Gibt es ein Wissen, dass unproduktive (Selbst)Zweifel in Ihnen verstärkt?
Was hält dieses Wissen in Ihnen wach?
Woran würden Sie als erstes merken, dass Sie sich selbst eine gute Mutter (geworden) sind?
Was in Ihnen ist noch nicht reif und braucht eine Zeit des Nachreifens?
Was würden Sie einem (oder Ihrem inneren) Kind sagen, wenn es Sie nach dem Sinn des Lebens fragt?

Beschreibe etwas, und ein Viertel der Leute wird verstehen.
Zeige etwas, und die Hälfte der Leute wird verstehen.
Beschreibe etwas, während du es zeigst, und dreiviertel der Leute wird verstehen.
Beschreibe etwas, zeige es und ermuntere dann die Leute, ihr Wissen unmittelbar anzuwenden, und neun von zehn Menschen werden verstehen.
DENG MING-DAO, TAO IM ALLTÄGLICHEN LEBEN

Ich höre und ich vergesse,
ich sehe und ich erinnere,
ich tue und ich verstehe.
KONFUZIUS

Schließen Sie die Augen, stellen Sie sich vor, Sie sind eine Frucht, die noch am Baum hängt, langsam sich rundet und Süße entwickelt, während sie in der spätsommerlich warmen Sonne heranreift, ausreift. Es herrscht ein dunstiges Wetter, vielleicht ist es sogar ein bisschen schwül, aber nicht wirklich heiß, es geht kein Wind, nichts stört, unterbricht, fährt dazwischen – ein ideales Wetter zum Reifen. Oder stellen Sie sich vor, Sie sind ein Vogel, der auf einem Ei sitzt und es bebrütet. Welche Stimmung und Umgebung versetzt sie in die Lage, etwas ausbrüten und reifen lassen zu können? Welche Menschen verstärken in Ihnen die Zuversicht, dass Sie zu einem fruchtbaren Ergebnis kommen werden? Können Sie sich dieses Gefühl vergegenwärtigen, auch wenn die äußeren Bedingungen nicht ideal sind? Wählen Sie einen inneren Begleiter, einen Therapeuten, eine mütterliche Beraterin oder einen älteren Mentor, jemanden, der Sie unterstützt. Malen Sie sich konkret aus, wie diese Gestalt zu Ihnen spricht. Stellen Sie sich den idealen Ort vor, in dem diese Beratung stattfindet, und richten Sie ihn so ein, dass sie schon beim Eintreten durch eine heilsame Atmosphäre ermuntert oder beruhigt werden.

Wolken entstehen aus den geballten Ausdünstungen der Erde, von der sie aufsteigen und zu der sie in Form von Regen zurückkehren. Das Bild des chinesischen Schriftzeichens zeigt als geschlängelte Linie den Wasserdampf, der vom Atem der Erde stammt.
Wenn wir uns in Übereinstimmung mit Zeit und Ort bringen,
kommt uns das, was wir brauchen, reichlich zu.
DENG MING-DAO, TAO IM ALLTÄGLICHEN LEBEN

Je mehr es gelingt, ein persönliches WISSENS-MANAGEMENT zu betreiben, desto effektiver ist das Lernen. Um aus dem Leben selbst zu lernen, reicht es nicht, Unmengen von Informationen aufzunehmen, wie ein Hai, der Plankton in sein Riesenmaul aufnimmt, um IMMER INFORMIERT und AUF DEM NEUESTEN WISSENSSTAND zu sein. Es reicht nicht aus, für Neuigkeiten aufgeschlossen zu sein, mehrere Tageszeitungen zu lesen und Unmengen von Bücher zu besitzen, um jederzeit in ihnen nachschlagen zu können. Wissen muss man sich EINVERLEIBEN, es muss LEIBHAFTIG werden, UM SICH ZUR LEBENSWEISHEIT ZU WANDELN. Lernen vollzieht sich zwischen Denken und Handeln, zwischen Erinnern und Vergessen. Auch das Verlernen von altem Wissen ist ein Teil weiser Lebensführung, denn nicht alles Wissen macht weise, und Weisheit wird nur im WECHSEL VON FESTHALTEN UND LOSLASSEN erlangt. Wenn Sie gerne die Übersicht behalten wollen und sich zugleich auf eine Sache konzentrieren müssen, hilft es für die Dauer der Aufgabenbewältigung, von der räumlichen Ordnung des Nebeneinander (ALLES IMMER UND GLEICHZEITIG) auf die zeitliche Ordnung des Nacheinander (nach dem Motto: EINS NACH DEM ANDEREN) überzuwechseln. Wenn das einmal aufgenommene WISSEN IHNEN IN FLEISCH UND BLUT ÜBERGEGANGEN ist, können Sie gewiss sein, dass es Ihnen durch diesen Wechsel nicht verloren gehen wird.

Wissen beinhaltet nicht nur ein Insichaufnehmen, sondern die Eingliederung der Information in den Kern des eigenen Seins.
DENG MING-DAO, TAO IM ALLTÄGLICHEN LEBEN

Wer der eigenen Intuition folgt, braucht VERTRAUEN IN DIE EIGENEN WAHRNEHMUNG. Ein solches Selbstvertrauen wird durch Achtsamkeit aufgebaut. Das bedeutet: nichts für selbstverständlich nehmen, den eigenen Wahrnehmungsmustern, Vorurteilen liebevoll mit ACHTUNG begegnen, das heißt aber auch, sich vor ihnen in Acht zu nehmen, und das wiederum heißt, sie richtig einzuschätzen. Fruchtbarkeit ist das ERGEBNIS EINES LÄNGEREN PROZESSES, Reife stellt sich nicht über Nacht ein. Schlummernde Möglichkeiten wollen nicht nur bedacht, Potentiale und Ressourcen nicht nur entdeckt werden. Ideen müssen ausgetragen werden, bevor sie realistisch sind. Das nennt man REALISIEREN. Es ist wie in einer Schwangerschaft: der Fötus bedarf einer geschützten, sicheren Umgebung, um sich zu einem lebensfähigen Wesen entwickeln zu können. Dabei durchläuft er die evolutionären Phasen von anderen Lebewesen wie Fisch und Vogel, um deren Überlebenswissen in sich aufzunehmen. Der Mensch lebt in seiner Kultur wie in einem Element: KULTUR vermittelt das Lebenswissen anderer Menschen in anderen Zeiten zu anderen Lebensbedingungen.

Wir sind uns nur eines kleinen Teils dessen bewusst, was wir wissen.
Die Intuition erlaubt uns, aus dem reichen Vorrat an unbewusstem
Wissen zu schöpfen, das nicht nur all das enthält, was wir bewusst oder
unbewusst erfahren oder gelernt haben, sondern auch das unerschöpfliche universelle Bewusstsein beinhaltet, das die Grenzen der individuellen
Erinnerung überschreitet.
Die Intuition eröffnet uns Zugang zum kollektiven Wissen der
Zivilisation, und das ist etwas, was bislang noch kein Software-Paket
leisten kann.
FRANCIS E. VAUGHAN

Was hilft, der Gier zuvor zu kommen und das unersättliche Feuer in sich zu dämpfen, d.h. seinen Yang-Charakter auszugleichen? Richten Sie ganz bewusst in Ihrem Alltag PHASEN der ENTHALTSAMKEIT ein, in der Sie bewusst auf Konsum und Ersatzbefriedigung verzichten, so dass die Quellen des inneren Reichtums wieder zu sprudeln beginnen. Stellen Sie sich darauf ein, dass Sie Phasen der BEDÜRFTIGKEIT (die Schattenseite der Yin-Qualität) durchleben werden, bevor Ihr Organismus auf die eigenen Reserven umschaltet. Dabei hilft Ihnen die Vorstellung einer inneren Sonne, die als Quelle sowohl von WOHLTUENDER WÄRME ALS AUCH EINEM LEUCHTENDEN GLANZ Sie dabei unterstützt. So vermeiden Sie eine falsche Diät, die Sie auskühlt und übersäuert. Sorgen Sie für Brennstoff, der lange vorhält, achten Sie auf die KONTINUITÄT IHRER BEZIEHUNGEN und erlauben Sie sich bewusst, in den GENUSS EINZUTAUCHEN und INSELN DER ZEITLOSIGKEIT aufzusuchen.

Fragen Sie sich: Wann will ich mein Leben leben, wenn nicht jetzt? Und springen Sie in die Gegenwart, wenn Sie bemerken, in Zukunftsgedanken oder Erinnerungen gefangen zu sein. Fixieren Sie sich nicht auf das IDEAL EINER NÄCHSTENLIEBE, die nicht auf der Liebe zu sich selbst aufbaut. Erlauben Sie sich, Fehler zu machen (um aus ihnen zu lernen) und auf sich selbst zu achten (nur so können Sie Anderen von Nutzen sein).

Was hilft, wenn das Yin überhand nimmt und etwas in Ihnen sich KLEBRIG, ZÄH, UNDURCHDRINGLICH, VERFAHREN, STAGNIERT, TRÄGE, HILFLOS, GELÄHMT anfühlt? Wenn Sie Angst haben, das CHAOS BRICHT AUS und macht alle Ordnung, die Sie je in Ihrem Leben geschaffen haben, für immer zunichte? Tun Sie etwas! Machen Sie ein Ritual daraus: Immer wenn der spätsommerliche Dunst aufsteigt und Sie in einer Art TRANCE einlullt, dann reagieren Sie darauf mit einer GEGENOFFENSIVE, STATT SICH IN DIE DEFENSIVE DRÄNGEN ZU LASSEN. Bei «dicker Luft» und schwelenden Problemen gehen Sie auf KONFRONTATION, statt die unausgesprochenen Dinge unterschwellig weiterhin vor sich hin GÄREN UND FAULEN zu lassen. Werden Sie AKTIV, machen Sie einen Punkt, und zwar sofort und spontan.

Wenn man eine Trommel schlägt,
ertönt ihr Klang sofort.
Wenn man eine Frage stellt,
sollte die Antwort ebenso schnell erfolgen.
DENG MING-DAO, TAO IM ALLTÄGLICHEN LEBEN

Im Sommer, an schwülen Tagen, könnten Sie schwimmen gehen, die Klimaanlage einschalten, kaltes Wasser ins Gesicht spritzen, öfters duschen. Im Winter könnten Sie ein Kaminfeuer anzünden (oder zumindest eine Kerze), ein heißes Bad nehmen, warm essen, sich einen heißen Tee machen. Das Wichtigste ist, SIE TUN ETWAS, STATT SICH GEHEN ZU LASSEN. Machen Sie ein Ritual daraus, bewusst in den Bauch zu atmen, immer wenn Sie das Gefühl haben, sich selbst zu verlieren.

Wenn die gute Mutter, der weise Ratgeber, der Friedensstifter in Ihnen nicht weiter weiß und aufgeben will, vergegenwärtigen Sie sich die RHYTHMEN DER NATUR UND DIE PHASEN DES MONDES MIT IHREM AUF UND AB ZWISCHEN VOLL UND LEER. Lenken Sie Ihre Aufmerksamkeit auf das, was jetzt ist, nicht das, was sein könnte.

Lernziel : ACHTSAMKEIT

Offen: *Das chinesische Schriftzeichen stellt zwei Türflügel dar und zwei Hände, die den Riegel entfernen. Beim Lernen sollten wir alles entfernen, was uns den Weg versperrt.*

Der Geist eines Menschen gleicht einem großen Haus. Diejenigen, die ihren Geist verschließen, schneiden sich von der lebensspendenden Energie des Tao ab.
Umgekehrt erfahren die, die nach dem Tao streben und sich ihm öffnen, ein Einströmen gewaltiger Energien.
DENG MING-DAO, TAO IM ALLTÄGLICHEN LEBEN

Glücksfarbe WEISS

Wer bei den Sioux von fünf weißen Federn träumt, ist zum Seher geboren.
Wer in China fünf weiße Pferde im Traum sieht, der ist der Erleuchtung nahe.
Weiß ist die Farbe der Einfachheit und in vielen Kulturen ein Zeichen für geistige Führung.
Weiß wird nach der chinesischen Fünf-Elemente- Lehre dem Element METALL zugeordnet.

Metall ist die dichteste Materie, seine Energie fließt nach innen. So wie man Metall benutzt, um Strom zu leiten, hat Metall-Energie eine magnetische Wirkung. Sie zieht andere Energien an und verbindet Kräfte. Sie entspricht dem abnehmenden Mond und dem Herbst, in dem die Natur sich zurückzieht.
Heilung geschieht durch die Lenkung der Lebensenergie zum schwachen Punkt, der energielos ist. Es ist, als folgte die Energie in ihrer Ausrichtung zur Mitte den Speichen eines Rades, die sich in der Mitte, der Nabe, treffen. Dort kann sich dann die Verdichtung und Stärkung heilend auswirken.
LAM KAM CHUEN; CHI KUNG, WEG DER HEILUNG.

Dem Element METALL wird die Jahreszeit des HERBSTES und die Zeit des ABENDS zugeordnet, ihr entspricht die Entwicklungsphase der ABLÖSUNG. Das innere Bild ist die ERNTE, die eingefahren wird, das LAUB, das fällt, die Blätter im Wind, das Kind, das aus dem Haus geht, Thema ist der ABSCHIED, der Körper des Neugebornen vollzieht die ABNABELUNG, das kindliche Ich lernt das NEINSAGEN und die ABGRENZUNG, der Erwachsene findet zur SELBSTBESTIMMUNG UND LEBENSGESTALTUNG, die (körperliche) Gestalt gewinnt an KONTUR, und dazu braucht es oft das LOSLASSEN des Überflüssigen. Das bedeutet OPFER ZU BRINGEN, das Neue gegen das Alte einzutauschen, einzusehen, dass nichts so bleiben kann wie es ist und dass der FORTSCHRITT erfordert, sich immer wieder neu zu orientieren. Manchmal sind radikale VERÄNDERUNGEN UND UMSCHWÜNGE notwendig geworden.

Emotionen und Gefühle, die auftauchen, sind: TRAUER, SCHMERZ, AB-SCHIEDSSCHMERZ, WELTSCHMERZ, (SELBST) MITLEID, das zugeordnete Temperament MELANCHOLISCH. Die Melancholie dämpft die Lebenslust und lässt alles verblassen oder wie hinter einer GLASWAND erscheinen. Manchmal überwältigen uns Impulse, die uns VOR SCHMERZ SICH KRÜMMEN, sich ZU-SAMMENZIEHEN, KONTRAHIEREN lassen, wenn wir uns GANZ KLEIN MACHEN und ZURÜCKZIEHEN wollen, als könnten wir einfach VERSCHWINDEN oder ZURÜCKTRETEN, IN DEN HINTERGRUND TRETEN. Die Richtung führt RÜCKWÄRTS UND NACH HINTEN, Motive sind: Überwindung von Schmerz – das Unterdrücken von heftigen emotionalen Reaktionen durch innere DIS-TANZIERUNG UND DISSOZIATION vom Erlebten – Befreiung von Zwängen und/oder liebgewonnenen Gewohnheiten – die Suche nach Unabhängigkeit und Freiheit. Durch ETIKETTE und MANIEREN, NORMEN und UMGANGS-FORMEN in Politik, Handel, in jeder Art von Kommunikation, durch GESETZE und RITUALE wird das Spannungsverhältnis zwischen Gesellschaft und Individuum, zwischen Mutter und Kind, zwischen Abhängigkeit und Freiheit geregelt. Die Energie der Erde, die als Mutter des Metalls angesehen wird, bildet ein sicheres und stabiles Zuhause für kostbare Minerale und Erze. Wenn die ROH-STOFFE ALS RESSOURCEN zur Verfügung stehen sollen, müssen sie wie der Fötus aus dem Mutterbauch «künstlich» durch Technik und Industrie aus ihrem natürlichen Ambiente herausgeholt und verarbeitet werden.

Die Orakelzeichen für das Element Metall sind:
- CH'IEN, DER HIMMEL, DAS SCHÖPFERISCHE
- TUI, DER SEE, DAS HEITERE

Der wolkenlose Himmel erinnert uns daran, dass wir in jedem Moment aus einer Fülle von Möglichkeiten schöpfen können. Wolken und Nebel mögen dies verschleiern, aber sie sind nicht mehr als flüchtige Gestalten, die sich im nächsten Moment auflösen.

Die Wolken gehen, und der Regen wirkt,
und alle einzelnen Wesen strömen in ihre Gestalt ein.
Im Schöpferischen liegt die Kraft, den Urbildern Gestalt zu verleihen.
Indem der Edle in großer Klarheit die Ursachen und Wirkungen erkennt,
vollendet er zur rechten Zeit die sechs Stufen
und steigt auf ihnen wie auf sechs Drachen empor zum Himmel.
I GING, KOMMENTAR VON WILHELM

Der See, in dem sich der wolkenlose Himmel spiegelt, ist eine Metapher für den Bewusstseinszustand von heiterer Erkenntnis und Klarheit.

Wahre Freude beruht darauf, dass im Inneren Festigkeit und Stärke vorhanden sind,
die nach außen weich und milde auftreten.
DENG MING-DAO, TAO IM ALLTÄGLICHEN LEBEN

Dem Element Metall entspricht ein knorriger, wortkarger Persönlichkeitstyp, der durch seine unprätentiöse ELEGANZ, seine NÜCHTERNE BEOBACHTUNGSGABE, seine TREFFSICHERE KRITIK, seine leicht melancholische Lebenshaltung verbunden mit HEITERER SKEPSIS und TROCKENEM HUMOR auffällt, wenn er überhaupt auffällt. Meist hält er sich eher im Hintergrund und tritt nur hervor, wenn es unbedingt notwendig ist. Er ist kein Mensch der übereilten Taten oder spektakulären Aktionen. Er reflektiert alles und handelt kurzentschlossen, ohne großen Aufhebens davon zu machen. Zu dem Typ passt eine SCHLANKE FIGUR, Kleidung im UNDERSTATEMENT, wie sie der alte Landadel bevorzugt. Er hat manchmal ALLÜREN UND ATTITÜDEN EINES SNOBS und gibt sich eher ELITÄR denn volksnah. Man wird nicht so richtig warm mit ihm, aber wenn mal eine Freundschaft entstanden ist, ist diese von DAUER und etwas, WORAUF MAN SICH VERLASSEN KANN. Im Gespräch kommt er gleich auf den Kern, die essentiellen Themen des Lebens stehen im Vordergrund, der Small Talk wird übersprungen, jedoch immer die FORMEN VON ANSTAND UND HÖFLICHKEIT GEWAHRT, wobei der Ton unterkühlt bleibt und die Emotionen nicht gezeigt werden. Dieser Typ ist DISZIPLINIERT UND PRÄZISE, entschlossen und doch flexibel, für ihn ist die innere Substanz entscheidend, und weniger die äußere Form, d.h. DIE FORM SOLL DIE SUBSTANZ ADÄQUAT AUSDRÜCKEN. Sein Interesse gilt den grundlegenden Strukturen und Prinzipien, der Schönheit, die sich durch UNGEKÜNSTELTE ANMUT UND MINIMALISTISCHE ÄSTHETIK hervortut, Qualität ist wichtiger als Quantität; SYMMETRIE wird als Mittel der Orientierung verwendet, um nach Krisen und Störungen durch Ausgleich und Gleichgewicht die KLASSISCHE ORDNUNG wiederherzustellen.

Die vollkommene Anmut wird nicht durch äußeren Schmuck erreicht,
sondern indem man das Grundmaterial zur Geltung kommen lässt, das
durch die Form, die man ihm gibt, Schönheit gewinnt.
I GING

Das Element Metall wird dem jungen Yin zugeordnet: in der Natur zeigt sich der RÜCKZUG der Säfte. DIE UMSTELLUNG GESCHIEHT PLÖTZLICH ODER ALLMÄHLICH. Warme goldene Tage wechseln ab mit stürmischen, kalten. Die Luft ist jetzt klar wie nie zuvor, und durch das Fallen der Blätter tritt die STRUKTUR der Bäume mit ihren Zweigen und Ästen in den Vordergrund.

Die Früchte sind reif geworden, die Verbindung zwischen dem Mutterstamm, der den nährenden Lebenssaft zuträgt, ist unterbrochen. Die NABELSCHNUR DURCHTRENNT. Die Frucht geht ihren EIGENEN WEG. Der Herbst ist eine Zeit des ABSCHIEDS, eine Zeit der BEFREIUNG, der INDIVIDUATION. Das innere Bild ist die FRUCHT, DIE ZU BODEN FÄLLT. Die Frucht kann nicht am Baum hängen und gleichzeitig auf den Boden gefallen sein. So wie die Blüte sich in die Frucht verwandelte, so wird die Frucht nun zum Gehäuse des Kerns. Und nur im Boden kann der Kern, wenn das nährende Fruchtfleisch um ihn herum absorbiert worden ist und sich abgelöst hat, sein Eigenleben beginnen und den Zyklus des Wachstums fortsetzen. DIE BILDUNG EINER NEUEN FORM SETZT DIE ZERSTÖRUNG DER ALTEN VORAUS. Daher kommt der Gedanke des Tausches: EINE FORM WIRD FÜR DIE ANDERE EINGETAUSCHT. Der Tausch ist kein Austausch, sondern erscheint in der Form des Opfers: etwas wird einem genommen, und man bekommt nicht etwas anderes dafür, das in Wert und Funktion gleichrangig ist. Der Tausch, den das OPFER verlangt, bewegt sich in der Reihenfolge einer Hierarchie, die sich nach dem Früher und Später des Entwicklungsprozesses richtet. Das Frühere wird gegen das Spätere eingetauscht: die Jugend gegen das Alter, die Unschuld gegen die Reife. Das Opfer geschieht oft nicht freiwillig und auch nicht bewusst, sondern folgt den Gesetzen unsichtbarer REIHENFOLGEN, ANORDNUNGEN UND ZUSAMMENHÄNGEN. Das rituelle Opfer im religiösen Kontext bezieht sich auf eben diese Ordnung, die zunächst nicht einsehbar ist, aber durch den Glauben aufrecht erhalten wird. Angestrebt wird die DAUER IM WECHSELHAFTEN, die BESTÄNDIGKEIT IN DER VERÄNDERUNG, das LERNEN durch REFLEXION und die LÄUTERUNG durch REUE. Die Haltung zum Leben ist ABGEKLÄRT, das Bewusstsein abgetrennt vom ursprünglichen, archaischen Erleben. Rausch und Entgrenzung sind verpönt. Eine KULTUR in der Phase des Herbstes hat Formen der SUBLIMIERUNG gefunden, genießt die Vorzüge der ZIVILISATION und entwickelt Zeichen der DEKADENZ.

> *Das Bild, wie Tag um Tag einander dauernd folgt,*
> *das Bild dieser Dauer in der Zeit,*
> *das ist das Bild der Kraft, wie sie dem Schöpferischen eigen ist.*
> *Der Weise nimmt sich ein Vorbild daran,*
> *wie er sich zu dauernder Wirkung entwickeln vermag.*
> *Er muss sich ganz einheitlich stark machen,*
> *indem er alles Niederziehende, Gemeine bewusst ausschaltet.*
> *So gewinnt er die Unermüdlichkeit,*
> *die auf geschlossenen Tätigkeitskreisen beruht.*
> I GING, KOMMENTAR VON WILHELM

Dem Element Metall ist das Organ der LUNGE zugeordnet. Die Lunge wird als BEAMTER DER RHYTHMISCHEN ORDNUNG bezeichnet, vielleicht würden wir heute von einem Experten für das CHANGE MANAGEMENT sprechen. Es geht um die notwendigen Interaktionen zwischen innerer und äußerer Welt, die mit jedem Moment und in jeder Situation in einem neuen Verhältnis stehen und nach einem entsprechenden Verhalten verlangen. So wie die Lunge sich beim Einatmen ausdehnt und beim Ausatmen sich zusammenzieht, so verbindet sich in jedem Moment die Energie des Himmels in Form von LUFT mit der Energie der Erde in Form von ESSENTIELLEN NÄHRSTOFFEN und garantiert LEBENDIGE KONTINUITÄT: Jedem Ende folgt ein Anfang. Das gibt ein Gefühl von DAUER, die den GROSSEN BOGEN über die einzelnen Teilmomente spannt.

Die Haut ist eine Art zweiter Lunge. Die Lunge stößt verbrauchte Luft aus, die Haut scheidet unbrauchbare Stoffe aus. SCHWITZEN ENTGIFTET UND REINIGT, auch auf der emotionalen und spirituellen Ebene: nutzlose Gedanken, Gewohnheiten und Verhaltensweisen können im Schwitzen RITUELL LOSGELASSEN werden. Die HAUT muss sich FLEXIBEL auf Veränderungen umstellen, sie muss weich und durchlässig bleiben, darf sich nicht verhärten und verschließen – im übertragenen Sinne heißt das: obwohl Selbstbeherrschung Ordnung und Überblick verschafft, sollte man nichts KRAMPFHAFT ERZWINGEN oder partout daran festhalten, um nicht RIGIDE zu werden. Man sollte nicht immer auf DISTANZ gehen, und so, von sich selbst ENTFERNT und ENTFREMDET, von der Welt ABGETRENNT und ABGESPALTEN zu sein. Die Emotionen völlig und immer unter Kontrolle zu halten führt zu einer KÜHLE, die STEIF UND ABWEISEND wirkt.

Dem Element Metall wird der DICKDARM in seiner Funktion als ABFALLSAMMLER UND MÜLLABFUHR zugeordnet. Er hat die Aufgabe, unverdauliche Nahrungsbestandteile weiterzuleiten. Die Flüssigkeit wird durch die Dickdarmwände aus den Abfallprodukten resorbiert und der verfestigte Rest ausgeschieden. Es bedarf also der Fähigkeit zur UNTERSCHEIDUNG zwischen Stoffen die schaden (Überflüssiges wird schädlich, Ballast wird Gift, wenn er nicht ausgeschieden wird) und Stoffen, die nähren, verwertet werden können, und deshalb wertvoll sind. Durch das DIFFERENZIEREN IM DETAIL wird nach dem Prinzip der VEREINFACHUNG eine praktische Ordnung geschaffen, die sich im Alltag durch ihre Übersichtlichkeit bewährt. Zeit und Energie wird dadurch gespart. (Vielfalt bedeutet Aufwand – Komplexität kann man sich leisten, wenn dafür die Mittel zur Verfügung stehen). Versagt die Fähigkeit des Organismus, in jeder Situation sich neu zu entscheiden für das, was jetzt gerade gebraucht wird und gegen das, was jetzt nicht (mehr) zu gebrauchen ist, also ÜBERFLÜSSIG ist, kommt es zu ÜBERLASTUNG UND STAUUNG, DURCHFALL ODER VERSTOPFUNG. Die Energie des Gesamtsystems wird geschwächt, der Organismus erschöpft.

Ein Übermaß an Metall-Energie führt zu Verhärtung, wachsender Erstarrung, Inflexibilität.

Wenn wir uns vorstellen, wie sich der Lebenssaft aus der Peripherie zurückzieht, nimmt es nicht Wunder, dass die Extremitäten unterversorgt sein können. Wenn aber Gedanken nicht Hand und Fuß haben, laufen sie Gefahr, zu abgelöst von der Realität zu sein und nicht in die Praxis umgesetzt zu werden. Kunstwerke sind zu sehr von den mentalen Konzepten abhängig, und die Konzepte wiederum zu sehr von den mentalen Konstruktionen, die schwer nachzuvollziehen sind und deshalb auch nicht einleuchten. Das Ausbleiben «frischen Bluts» und neuer Einfälle schwächt die Gesamtenergie des Organismus, sei es der Körper, sei es einer Organisation. Qualität kommt von Innen und kann nicht von Außen erzwungen werden. Die alte Form erstickt das neue Leben. Wenn die «Betonköpfe» in einer Regierung oder in einem Unternehmen das Sagen haben und sich nostalgisch auf die alten Werte berufen, läuft die ganze Kultur eines Landes oder in einem Betrieb Gefahr, unter den Folgen der Verkalkung zu leiden und vorzualtern, zu vergreisen. Auch wenn in den Schulen und Ausbildungsstätten eine strenge Disziplin verfochten wird, kann diese nicht die nötigen Qualitäten im Menschen entwickeln, die dieser im Miteinander braucht. Es fehlt an sozialer Kompetenz und Anpassungsbereitschaft. Wer sich auf seinen Lorbeeren ausruht, entwickelt Arroganz und Vorurteile. Nichts schadet dem Erfolg so sehr wie der Erfolg von gestern.

Ein Mangel an Metall-Energie lässt konventionell werden, und zwar aus Mangel an Lebendigkeit, Spontaneität, Individualität. Gute Manieren, Etikette, Imagepflege, Design und Styling dienen als Ersatz für Formen, die im Kontakt und in der Kommunikation entstanden sind. Förmlichkeit und Formalitäten beherrschen das gesellschaftliche Miteinander, Bürokratie verhindert einen direkten, unverstellten Zugang zu den Verwaltungsstellen und Ämtern. Gefühle werden nicht mehr gefühlt, sondern gedacht. Der Kontakt zu den eigenen Gefühlen ist verloren, sie werden nicht mehr erlebt, sondern als stereotype Reaktionsweisen und gewohnte Verhaltensmuster vorausgesetzt. Das abstrakte Denken macht sich von allem einen Begriff, ohne etwas wirklich zu begreifen oder sich ergreifen zu lassen, Gefühle verkommen zu leeren Worthülsen, ohne in Resonanz zu versetzen oder in Fühlung gehen zu lassen. Der Ausdruck wirkt hohl und sinnentleert.

Zen führt aus der Isolation und Abgeschiedenheit heraus und zum Erlebnis der Verbundenheit aller Dinge und Wesen, zu dem Wissen, dass ich mich nicht vom anderen unterscheide, ob dieses andere nun die Luft im Raum, mein niesender Nachbar, oder der Hund, der nebenan bellt, ist.
PERLE BESSERMANN

Die BUDDHA Familie strahlt ein weiße Energie aus. Sie macht weit und schafft Raum. Sie lässt unwillkürlich aufatmen. Frieden stellt sich ein. Ihr wurde der Namen des Religionsstifters Buddha stellvertretend für die Ausrichtung des Buddhismus gegeben, weil ihr Element der Himmel und der Raum ist, und sie mit ihrem Persönlichkeitstyp das buddhistische Ideal verkörpert. Die Vorstellung eines allumfassenden Raumes, der unendlich groß und grenzenlos ist, hat eine besondere Wirkung auf das Bewusstsein: es macht wach, ohne sich auf bestimmte Inhalte zu konzentrieren. Es stellt sich ein Zustand der Bewusstheit her, der, entgegen der westlichen Denkweise, sich durchaus einen Raum ohne Inhalte vorstellen kann, bzw. sich dessen gewärtig ist. Dann kann sich das gewärtige Bewusstsein bis zur Unendlichkeit ausdehnen und stellt auf diese Weise einen Raum zur Verfügung, in dem sich alle anderen Energien manifestieren können, so wie alle Farben im Weiß enthalten sind. Die Gegenwart ist eine abgerundete Ganzheit ohne feste Grenzen. Es ist ein ursprünglicher Raum, keine bestimmte Situation, die nach bestimmten Rollen verlangt und durch bestimmte Vorgänge definiert ist. Die Gegenwart ist eine leere Landschaft, riesig und weit, wie die Gletscherlandschaften und Steinwüsten Islands, die Vulkanlandschaften Fuerteventuras, mit einer unbestimmten Weite, die keine auffallenden Merkmale besitzt, an denen die Aufmerksamkeit sich festmachen und festhalten könnte. Der Blick kann ungebunden schweifen bis zum Horizont, wo sich Himmel und Erde begegnen.

Buddha-Menschen lieben das einfache Leben und die Schlichtheit, die die Gegenwart von Augenblick zu Augenblick neu entfalten lässt. Sie selbst sind nicht besonders ausdrucksvoll und haben kein großes Interesse daran sich mitzuteilen – für sie ist alles schon gesagt. Sie sind eher passiv und empfänglich, gute Zuhörer, nehmen alles so an wie es ist, behalten den Überblick, wo andere Partei ergreifen. Sie strahlen Akzeptanz und Verständnis aus. Sie sind nicht aus der Ruhe zu bringen, sie haben alles schon einmal erlebt. Die Gefahr ist, dass sie unbeweglich werden, auch in geistiger Hinsicht, und ihre Akzeptanz kann in Ignoranz übergehen, so dass sie die Dinge nicht wahrnehmen und wahrhaben wollen, einfach leugnen und verdrängen. Ihre Neutralität wirkt geistesabwesend, als wollten sie Problemen und Konflikten möglichst aus dem Weg gehen. Wird die Welt als zu fest wahrgenommen, fühlt sie sich als Bedrohung der Freiheit an und bewirkt Platzangst. Ist die Welt aber ein weiter Ort, hat alles Platz darin. So schwanken sie zwischen einem Hin und Her, zwischen der Welt als etwas Festgefügtem und der Welt als offener Weite.

Der Himmel wölbt sich über keinem Menschen im besonderen.
CHINESISCHES SPRICHWORT

Gäbe es nicht dieses Ungeborene, Ungezeugte, Ungestaltete, Ungeformte, es gäbe kein Entrinnen aus der Welt des Geborenen, Gezeugten, Gestalteten, Geformten.
GAUTAMA BUDDHA

Der Archetyp des Elements Metall ist der WEISSE GOTT. Ich sehe Oshalá vor mir, der ALTE, der AUS SEINEN FEHLERN GELERNT hat und SICH SELBST VERZEIHT. Er hat Vieles erlebt, viele NIEDERLAGEN HINNEHMEN MÜSSEN, ihm schmerzt der Kopf, wenn er daran denkt. Das Alter hat ihn MÜRBE und MÜDE gemacht, sein Gang ist ZITTRIG, UNSICHER UND TASTEND geworden, er hat seine FORM verloren und eine neue gefunden, ein feines Zittern und Wackeln des Kopfes, als könne er es NICHT FASSEN. Er BEREUT. Er will es UNGESCHEHEN machen. Er macht einen Schritt zurück und noch einen, er geht RÜCKWÄRTS, er geht den ganzen Weg zurück, er verschwindet im HINTERGRUND, er löst sich in Licht auf, er gibt RAUM. Oshalá wird in Brasilien mit Jesus Christus als dem Gott, der das Leiden der Menschen auf sich nimmt, in Verbindung gebracht, ebenso mit Gandhi, der FRIEDEN UND FREIHEIT OHNE KAMPF UND GEWALT bewirkt hat. Er ist Patron der LEHRER UND GELEHRTEN, der Wissenschaftler, THEORETIKER, die als GEISTIGE FÜHRER neue Konzepte der Problemlösungen erarbeiten, neue Leitbilder, Werte, Ideale schaffen.

Im Kinderbuch «Pu der Bär» begegnen wir *Owl*, der rechthaberischen Eule, die den ganzen Tag in ihrem Baum hockt und nichts anderes tut als zu korrigieren und zu belehren, da sie alles besser weiß und vor allem als einzige im Hundert-Acker-Wald nach dem Alphabet buchstabieren kann. Sie schreibt sich selbst Briefe und steckt sie sich dann in ihren Briefkasten. Sie erzählt endlose langweilige Geschichten, die sie fortsetzt, sobald sich Zuhörer finden. Sie ist eine echte Nervensäge. Aber Pu lässt sich auch durch sie nicht aus der Ruhe bringen.

Im Element Metall wohnt der Geist des PO und wird die YIN-SEELE genannt. Es ist eine animalische Seele, wie sie auch Tiere besitzen, und sie äußert sich im Instinkt.

Po ist zuständig für das KÖRPERGEDÄCHTNIS (oder Stammhirngedächtnis), das AUF DER ZELL-EBENE genetische Programme speichert, die mit den Prozessen körperlicher Produktion und Reproduktion, ebenso wie mit der Aufrechterhaltung der Lebensfunktionen zu tun hat. Je nach Tierart sind die genetischen Programme anders angelegt und werden aktiviert, wenn ein Auslösereiz signalisiert, dass eine Notwendigkeit dafür besteht. Nur der Mensch verfügt über die FREIHEIT, SICH ENTSCHEIDEN ZU KÖNNEN. Er ist durch seine genetischen Programmierungen nicht festgelegt. Dadurch braucht er für seine Entwicklung viel länger. Er ist eigentlich erst dann erwachsen und mündig, wenn er schon «im Herbst» angelangt» ist. Der Mensch ist der SPÄTZÜGLER DER EVOLUTION.

Fragen
Was lässt Sie unwillkürlich aufatmen?
Woran merken Sie, dass Sie Raum haben?
Woran merken Sie, dass Sie Raum geben?
Wie fühlt sich für Sie Freiheit an? Welches Bild, welche Musik, welches Geräusch, welche Stimmung, welche Körperbefindlichkeit verbindet sich für Sie damit?
Gibt es bestimmte Menschen in Ihrem Leben, die Ihnen mehr das Gefühl vermitteln, Raum zu haben oder sich nehmen zu dürfen als andere?
Was genau machen diese Menschen, oder wie sind sie gestimmt, damit dies möglich ist?
Wenn Sie sich einfühlen in diese Menschen – welche Qualität haben diese in ihrem Leben verwirklicht?
Was würde sich in Ihrem Leben verändern, wenn Sie diese Qualität mehr verwirklichen würden?
Wer in Ihrem Umkreis würde es zuerst merken, dass sich etwas verändert hat?
Wenn Sie vor der Wahl stünden und Entscheidungen treffen könnten: Was sollte anders in Ihrem Leben werden, was soll so bleiben, wie es ist?
Was müssten Sie loslassen, um sich radikal erneuern zu können?
Was ist überflüssig geworden? Was brauchen Sie nicht mehr und können es weg geben?
Was gehört zu Ihnen, was macht Ihr Wesen aus, womit identifizieren Sie sich (noch), auch wenn Sie (rational) eingesehen haben, dass es veraltet, überholt, vielleicht sogar schädlich für Sie ist?
Gibt es etwas, woran Sie früher geglaubt und festgehalten haben, woran Sie jetzt aber nicht mehr glauben und es losgelassen haben? (bestes Beispiel sind Selbsteinschätzungen und Selbstbilder)
Wie ist der Übergang von Festhalten zu Loslassen damals zustande gekommen?
Was würde geschehen, wenn Sie sich jetzt dafür entscheiden würden, überholte Wertvorstellungen oder Ideale, an denen Sie immer noch festhalten, loszulassen? Woran würden Sie zuerst merken, dass Sie sich innerlich getrennt haben, dass das alte

Selbstbild nicht mehr greift, Ihnen nichts mehr bedeutet, Sie «kalt lässt»?
- Welche Wertvorstellungen, die Ihnen früher wichtig waren, sind für Sie ungültig geworden?
- Woran haben Sie das zuerst bemerkt? Wie hat sich das körperlich angefühlt?
- Wo, im Gegensatz zu früher, ist Ihr Hauptinteresse jetzt? Was ist jetzt «Ihr Thema»?
- Was ist das Unverwechselbare an Ihnen und in Ihnen, das alle Wechselfälle überdauert?
- Worin besteht Ihr ganz eigener Weg? (Stellen Sie sich vor, Sie würden Ihr Leben und seinen Verlauf von Außen betrachten und es beschreiben – z.B. in einem autobiographischen Bericht, oder in einem Nachruf)
- Wo waren die entscheidenden Weichenstellungen?
- Was hat Ihnen geholfen, Ihren ganz eigenen Weg zu finden? (Stellen Sie sich vor, Sie erzählen das einem Kind, vielleicht Ihrem Neffen oder Enkel)
- Was hat Sie ermutigt, entgegen aller Gewohnheiten, konventionellen Vorstellungen, traditionellen Bräuchen, kulturell bedingten Vorstellungen und Wertsetzungen zu einer eigenen individuellen Lösung zu kommen? Gab es da Vorbilder, Märchen oder Mythen, die Sie inspirierten? Gab es Bücher oder andere Zugänge zu einem Wissen, das Ihnen bei der Bewältigung von Lebensproblemen geholfen hat? Fanden Sie Halt in einer Religion, einer Weltanschauung, einer Philosophie, in einer spirituellen Praxis?
- Wenn jemand Sie fragen würde, was Ihre ganz individuelle Bestimmung oder Aufgabe in diesem Leben sei, was würden Sie antworten?

Schließen Sie die Augen, stellen Sie sich vor, Sie sind ein Baum. Es ist Herbst. Die Blätter beginnen trocken zu werden, fast hält sie nichts mehr, es ist nur ein dünner Faden, der die Verbindung zum Stamm aufrecht erhält. Sie sind ein Baum, dessen Blätter fallen. Sie sind ein Blatt, das sich losreißt, vom Wind getrieben fortweht, in der Luft tanzt und dann, nach einem anmutigen Schaukeln und Schweben, sich schließlich zur Erde niederlässt.

- Welcher Gedanke oder welches Gefühl ergreift Sie bei dieser Vorstellung?

Mit was sind Sie mehr identifiziert, mit dem Baum oder mit dem
einzelnen Blatt?
Haben Sie mehr die Trennung oder die Verbundenheit im
Bewusstsein?

Mit geschlossenen Augen erspüren Sie beide Zustände: wie es sich anfühlt, ein einzelnes Blatt zu sein, und wie Sie als Baum da stehen, ein Baum im Herbst, der seine Blätter verliert. Wechseln Sie zwischen den beiden Zuständen, bis Sie auf einer übergeordnete Ebene die Einheit von Baum und Blatt nicht nur denken, sondern auch körperlich fühlen können.

Welche sinnlich erfahrbare Qualität hat diese Einheit- wie würden Sie sie darstellen, wenn Sie keine Worte dafür verwenden könnten? Gibt es eine bestimmte Bewegung, Geste oder Gebärde, eine bestimmte Körperhaltung, eine bestimmte Musik, ein bestimmtes Gemälde, das diese Qualität und die dazugehörige Stimmung repräsentiert?

Je mehr es gelingt, ein persönliches VERÄNDERUNGS-MANAGEMENT zu betreiben, desto weniger können äußere Veränderungen einen ins Chaos stürzen. Man hat gelernt, wie man mit Veränderungen umgeht, wie man sich anpasst, ohne sich selbst verleugnen oder verraten zu müssen, wie man Flexibilität mit Standhaftigkeit und Authentizität vereinen kann. Wer erfolgreich sein und bleiben will, muss damit rechnen, dass nichts so bleibt wie es ist, und braucht ein inneres Leitbild als Navigationshilfe. Es bedarf des inneren Abstands und eines kühles Kopfes, um auch in turbulenten Zeiten sich nicht unter kriegen zu lassen. Hier hilft es, die Dinge aus einem Abstand zu betrachten. Aus einem inneren Abstand heraus zeigen sich größere Zusammenhänge, sei es im zeitlichen Nacheinander in Form von Abfolgen (d.h. dass sich scheinbar Unvereinbares, z.B. verschiedene Ziele und Pläne, dann «unter einen Hut bringen lassen», wenn man «Eins nach dem Anderen» macht), sei es im räumlichen Nebeneinander in Form von einer Perspektive, die einen erweiterten Horizont ermöglicht (d.h. dass sich von dieser Perspektive mehrere Dinge gleichzeitig überblicken lassen, so wie z.B. aus der Vogelperspektive sich mehr sehen lässt als aus der Froschperspektive). Aber nur im inneren Abstand zu verweilen und als distanzierter Beobachter durch das Leben zu gehen, als hätte das alles nichts mit einem zu tun – das macht keinen Spaß, weder einem selbst noch den anderen Menschen, mit denen man zu tun hat. Für das gelungene Veränderungs-Management ist es wichtig zu wechseln zwischen Vogel- und Froschperspektive, also einmal mittendrin im Trubel und Treiben zu sein, und dann wieder weite Kreise durch die Lüfte zu ziehen. Das heißt: zwischen einem «assoziierten» = verbundenen, teilnehmendem, und einem «dissoziierten» = getrennten, beobachtenden Bewusstseinszustand zu wechseln – immer wieder aus dem Treiben hinaus zu springen, und sei es nur für einen kurzen Moment, um aus der «Außenseiterposition» wahrzunehmen, was einem «drinnen» entgegangen sein könnte – aber dann wieder als «Insider» hinein zu gehen ins Erleben. Denn nicht nur über die Beobachtung sondern vor allem auch über das involvierte, sinnlich und gefühlsmäßig beteiligte Erleben erhalten wir alle Informationen, die unserer Wahrnehmung zugänglich sind.

Was hilft, um das Zuviel an Yin im Herbst auszugleichen?

Gegen die Melancholie des Abschieds hilft vor allem die Disziplin. Das heißt: unvollendete Projekte zum Abschluss bringen, sich auf den Winter vorbereiten, das innere Gleichgewicht herstellen, indem Unrat und Gerümpel beseitigt wird. Die erste Aufgabe ist: sich von Unnötigem befreien. Sich auf Weniges konzentrieren, Geist und Energie zu sammeln. Jeder Erfahrungszyklus der sich schließt bildet ein Kontinuum, der Alt und Neu verbindet. Wer das nicht nur einsieht, sondern auch innerlich spürt und als Realität annimmt, dem ist Organisation nichts Fremdes, sondern eine natürliche Begabung (die sich natürlich lernen lässt). Es gilt, das Leben in den Griff zu bekommen, was eine Herausforderung an das kreative Unbewusste bedeutet, weil in kurzer Zeit unzählige Entscheidungen getroffen werden müssen. Kreativität zeigt sich nicht nur in der Produktivität, sondern auch in der Fähigkeit zu erkennen, wo etwas einzuordnen ist, wie es sich sortiert, etikettiert und kategorisiert werden soll. Die Frage stellt sich: aufbewahren oder wegwerfen, speichern oder löschen? Faustregel: Richten Sie den Fokus Ihrer Aufmerksamkeit auf das, was bereits geschafft wurde im Leben, statt darauf, wie viel noch zu tun bleibt. Das wird Sie darin bestärken, vorwärts zu gehen, statt rückblickend stehen zu bleiben und sich lähmen zu lassen. Nur die Zukunftsperspektive ermöglicht Ihnen, das Chaos in überschaubaren Schritten zu beseitigen, und kein Perfektionismus» .Das Perfekte ist das Abgeschlossene, und was Sie in diesem Stadium brauchen, ist die Einladung, den offenen Raum zu betreten. Sie sollten jeden Tag einen Augenblick für Herbstgedanken einrichten, in dem Sie sich die Herbstfragen stellen. Statt weiterhin überhöhte Forderungen an sich zu stellen, sollten sie Ihre Erwartungen zurückschrauben, statt sich in organisatorische Details zu verzetteln, können Sie diszipliniert ein Plansoll abarbeiten, und statt auf Unerwartetes verwirrt zu reagieren und rigide Recht behalten zu wollen, die Chance wahrnehmen, überfällige Veränderungen einzuleiten – Sie müssen sich nur leiten lassen. Was hilft, um sich z.B. aus der Außenseiterposition herauszuholen und in das Erleben einsteigen zu lassen, zum «Insider» zu werden?

Fragen Sie sich nicht, was Sie, von Außen gesehen, hätten besser machen können, oder was das Beste in dieser Situation gewesen wäre, sondern steigen Sie ein in den Film, der bis jetzt als Ihr innerer Film gelaufen ist. Schreiben Sie

das Drehbuch neu. Aber verrennen Sie sich nicht, indem Sie sich auf die Rolle des DREHBUCHAUTORS versteifen. Versetzen Sie sich auch in die Lage der Beteiligten und SPIELEN SIE ALLE ROLLEN DURCH. Nur so gelingt es Ihnen zwischen Innen- und Außenansicht flexibel zu wechseln. Sie MÜSSEN SICH NICHT ZWISCHEN INNEN UND AUSSEN ENTSCHEIDEN. Erlauben Sie sich, Ihre Ansichten zu wechseln und Ihren Blick hin und her springen zu lassen, als wollten Sie die Gestalten eines Vexierbildes erkennen. Gestatten Sie sich OSZILLATION. Wenn der Beobachter in Ihnen sich machtlos fühlt, wechseln Sie auf die aktive Seite über und erkennen Sie die natürliche PRODUKTIVITÄT IHRES BEOBACHTENS an. Was auch immer Sie sehen, ist Ihr PRODUKT, Ihre PRODUKTION, Ihre PROJEKTION. Was auch immer Sie fühlen, ist eine ANTWORT AUF IHRE PROJEKTION. Sie sind nicht nur fähig, «objektive» Tatsachen festzustellen, sondern ALS SUBJEKT MITZUFÜHLEN und betroffen zu sein. Nur wenn Sie sich einfühlen können und wollen, führt Sie dies zum Mitgefühl. Es gibt keinen anderen Weg. Stellen Sie sich. Stellen Sie mitten hinein, mitten in das Taofeld und gehen Sie nach Ihrem Gefühl.
Lernziel: MITGEFÜHL

Zeitspanne: *Zeitraum, Zwischenzeit, Intervall, Moment, Pause*
Das Bild des chinesischen Schriftzeichens zeigt einen Türspalt, durch den der Mond scheint.
Die Zeit, in der das Licht durch die Öffnung scheint, eröffnet einen Raum und die Möglichkeit, eine Gelegenheit zu nutzen.
Die Einsicht, sterben zu müssen, enthebt nicht der Entscheidungen in bezug auf die verbleibende Zeitspanne, und wie die Gelegenheiten zu nutzen seien.
Tao besteht aus vielen miteinander verknüpften Zwischenständen, Pausen und Zäsuren.
DENG MING-DAO, TAO IM ALLTÄGLICHEN LEBEN

Glücksfarbe BLAU UND SCHWARZ

Blau ist der Mantel der Madonna. Blau ist die Farbe der Treue.
Schwarz ist in China die Farbe für Geld, Reichtum, Wissen, beruflichen Erfolg und familiäres Glück. Bei Bewerbungsgesprächen zieht man ein schwarzes Jackett an.
Das macht einen soliden Eindruck.
Blau und Schwarz werden dem Element WASSER zugeordnet.

Die Energie des Wassers steigt herab, sie sucht den tiefsten Punkt.
Dies führt zum Zustand maximaler Ruhe und Konzentration.
Das ist die Energie der Regeneration und die Basis der Konstitution.
Sie entspricht dem Neumond – er ist zwar dunkel, aber gebiert das Licht, das wiederkehrt. Die Energie des Winters ist still, verborgen, auf die Wiedergeburt wartend.
Sie gibt uns die Kraft zu existieren, zu wachsen und uns fortzupflanzen. Gestaute Energie kann gelöst werden, wenn ihr erlaubt wird, mit der Schwerkraft zu gehen und dem Gewicht oder Gefälle nachzugeben. Wenn das Gewebe zu angespannt ist, hilft es, das Ganze in Vibration zu versetzen, als würde ein Kräuseln auf der Wasseroberfläche hervorgerufen. Durch dieses Zittern dringen die Schwingungen in das Gewebe und erreichen seine Zellen.
LAM KAM CHUEN; CHI KUNG, WEG DER HEILUNG.

Zum Element Wasser gehört ein Persönlichkeitstyp der unterschwellig wie ein MAGNET wirkt, RÄTSEL aufgibt wie die SPHINX, und das CHARISMA Einer GRAUEN EMINENZ hat. Natürlich kommen solche Persönlichkeiten in Reinform selten vor. Es handelt sich mehr um eine bestimmte Ausstrahlung, die Menschen in Ausnahmezuständen zukommt, oder um eine bestimmte Rolle, die Menschen in besonderen Situationen übernehmen. Es sind WEISE ALTE, GEISTIGE FÜHRER, HEILER, ZAUBERER, AHNENGESTALTEN, VERRÜCKTE, HEILIGE NARREN; ODER AUCH ENGEL, denen wir solche Eigenschaften zuschreiben die in Märchen oder Mythen auftreten. In archaischen Naturreligionen, wie sie heute AM RANDE DER ZIVILISATION immer noch existieren, können Schamanen die Rolle übernehmen, in Trancereisen abzutauchen und die z.B. die «Herrin der Meere» (der Inuit) aufzusuchen. So kommen sie in Kontakt mit einem nicht alltäglichen Wissen, das sich im Alltag als nützlich erweisen wird. Dabei handelt es sich um übergeordnete Visionen, die den eigenen Clan betreffen, um ökologische Zusammenhänge, die das Überleben des Stammes garantieren. Menschen, die über ein solches TRANCE-WISSEN verfügen und fähig sind, in die «ANDERS-WIRKLICHKEIT» ZU REISEN, prahlen nicht mit ihren Gaben, noch stellen sie sie öffentlich zur Schau. Meist wirken sie im Verborgenen, kommen und gehen, wie es ihnen gefällt, und lassen sich nicht zu alltäglichen Dienstleistungen verpflichten. Sie machen ein Geheimnis um ihren Lebenslauf und ihren Aufenthaltsort. Wer das Glück hatte, einem solchen Menschen zu begegnen oder mit dieser außerordentlichen Qualität in Kontakt kam, wird sie auf Anhieb erkennen: sie zeichnet sich durch INTENSITÄT, gleichzeitig BESTÄNDIGKEIT UND KONSEQUENZ aus, wie sie im normalen Leben kaum durchzuhalten ist.

Wasser fließt unablässig und füllt alle Orte, die es durchfließt.
Es schreckt weder vor irgendeinem Ort noch vor einem Fall zurück, und
nichts kann ihm seine Wesensnatur nehmen.
Es bleibt sich unter allen denkbaren Bedingungen treu.
I GING

Zum Element Wasser gehört die Jahreszeit WINTER und die Zeit der NACHT. Dem entspricht die Entwicklungsphase der RUHE, denn jede Entwicklung bedarf nicht nur der Aktivität, sondern auch der Pausen, in denen ein lebendiges System sich regeneriert. Der Körper ist darauf eingestellt, jetzt DURCHZUHALTEN, er legt DEPOTS an, um in der Not auf RESERVEN zurückgreifen zu können und dringt darauf, Kräfte zu SPAREN um sich zu SCHONEN. Manche Tiere halten einen WINTERSCHLAF, Menschen versetzen sich durch Yoga, Trance und Meditation in eine TIEFENENTSPANNUNG, die einem SCHEINTOD gleicht und alle Körperfunktionen wie Atemfrequenz, Kreislauf etc. herunterschaltet, so dass keine Kräfte vergeudet werden. Dazu bedarf es eines URVERTRAUENS, das jeder Panik zuvorkommt. Manchmal kann der GLAUBEN zur Furchtlosigkeit führen, oder viel Übung, gepaart mit Selbstbeherrschung und Disziplin. Immer wieder setzen sich die natürlichen Impulse der Angst durch, die natürliche Reaktion auf den Tod ist der SCHRECKEN, mehr noch, ein ENTSETZEN, das jede Fassung verlieren lässt. Die natürlichen Impulse melden sich in Form von ZITTERN UND ZÄHNEKLAPPERN, SCHLOTTERN VOR ANGST, obwohl das zugeordnete Temperament LETHARGISCH ist. Die Nerven gehen einfach durch und lassen unwillkürlich SEUFZEN, WIM-

MERN, SCHLUCHZEN, HEULEN. Angesichts des Todes jedoch zeigt sich, was eine Lebensphilosophie leisten kann: wenn es gelingt, durch die ERSCHÜTTERUNG dem Leben mehr Intensität und Tiefe zu verleihen und jeden Moment so zu genießen, als wäre es der letzte, dann erhält das Thema von LEBEN UND STERBEN eine neue positive Seite und führt zu einer neuen TIEFENDIMENSION. Die Richtung ist durch die Schwerkraft bestimmt und sinkt NACH UNTEN, Metaphern für die typischen Bewegungen sind: SINKEN, ERTRINKEN, TAUCHEN (Eintauchen, – Abtauchen, – Untertauchen, – Auftauchen), STRÖMEN, TREIBEN, SCHWEBEN; SCHWIMMEN. Themen sind: Kräfte sparen- überwintern, ÜBERDAUERN, ÜBERLEBEN, Angst – Lebensangst, Angst vor dem Sterben, grundlegendes Misstrauen und grundlegendes Vertrauen (URVERTRAUEN) – Suche nach UNVERGÄNGLICHKEIT UND EWIGKEIT, Betonung von inneren Werten und Erhabenheit. Dem Winter und der Dunkelheit angemessenes Verhalten sind: RÜCKZUG, EINKEHR, BESINNUNG.

Das Orakelzeichen für das Element Wasser ist:
* KAN, DAS WASSER, DAS ABGRÜNDIGE

Das Wasser fließt ununterbrochen.
Und kommt ans Ziel.
Das ist das Bild des wiederholt Abgründigen.
I GING

Das Element Wasser wird dem alten Yin zugeordnet: Das ist eine Zeit, in der draußen in der Natur alles zur Ruhe kommt. Der Winter lädt dazu ein, sich zu verkriechen, tot zu stellen, sich ganz aus dem Verkehr zu ziehen. DIE KRÄFTE NEHMEN AB und sind ganz auf Erhaltung der Grundfunktionen des Organismus eingestellt. Die STRENGE VON VÄTERCHEN FROST, das Knirschen des Schnees unter den Schritten, das Knacken und Krachen von Eis in KLIRRENDER KÄLTE verstärken den Eindruck einer UNHEIMLICHEN STILLE, die LÄHMT und das Blut in den Adern GEFRIEREN lässt. Die Tiere scheinen wie von der Oberfläche verschwunden, alles Leben spielt sich irgendwo in den VERBORGENEN TIEFEN von HÖHLEN und UNTERIRDISCHEN SCHLUPFWINKELN ab. Wer jetzt nicht VORRÄTE angelegt hat, wird NOT leiden. Alle Bewegungen werden gehemmt, blockiert, die Lust, hinaus zu gehen, nimmt ab, die Freude am Kontakt ebenso. In kalten Ländern mit langem Winter ist die Geselligkeit verhalten, die Kontaktfreudigkeit gedämpft. Das eigene Heim, das GEBORGENHEIT garantiert, wird zum NABEL DER WELT. Im Vordergrund steht die eigene Ruhe, der Schlaf, die Erholungspause vor neuem Aufbruch. Das innere Bild spiegelt das Gefühl für verborgene, unsichtbare Wirklichkeiten wieder: der KEIM, DER IN DER ERDE RUHT und auf seine Zeit, die Zeit des Keimens wartet. So wie manche Tiere im Winter ihren WINTERSCHLAF halten, ist es auch für den Menschen ab und zu notwendig, sich zurückzuziehen, seine Kräfte zu schonen und nach innen zu gehen. Allerdings muss er diese Phasen der Regeneration selbst einrichten, da aufgrund der Errungenschaften der Zivilisation keine äußeren Notzeiten mehr Anlass dazu geben. Für viele Menschen sind unfreiwillige Aufenthalte im KRANKENHAUS ODER GEFÄNGNIS zu einem solchen «Winterschlaf» geworden, in dem sie neue Kräfte und Orientierung im Leben fanden. Einen freiwilligen Rückzug aus dem oberflächlichen und äußerlichen suchen viele im Kloster, wobei heute die Form eines kurzen, begrenzten Aufenthaltes im «KLOSTER AUF ZEIT» in Frage kommt. Das Sabbatjahr oder andere FORMEN DES AUSSTEIGENS haben eine ähnliche Funktion.

Jeder Mensch kann bei seiner Bildung aus dem unerschöpflichen Born der göttlichen Natur des Menschenwesens schöpfen. Hier drohen zwei Gefahren: einmal das man nicht durchdringt bis zu den eigentlichen Wurzeln des Menschtums, sondern in Konventionen stecken bleibt. Oder dass man plötzlich zusammenbricht und die Bildung seines Wesens vernachlässigt.
I GING, KOMMENTAR VON WILHELM ZU DSING, DER BRUNNEN.

Dem Element Wasser sind die NIEREN zugeordnet. Sie gelten als SPEICHER DER LEBENSESSENZ. Wenn etwas wirklich im Innersten trifft, sagt man: «etwas geht an die Nieren», oder: «ans Eingemachte», d.h. an die Reserven. Vom Geist der Nieren, von ZHI, hängt die Stärke unserer Willenskraft und unserer ÜBERLEBENSINSTINKTE ab. Verantwortlich dafür ist eine Essenz, die KNOCHENMARK produziert, welche wiederum die Entwicklung des GEHIRNS, DER NABELSCHNUR, der Knochen und Zähne, des Bluts und der Haare fördert. Die Nieren haben die Aufgabe, das Wasser und andere Stoffe im Blut zu regulieren und über den Urin Abfallstoffe zu entfernen. Die HARNBLASE, die mit den Nieren zusammenarbeitet und ebenfalls zum Element Wasser gehört, ist der MINISTER FÜR AUSSCHEIDUNG FLÜSSIGER ABFALLPRODUKTE, sie bildet ein Reservoir, in dem sie die GEWÄSSER DES KÖRPERS sammelt. Das ist ein Behälter mit muskulären Wänden und durch die Harnleiter mit der äußeren Welt verbunden. Alle paar Sekunden fließt Urin aus den Nieren in die Harnblase, wo er bis zur Ausscheidung gespeichert wird. Wenn die Harnblase «UNDICHT» ist, droht der ganze Organismus zu versumpfen, d.h. von GIFTIGEN ABFALLSTOFFEN ÜBERSCHWEMMT zu werden. Das entspricht auf psychischer Ebene der Unfähigkeit, mit neuen und ungewohnten Umständen fertig zu werden. «Du bist wohl nicht dicht?» heißt soviel wie «Du bist wohl verrückt!» Es entwickelt sich KATASTROPHENERWARTUNG, LEBENSANGST, LEBENSMÜDIGKEIT, ein Gefühl, «mit dem Leben abgeschlossen zu haben».

Ein Übermaß an Wasser-Energie führt zur Erstarrung: Wenn Wasser fest wird, kann es die Gewebe nicht mehr befeuchten. Es entsteht Trockenheit z.B. in den Sexualorganen. Der lustvollen Feuchte steht die lustlose Dürre entgegen. Trocken wirkt jemand, der keinen Schmelz besitzt und bei dem nichts ins Fließen kommt. Er bewirkt nichts. Trocken kann auch ein Text sein, der nicht zum Lesen und Lernen anregt. Durch Verschlossenheit und Rückzug eines Menschen ergibt sich eine ANTISOZIALE HALTUNG, DIE MENSCHENSCHEU, MISSTRAUEN UND APATHIE NÄHRT. Mit ihrer Ablehnung und Menschenfeindlichkeit erschwert sie es, neue Kontakte zu finden oder einen neuen Anfang zu machen.

Ein Mangel an Wasser-Energie kann zu allgemeiner Schwäche und einer Störung des inneren Gleichgewichts führen. Da sich der Gleichgewichtssinn im Ohr befindet, äußert sich ein GLEICHGEWICHTSVERLUST auch oft als HÖRPROBLEM oder als lästiges STÖRGERÄUSCH. Wenn die Yin-Reserven, nämlich die Wasser-Reserven, erschöpft sind, sagen die Chinesen: «Das Yin ist nicht fähig das Yang zu umarmen». Der Kreis kann sich nicht schließen, der Kreislauf der Phasen ist unterbrochen, das Yang wird nicht in seinem frühlingshaften Aufbruch unterstützt. Der Winter wird zur ENDSTATION.

Die VAJRA Familie strahlt ein klares kristallines Licht aus, das bläulich schimmert und mit einem kristallklaren Spiegel verglichen werden kann: wie ein Spiegel gibt diese Energie alles wieder, ohne zu beurteilen, verzerren oder einzugreifen, um zu verändern. Diese Stimmung findet sich z.B. im Hochgebirge, wo die Luft dünn, kühl und klar ist. Eine Reise zum Gipfel eines hohen Berges kann zu einer Wallfahrt werden: das Gipfelerlebnis vermittelt jene besondere Qualität, dem Alltag mit seinen Gewohnheiten enthoben zu sein und in der Weite neue Horizonte zu entdecken. Vajra heißt im Tibetischen wörtlich «Donnerkeil» und ist das Attribut mächtiger Gottheiten. Auch Wotan hatte einen Donnerkeil – ursprünglich eine Gesteinsformation, die aus Meteoriteneinschlägen entstanden ist. Diese Funde hatten von jeher für die Menschen eine besondere Ausstrahlung und Bedeutung. Archetypen des Elementes Wasser sind die hellblaugrau perlmuttschimmernde Göttin der SEHNSUCHT, der blaue Gott der ENTSCHLOSSENHEIT, der schwarze Gott der KLAGE, der Krankheit und ihrer Heilung. Ich sehe Yemanja vor mir, eine elegante Gestalt in fließender Abendrobe, ganz Dame mit untadeligem Benehmen. Sie wird mit der Muttergottes verglichen. Unter ihrem SCHUTZMANTEL finden die VERFOLGTEN EINE HEIMAT, sie ist die Patronin der nach Amerika als Sklaven verschleppten Afrikaner. Die Fischer bitten sie um Beistand, denn sie ist die HERRIN DER MEERE. Sie verehren und fürchten sie, ihre sanfte Macht über die Menschen übt eine unwiderstehlichen SOG auf sie aus. Wen sie liebt, holt sie zu sich, in die TIEFE, in den WAHNSINN. Der gespaltene Schwanz der NIXE macht sie zur Meerjungfrau, die ihr Element nicht verlassen kann, ohne sich selbst zu verlieren. Eine rätselhafte KÜHLE UND UNNAHBARKEIT geht von ihr aus. Obwohl sie Mutter vieler Söhne ist, hat sie keinen Mann an ihrer Seite. Obwohl sie Anderen eine Heimat gibt, bleibt sie selbst FREMD. Sie wirkt ZERBRECHLICH UND VERLETZBAR, besitzt aber große WIDERSTANDSKRÄFTE, wenn es darum geht, aufs WESENTLICHE zu kommen. Ich sehe Ogun vor mir, gekleidet wie ein Kreuzritter: der heilige Krieger, der Drachentöter, der ENGEL MIT DEM SCHWERT. Seine Hiebe sind wie LASERSTRAHLEN, sie TRENNEN das Licht vom Dunkel, das Gute vom Bösen, sie VERTEIDIGEN das Heilige und WAHREN DAS GESETZ. Ogun FÜHRT AUS, was Xango, der rote Gott, befiehlt. Ogun dient als VOLLSTRECKER EINES ÜBERGEORDNETEN WILLENS. Er zeichnet sich durch KOMPROMISSLOSE KLARHEIT und ZIELGERICHTETE KONZENTRATION aus. Er entspricht dem japanischen Samurai, dem modernen Funktionär und Agenten. Er meidet die menschliche Geselligkeit und hinterlässt keine Spuren. Auch er hat keine Gefährtin gefunden und bleibt allein. Ich sehe Omulu, unverkennbar durch sein Hinken gezeichnet, eine TRAGISCHE GESTALT, die die oberflächliche Banalität des modernen Alltags sprengt und in die verloren geglaubten Dimensionen des PATHOS, SCHMERZ UND ERSCHÜTTERUNG, führt. Sein Auftritt geht unter Mark und Knochen, niemand kann sich seiner zwingenden AUSDRUCKSKRAFT entziehen. Er lässt erzittern, er lässt das Blut in den Adern gefrieren. Er ist der ZU KURZ GEKOMMENE: als der Vater das Erbe verteilte, war er nicht da, so dass er mit dem Reich des UNSICHTBAREN vorlieb nehmen musste, weil alle sichtbaren Reichtümer schon verteilt waren (an Xango, seinen jüngeren Bruder). Er verkörpert das MYSTERIUM VON TOD UND WIEDERGEBURT. Er ist der Arzt, der die Krankheit mit sich bringt, der verwundete Heiler, der AUSGESTOSSENE Gott. Er macht ANGST und KURIERT den Menschen davon.

Im Kinderbuch «Pu der Bär» begegnen wir *Eeyore*, dem kläglich wiehernden Esel, einem ewigen Jammerlappen, der Ohren und Schwanz hängen lässt, sich ständig übergangen fühlt und sich darüber beklagt. Alles dreht sich um ihn. Die ganze Pu-Gemeinde ist damit beschäftigt, ihn zu besänftigen, aufzuheitern, seine (eingebildete) Not zu lindern.

Der Geist des Elements Wasser ist TSCHEN (CHING). Es ist jene Urkraft, die als Potential jedem Menschen mitgegeben ist; eine RESSOURCE UND RESERVE an Lebensenergie, mit der jeder Mensch gewissenhaft umgehen und haushalten muss, denn diese ist nicht mehr aufladbar, wenn sie sich einmal grundlegend erschöpft hat. Erschöpfung kann durch Raubbau, schlechte Ernährung, Exzesse und natürlich auch Veranlagung bzw. ungünstige Bedingungen während der Entwicklung verursacht werden. Wenn wir sagen, etwas geht uns an die Nieren, meinen wir, dass es uns an die SUBSTANZ geht. Diese Substanz kann jedoch durch Achtsamkeit und Pflege genährt werden. Sie ist die Basis-Energie, die für alle Bewusstseinsprozesse benötigt wird, auch wenn sie selbst in ihren Auswirkungen unbewusst bleibt. Es ist eine Yin-Energie, die Kraft speichert und AUFBEWAHRT, BIS SIE BENÖTIGT wird. Um diese Kraft jedoch zur Verfügung zu haben und bewusst einzusetzen, muss man wissen, wie man dazu Zugang erhält. Im SCHAMANENTUM UND IN DEN ARCHAISCHEN NATURRELIGIONEN wurden dafür Techniken entwickelt, die zum Teil bis heute noch praktiziert werden und sich von den Hochreligionen mit ihren Dogmen nicht verdrängen haben lassen.

Meditation ist wie ein Stierkampf: Gedanken und Emotionen stürmen auf Sie zu, Ihre Aufmerksamkeit ist völlig fokussiert, und im letzten Augenblick treten Sie beiseite, und lassen die inneren und äußeren Eindrücke vorbeijagen, so dass sie Ihnen nichts anhaben können.
JASON ELIAS S. 142

Fragen
Was ist Ihre größte Angst?
Was vermeiden Sie, aus Angst, damit in Kontakt zu kommen?
Was verdrängen Sie, aus Angst, sich damit auseinandersetzen zu müssen?
Was umgehen Sie? Und was würde passieren, wenn Sie damit konfrontiert würden?
Was würde sich in Ihrem Leben ändern?
Wie können Sie Unterstützung und Hilfe von anderen annehmen, ohne Ihre Unabhängigkeit zu verlieren?
Wie können Sie das Vertrauen in Ihre Körper, Ihre Energie, Ihren Lebenswillen stärken oder wiederherstellen?

Schließen Sie die Augen, stellen Sie sich vor, Sie sind eine jener Früchte, die im Herbst auf den Boden fielen, von Laub bedeckt vermoderten, zu Kompost wurden, zerfielen, bis auf den Kern, der in sich die Keimkraft trägt, im Frühling sich durch die Erde zu drängen und als Keimling Blätter auszuschlagen. Noch ist es nicht so weit, die Kraft schläft und wartet auf ihren Einsatz. Welcher Gedanke, welche Erinnerung, welches Gefühl hilft Ihnen, in dieser Situation auszuharren und voller Vertrauen darauf zu warten, dass der neue Zyklus der Jahreszeiten mit dem Frühling beginnt? Mit geschlossenen Augen spüren Sie, wie Sie sich schließen, und als geschlossene Form in der Tiefe ruhen. Gibt es Menschen, in deren Nähe Sie diese Tiefe spüren und darauf vertrauen können, als Mensch angenommen, als Wesen verstanden zu werden? Woran merken Sie einem Menschen an, dass er sich der «*conditio humana*», der menschlichen Lage angesichts seiner Vergänglichkeit bewusst ist? Was hilft Ihnen selbst, dieses Bewusstsein zu pflegen? Was lenkt Sie davon ab?

Je mehr es gelingt, ein persönliches GESUNDHEITS- und RESSOURCEN-MANAGEMENT zu betreiben, desto weniger wird man mit < Beschränkungen von Außen konfrontiert. Ressourcen managen heißt, mit den eigenen Kräften zu haushalten, sie zu kennen und gezielt einzusetzen, für das eigene Schicksal Verantwortung zu übernehmen, statt leichtsinnig es im Leben darauf ankommen zu lassen. Zum Ressourcen- Management gehört, rechtzeitig Polster und Depots anzulegen und zu gegebenem Zeitpunkt in sich selbst zu investieren, statt auf Hilfe von Außen zu warten. Wer so handelt, hat keine Angst vor dem Leben und Sterben, denn er weiß, dass jeder Augenblick im Leben ein kleiner Tod ist. Es bedarf da eines Urvertrauens, das sich nicht auf den Zufall verlässt, sondern nach den grundlegenden und fortdauernden Werten, nach dem, was sich auch in Notzeiten bewährt hat und darüber hinaus Bestand hat, nach dem Wesentlichen, dem Essentiellen fragt, um darauf aufzubauen.

Was hilft, einen übertriebenen Hang zum RÜCKZUG und zur SCHEU zu ändern, bzw. den Yin- Charakter des Wasser-Elements auszugleichen? Nehmen Sie das Bedürfnis nach «Winterschlaf» wahr und richten Sie ganz bewusst in Ihrem Leben Phasen dafür ein, die Sie von vorneherein begrenzen. Planen Sie im voraus, was nach einer solchen Phasen passieren soll. Stellen Sie sich den Wecker, machen Sie Termine aus. Erlauben Sie sich nicht, im Winterschlaf zu versacken und in der Depression zu landen. Machen Sie einen PAKT MIT SICH SELBST aus. Nehmen Sie sich vor, sich auch von dieser Phase wieder zu trennen, um nicht ihrem Sog zu verfallen. Das beste Vorbild ist hier Odysseus, der sich an den Mast seines Schiffes fesseln ließ, um dem GESANG DER SIRENEN lauschen zu können, ohne ihrer magnetischen Anziehungskraft nachzugeben.

Wenn der tiefe Wesenskern in Ihnen vernachlässigt ist, lassen Sie ihn zum Zuge kommen. Widmen Sie sich Ihrer eigenen Tiefe, machen Sie sich auf die Suche nach dem, was wesentlich ist. Lösen Sie eine Rückfahrkarte. Nehmen Sie sich fest vor, in den Alltag zurückzukehren und darin einen neuen Sinn zu entdecken. Wenn Sie aussteigen, tun Sie dies im Bewusstsein, einen neuen Einstieg zu finden. Hüten Sie sich andrerseits davor, die Yang-Seite Ihres Wesens abzuwerten. Sie ist für Aktivität und Lebensfreude zuständig und hilft Ihnen, Ihr Leben zu verbessern und mehr sich selbst zu werden. Das Tao zeigt sich als fließende Energie, die durch Wellentäler zu Wellenbergen führt. Das Leben ist wie die Brandung – vor und zurück, zwischen Aufbau und Abbau. Das Leben ist ein Tanz auf ständig neu sich bildenden Wellen. Erlauben Sie sich mitzugehen, mitzutanzen, zu surfen. Bleiben Sie sich selbst treu, nicht der einzelnen Welle.

Das Brechen der Welle betrifft nur die Form, nicht die Substanz, und auch nicht die Energie.
 Lernziel: Furchtlosigkeit

Wasser ist Leben, Leben ist wie Wasser, ein Strömen und Fließen.
Das Bild zeigt einen dahinströmenden Fluss.
Wasser fürchtet nie die Teilung, denn es weiß,
dass es mit der Zeit wieder zusammenfließen wird.
Wasser ist tiefgründig.
Es ist abgründig, gefährlich, rätselhaft.
Doch aus diesen Tiefen kam das Leben hervor.
Wasser fließt stets abwärts hin zur stabilsten Ebene.
Es passt sich in ausgeglichener Weise jeder Situation an.
DENG MING-DAO, TAO IM ALLTÄGLICHEN LEBEN

Der Tao Tanz

Um Ihr neues Wissen um die Fünf Elemente besser in Ihren Alltag integrieren zu können, finden Sie hier eine Übung, die Sie sowohl zuhause alleine oder im Rahmen einer Gruppe machen können.

1. Wärmen Sie sich zunächst auf, tanzen Sie sich frei, um in Bewegung zu kommen und dabei zu entspannen.
2. Platzieren Sie im Raum fünf Stühle oder Kissen, am besten auf einer Kreislinie. Markieren Sie die Elemente, entweder durch die zugehörigen Farben, oder durch Worte. Vielleicht finden Sie auch Dinge, die Sie inspirieren: Blumen, Blätter, Früchte, Laub, Wasser in einer Schale....
3. Treten Sie in den Kreis ein. Betreten Sie die Kreislinie. Gehen Sie von Ort zu Ort. Gehen Sie entlang der Kreislinie von einer Phase zur anderen und halten Sie sich an die Reihenfolge der Jahreszeiten. Prägen Sie sich ein, welcher Ort welche Phase repräsentiert. Gehen Sie ein paar Mal im Kreis, um ein Gefühl für den Kreislauf zu bekommen.
4. Machen Sie sich nun mit jedem einzelnen Zustand vertraut, finden Sie für jede Phase eine bestimmte Körperhaltung, eine Geste, Gebärde, eine Bewegung. Fühlen Sie sich in die spezifische Energie hinein, die Ihnen dieser Zustand verleiht. Übernehmen Sie passende Rollen, gebärden Sie sich entsprechend, verkörpern Sie die Energie, bis sie ein Teil von Ihnen geworden ist und Ihnen zur Verfügung steht.
5. Beachten Sie nun den Übergang von einer Phase in die andere. Beobachten Sie sich beim Wechseln der Rollen, der Gesten und Gebärden, der Bewegungsqualitäten. Gelingt es Ihnen mühelos, sich in der neuen Energie einzufinden? Wo stockt es?
6. Nehmen Sie sich nun besonders die Übergänge vor, die Ihnen schwer fallen. Üben Sie die Übergänge wie einen Tanz, den Sie sich einprägen wollen. Finden Sie Bewegungsformen, die den Wechsel erleichtern.
7. Entwickeln Sie Rituale, die Ihnen helfen, den jeweiligen Über-

gang zu schaffen. Das können Eselsbrücken sein, die Sie daran erinnern, wie Sie Ihr Wissen anwenden. Vielleicht finden Sie einen bestimmten «Dreh», der Sie «die Kurve kriegen lässt», oder ein Wort, ein Bild führt dort weiter, wo Sie nicht weiter wissen und abbrechen wollen.

8. Übertragen Sie diese Rituale in Ihren Alltag. Üben Sie die Übergänge «trocken» als Meditation, um sich dann in der entsprechenden Situation an die Bewegung erinnern, sie eventuell ausführen zu können. (Beispiel: Vom Winter der Nacht in den Frühling des Morgens aus dem Bett kommend, mag es helfen, sich eine frische Musik aufzulegen und ein paar Minuten sich wach rütteln, stampfen, schütteln, herumspringen, um aktiv zu werden, eventuell auch alte erfrorene Wut los zu werden, boxen, dribbeln, joggen...)

In der Gruppe können Sie sich gegenseitig die Erfahrungen mitteilen und Bewegungs-Rezepte austauschen, oder ausprobieren. Wenn Sie die folgende Team-Übung in einer Gruppe machen, können Sie andere Teilnehmer bitten, Ihre fünf Bewegungsarten zu übernehmen und in dem Fünfer-Team vertreten, so dass Sie die Bewegungen von Außen auf sich wirken lassen und im Zusammenspiel beobachten können.

Das Tao Team

Wenn Sie jemals im Team gearbeitet haben, wissen Sie, wie sehr es auf die Zusammenstellung der einzelnen Personen, der Aufgabenverteilung, der Aufteilung von Arbeitsbereichen und die Abgrenzung von Zuständigkeiten ankommt. Nicht nur die Rollen sollten im Zusammenspiel definiert sein. Auch die Abläufe funktionieren dann am besten, wenn sie vorher durchdacht sind und auftretende Fehler nicht verdrängt, sondern erkannt und berücksichtigt werden, um daraus zu lernen. Wenn Sie die Übung alleine machen, markieren Sie die Fünf Elemente als fünf Mitglieder Ihres inneren Teams und weisen ihnen Plätze (Stühle, Kissen) zu. Jedes Mitglied ist ein Teil Ihrer Persönlichkeit, eine Teilpersönlichkeit für sich. Sie hat ihre eigenen Bedürfnisse, Wünsche, Interessen, Erwartungen und Ängste, gute und schlechte Erfahrungen, Vorteile und Nachteile, Stärken und Schwächen, wie reale Menschen auch. Wenn Sie die Übung in der Gruppe machen, können Sie Ihr Inneres Team durch Gruppenteilnehmer darstellen lassen. Wählen Sie diese vom Typ her so aus, wie es Ihnen am besten geeignet scheint. Vergessen Sie nicht am Ende der Übung, sich bei Ihren Mitspielern zu bedanken und sie aus ihrer Rolle wieder zu entlassen.

> **Sehen**:
> *Bewusstsein ist Fokus, Fokus ist Perspektive,*
> *und eine Perspektive ist erweiterbar.*
> *Das Bild zeigt eine Person und ihr Auge.*
> *Ohne Beobachtung ist Lernen nicht möglich.*
> DENG MING-DAO, TAO IM ALLTÄGLICHEN LEBEN

1. (Wenn Sie die Übung allein machen) Vergegenwärtigen Sie sich einen Kreis. Von jedem Punkt der Kreislinie hat man eine andere Perspektive. Der Sinn der Übung besteht darin, durch Perspektivenwechsel einen größeren Überblick zu bekommen. Gehen Sie von einem Standpunkt zum anderen. Was verändert sich in Ihrer Sichtweise?
2. (Wenn Sie die Übung in einer Gruppe machen) Wählen Sie fünf Menschen aus der Gruppe für die Fünf Elemente aus. Stellen Sie

die Fünf in einer Reihe auf und instruieren Sie sie, wie sie sich verhalten (bewegen, gebärden, halten) sollen. Vielleicht gibt es typische Sätze, die zur Rolle gehören.
3. Nun lassen Sie die Fünf sich auf der Kreislinie aufstellen. Bitten Sie die Fünf, der Reihe nach ihre Rolle zu spielen. Die Phasen sollten fließend ineinander übergehen, wie von selbst, ohne äußeres Zutun.
4. Wenn dies nicht geschieht, wissen Sie, wo Sie an sich arbeiten müssen. Entwickeln Sie ein Übergangsritual und bitten Sie die Rollenspieler, es für Sie durchzuspielen.
5. Fragen Sie die Rollenspieler (alle), wie Sie sich in ihrer Position gefühlt haben. Vielleicht blockiert eine Teilpersönlichkeit die andere, sabotiert oder verdrängt sie, oder zieht sich selbst aus dem Verkehr, als Folge einer «inneren Kündigung».
6. Bedanken Sie sich bei den Rollenspielern und nehmen Sie zum Abschied deren Wünsche oder Verbesserungswünsche entgegen. Entlassen Sie sie aus der Rolle.

Das Ritual der hilfreichen Fünf Elemente

Legen Sie eine Strecke auf dem Boden fest. Markieren Sie Anfang und Ende. Am Anfang befinden Sie sich im «Ist-Zustand», am Ende befinden Sie sich dort, wohin Sie wollten, dann sind Sie am Ziel. Das ist «Soll-Zustand». So soll es sein. Wenn Sie diesen Zustand erreichen, wissen Sie, dass Ihre Bemühungen Erfolg gehabt haben. Das Ritual hilft Ihnen, sich auf den Weg zu machen und vom Ist-Zustand in den Soll-Zustand überzuwechseln. Sie können Unterstützung gebrauchen und finden Sie in den Kräften, die die Fünf Elemente bereit stellen. Wenn Sie die Übung in der Gruppe machen, bitten Sie fünf Personen, die Fünf Elemente als die Fünf Glücksfarben darzustellen. Jede Farbe ist eine Ressource. Vor sich haben Sie zwei Farben, die als «Attraktoren» wirken und so attraktiv sind, dass Sie auf Sie zugehen möchten. Platzieren Sie Grün und Rot vor sich, dort wo das Ziel winkt. Grün gibt Ihnen die jugendlich frische, unverbrauchte Kraft, den Schwung, vom Fleck zu kommen. Rot gibt Ihnen das Gefühl, nicht allein zu sein und sich ins Leere hinein zu bewegen, sondern innerhalb einer Beziehung zu sein. Jeder Schritt auf Ihrem Weg ist ein Schritt auf etwas auf jemanden zu. Nun brauchen Sie aber auch Motive, die Sie von hinten halten, schützen, anschieben und gleichzeitig Rückendeckung geben. Platzieren Sie Blau und Weiß hinter sich. Das Blau gibt Ihnen das Urvertrauen, die Tiefendimension im Leben. Und Weiß gibt Ihnen das Gefühl, Raum zu haben. Sie sind frei. Es ist Ihr eigener Weg. Sie haben die Erlaubnis erhalten, loszugehen. Und wer wird Sie begleiten? Platzieren Sie Gelb neben sich, rechts oder links, wie es sich besser für Sie anfühlt. Gelb wird Ihnen helfen, nach jedem Schritt wieder zum Gleichgewicht zu finden und ruhig zu bleiben.

Wenn Sie die Übung in einer Gruppe machen, bitten Sie fünf Leute, die fünf Rollen zu übernehmen. Instruieren Sie sie, wie Sie Ihnen dabei helfen können, sich auf den Weg zu machen. Und dann machen Sie sich auf den Weg. Lassen Sie sich von Gelb begleiten. Jedes der Fünf Elemente hat vielleicht bestimmte Sätze parat, die an Ihr Ohr gelangen, wenn Sie jetzt die Augen schließen und mit geschlossenen Augen losgehen, um sich noch besser auf den Prozess konzentrieren zu können. Welche Gefühle durchleben Sie? Wo brauchen Sie Verstärkung? Reicht die innere Orientierung aus? Brauchen Sie mehr (körperlichen) Kontakt? Inszenieren Sie Ihren rituellen Lebensgang so, dass er Ihren Bedürfnissen angemessen ist. Vergessen Sie danach nicht, Ihre fünf Mitspieler mit einem Dankeschön aus Ihren Rollen zu entlassen.

Tao- Coaching

Tao Coaching ist eine Beratung auf der Grundlage der Fünf-Elemente-Lehre. Es ist eine Mischung von Yang- und Yin- Stil, von Führen und Folgen. Es erzieht zu gelassener Wachheit, Entscheidungsfähigkeit, und zum schnellen Wechsel zwischen Bewusstseinszuständen, entsprechend der Situation, in der gehandelt werden soll. Es macht keine Vorschriften und gibt keine guten Ratschläge, aber es setzt Impulse und fordert heraus, wo es angemessen ist. Es beschränkt sich nicht auf eine distanzierte Haltung, sondern greift dort ein, wo es vonnöten ist. Trotzdem lässt es Raum. Dies erfordert vom Coach selbst ein weites Spektrum an Lebenserfahrung in allen Lagen, und setzt die Gabe der Einfühlung voraus. Der Coach hat die Aufgabe:*

- Konkrete Ziele setzen.
- Aufzeigen, welche spezifisch neue Anliegen anstehen
- Realistische Erwartungen zu entwickeln um motiviert an einer Zielsetzung arbeiten
- Mit Hilfe von Fragen heraus kriegen, welche Defizite (in der eigenen Leistung) bestehen und welche Probleme (Lebens- Beziehungs- Arbeitsprobleme) damit verbunden sind.
- Dabei helfen, die speziellen Situationen auszuloten, in denen Leistungsabfall auftritt, oder durch die (als Kontext) ein Problem bzw. ein problematisches Verhaltensmuster ausgelöst wird.
- Durch Fragen abklären, was unternommen werden müsste, um mit diesen gegenwärtigen problematischen Situationen anders/ besser umzugehen.
- Unterstützen, begleiten und ermutigen dabei, sich an Lösungen zu orientieren und nach Lösungen zu suchen. Neue Lösungswege zu finden und strategisch den erforderlichen Vorgang durchzuplanen.
- Erkunden, was in der Vergangenheit geholfen hat/sich als positiv erwiesen hat, und welches Verhalten, welche Aktionen zu Erfolg geführt haben.
- Sich an den Anliegen des Klienten orientieren.
- Empfehlungen und Vorschläge nur dann einzubringen, wenn der

Klient ihn ausdrücklich darum bittet.
- Feedback in einer konstruktiven Form zu geben und
- In den Interaktionen und Interventionen sich dem Klienten anzupassen und einen entsprechend angemessenen Ausdruck dafür finden.
- Die nächsten Schritte festlegen.
- Einen Zeitrahmen zu setzen und einen geeigneten Zeitpunkt zur Überprüfung der Zwischenerfolge festlegen.
- Sich rückversichern beim Klienten, dass die nächsten Schritte hinreichend spezifisch und im Zeitrahmen passend sind.
- Einen konkreten Zeitpunkt des Bilanzziehens (point of review) ausmachen.
- Vertrauen in die Entwicklungs- und Veränderungsschritte des Klienten zeigen.
- Während des gesamten Prozesses ein Gefühl der positiv besetzten Beziehung vermitteln (Zuverlässigkeit, Stabilität, Kontinuität).
- Die Ökologie (Verträglichkeit für alle Beteiligten und das ganze System) beachten. Dies betrifft die eigene Gesundheit, die zwischenmenschlichen Beziehungen, das berufliche Arbeitsumfeld, also das jeweilige «Feld», in dem ein Problem auftaucht. Darüber hinaus erzieht das Arbeiten mit dem Taofeld zu einer grundsätzlich ökologischen Lebenshaltung.

Der Urgrund des Seins durchdringt und verbindet.
Jede in sich abgeschlossene Vollendung ist dem Untergang verfallen.
Wodurch kommt es zu diesen Trennungen?
Sie entstehen durch das Streben nach Vollständigkeit.
Was führt zu diesem Streben nach Vollständigkeit?
Es entsteht dadurch, dass man das Leben vollständig besitzen will.
Deshalb geht der als Gespenst um, der sich nur nach außen wendet, ohne zu sich selbst zurückzukehren.
DSCHUANG DSI

IV.

ALLTAGSMEDITATIONEN AUF DEM WEG

Alltagsmeditationen geben uns Struktur und Halt.
Sie lassen sich mit Atemübungen verbinden und füllen sie mit Sinn. Sinnbilder
geben uns Orientierung.

Atem ist Essenz, ist Energie.
Die Essenz eines menschlichen Wesens,
vermischt mit Atem, bildet einen Art Dampf,
der unsere essentielle Energie ausmacht.
Das Bild für das chinesisches Schriftzeichen «Atem»
zeigt Dampf, der von kochendem Reis aufsteigt:
So wie wir atmen, atmet alles Lebendige.
Dem Tao folgen heißt in harmonischer
Übereinstimmung mit ihm zu atmen.

DENG MING-DAO, TAO IM ALLTÄGLICHEN LEBEN

Zur Erinnerung

Alltagsmeditationen lassen uns erinnern,
wenn wir vergessen haben, warum wir uns auf den Weg machten.....

- ERINNERN, wenn wir vergessen haben, warum wir uns auf den Weg machten. Dann erinnern wir uns an Zeiten, in denen wir uns ganz besonders voller Lebenskraft fühlten. Was auch immer der Grund für einen derartigen Augenblick sein mag, er ist erfüllt von dem plötzlichen Gefühl praller Vitalität, und wir wissen, dass sich alle Elemente in völliger Harmonie befinden.

- PULSIEREN, wenn nichts mehr geht und alles festgefahren scheint. Dann vergegenwärtigen wir uns, wie sogar die Luft pulsiert vor Leben, und wir stellen uns vor: Unser Körper fühlt sich gesund und voller Energie an, unser Geist ist klar und zuversichtlich. Jede Eigenschaft in unserer Umgebung tut unseren Sinnen wohl: Farben sind ganz besonders leuchtend, Töne melodisch und Gerüche würzig. Alle Aspekte unserer Wahrnehmung mischen sich in völliger Harmonie und alles scheint von innen heraus zu pulsieren.

- WEIT UND OFFEN, ANGEMESSEN SEIN, wenn Angst uns auf dem Weg überfällt und uns eng werden lässt. Dann wenden wir unseren Fokus der Aufmerksamkeit auf die Wahrnehmung selbst. Alle Aspekte unserer Wahrnehmung mischen sich in völliger Harmonie, die übliche Trennung zwischen Innen und Außen wird weich und durchlässig. Nichts ist starr, wir fühlen uns weit und offen. Alle unsere Tätigkeiten fallen uns leicht und sind der jeweiligen Situation angemessen.

- GLEICHGEWICHT ERLANGEN, wenn wir das Gleichgewicht verloren haben. Dieses geschieht durch Entspannung – kaum haben wir uns dazu entschlossen, sind wir auch schon darin aufgehoben. Durch Entspannung entdecken wir eine ganz neue Art des Daseins, eine Offenheit der Wahrnehmung, in der wir die Integration von Körper, Geist, Sinnen, Gefühlen und Umwelt genießen. Wir lernen die umfassende und ganzheitliche Qualität einer lebendigen Erfahrung zu genießen. Der Kern dieser Erfahrung von etwas, was wir allgemein als Glück bezeichnen, ist Gleichgewicht.

- ZUNEHMENDE TIEFE ERFAHREN wenn das Leben flach und reizlos erscheint. Die Tiefendimension im Leben wiederzufinden bedeutet Erfrischung, und kaum haben wir uns dazu entschlossen, sind wir schon mitten drin: Unsere körperlichen und geistigen Energien erfrischen sich und werden so ruhig und so klar wie ein Waldteich. Wir entdecken eine Gefühlsqualität, die Körper, Atem und Geist gemeinsam ist – Ruhe, Klarheit und zunehmende Tiefe – die uns in unserem Inneren besänftigt und heilsam behandelt.
- ENTSPANNUNG GESCHIEHT WIE DAS ÖFFNUNG EINER LINSE. Wenn wir uns noch weiter entspannen, dann öffnet sich die subtile Ebene des Gefühls von Ruhe, Tiefe und Klarheit wie eine Linse. Die Linse lässt mehr Licht und Energie herein und erzeugt umfassendere Bilder von der Wirklichkeit.

- DIE SÜSSE DER ERFAHRUNG gleicht die Bitterkeit alter schlechter Erinnerungen aus und löst sie auf. Die Süße der Erfahrung, die unsere Sinne auszukosten vermögen, ist eine Erfahrung, die wir täglich immer weiter und immer mehr auszudehnen imstande sind. Ohne zu versuchen, sie zu besitzen, ohne irgendein festes Ziel zu haben, fast ohne darauf weiter zu achten, lassen wir die freudigen Empfindungen entstehen und öffnen unseren Körper ihrem sanften Einfluss. Ihre Qualität, die so süß ist wie Milch und Honig, berührt uns tief, wenn wir uns in der Tiefe berühren lassen.

- ERFÜLLTSEIN ist die beste Medizin gegen Sucht und Mangelgefühl. Tiefe Berührung setzt sich allmählich immer weiter fort und erneuert sich stärker werdend, bis wir schließlich ein nahezu überwältigendes Gefühl der Erfüllung genießen.

- NACH INNEN GEHEN, wenn man zu lange nur im Außen gelebt hat. Wenn das Ich auf der Suche nach Erlebnissen ist, dann nimmt die Energie im Kopf zu und im Herzen ab. In diesem Zustand kommt es zu emotionalen Extremen und Unausgeglichenheiten, zu Spannungsgefühlen wie Wut und Hass, oder Verzweiflung und Trostlosigkeit. Es kommt zu Zuständen der Leere, des fehlenden Lebensmuts, zu einem schwerwiegenden Mangel an Lebensenergie. Ehe der Energiefluss nicht gleichmäßig auf die Energiezentren verteilt worden ist, können wir nicht richtig mit unseren Sinnen in Berührung kommen oder mit unseren echten Gefühlen in Verbindung treten. Es geht darum, die Gewohnheitsmuster von Unruhe und Suche nach Ablenkung aufzuheben und zurückzukehren zu der direkten Erfahrung des Jetzt.

- DAS UNIVERSUM ALS EINEN GUTEN LEBENSRAUM ERFAHREN – wenn wir uns fremd in der Welt fühlen, hilft es, sich klar zu machen: Weil sowohl die äußeren wie die inneren Energien aus dem gleichen Atem stammen, wird sich mit der Veränderung unserer inneren Welt unsere Beziehung zur äußeren Welt wandeln, und das Universum wird zu einem bewohnbaren Lebensraum werden. Sind wir uns unseres Atems bewusst, wird unser ganzes Leben ausgeglichen sein. Es ist so, als ob die äußere Welt der Objekte und unsere innere Welt der Sinneswahrnehmungen – unser Bewusstsein – miteinander verschmelzen würden. Wir tragen die Welt in uns, und die Welt trägt uns.

• WISSEN UND BEHERZIGEN: UNAUFHÖRLICHE VERKÖRPERUNG IST DAS TRAGENDE LEITMOTIV: Wir erleben uns als Prozess unaufhörlicher Verkörperung, der sich in jedem Augenblick als physische Einheit manifestiert und die Fähigkeit besitzt, sich ständig zu wandeln und zu erneuern. Sobald wir erkennen, dass der Körper keine physikalische Maschine ist, sondern die Verkörperung von Werten und Wirkungen, lernen wir eine Seinsweise kennen, die jenseits der üblichen Polarität von Sein und Nichtsein liegt.

Lebenszeichen auf dem Weg
Die alten Schamanen suchten Himmel nach Omen ab.
Die Alten benutzten Schnüre mit Knoten,
mit deren Hilfe sie wahrsagten.
Das Bild des chinesischen Schriftzeichens für «Geist» zeigt zwei Hände
mit einer Schnur dazwischen. Das Zeichen bedeutet «enthüllen».
Wenn der Geist sich enthüllt, wirst du feststellen,
dass er immer schon in dir war.
DENG MING-DAO, TAO IM ALLTÄGLICHEN LEBEN

Die Quellen des Glücks

Die Quellen des Glücks sind Qualitäten. Qualitäten sind Kräfte. Gleichzeitig sind es Motive, die Kräfte mobilisieren. Es sind Energien. Aber gleichzeitig sind es Sinn- und Leitbilder, die Energie bringen und bestimmte Dinge, Situationen, Kontakte oder Aufgaben mit Energie aufladen können. Wer Qualität schafft, bewirkt radikale Veränderungen zum Besseren. Qualität ist das, was sich dem Gedächtnis einprägt und in Erinnerung bleibt. Qualität ist wie ein Hebel, der in die Alltagswirklichkeit eingreift und sie zu transformieren vermag.

> *Ein Hebel kann alles sein, eine Stange, ein Pfahl, ein Knüppel, ein Stock. Wer am richtigen Hebel sitzt, kann die Welt bewegen.*
> *Die Alten zeigten den Jungen, wie sie mit Hilfe eines einfachen Stocks ihre Kraft vermehrt einsetzen konnten. Dem Tao folgen heißt, die Prinzipien des Tao einzusetzen, dafür ist der Einsatz der Hebelwirkung ein gutes Beispiel. Die Naturgesetze, die die Hebelwirkung ermöglichen, lassen sich von allen nutzen; sie sind allgemein gültig. Man braucht kein besonderes Wissen, keine Magie, nur simple Kenntnisse über Länge, Winkel und Hebepunkt. Hat man beim ersten Versuch keinen Erfolg, lernt man nach und nach über fortschreitendes Experimentieren dazu. Man muss abwarten, bis die Umstände zum Handeln reif sind. Man muss das richtige Maß an Hebelkraft einsetzen, dann fällt alles an seinen Platz.*
> DENG MING-DAO, TAO IM ALLTÄGLICHEN LEBEN

Qualitäten, die unserem Leben eine entscheidende Wendung zum Besseren geben können:

- Freude
- Sanftheit
- Freundlichkeit, Herzlichkeit
- Genussfähigkeit
- Ein sonniges Gemüt
- Gleichmut, Ausgeglichenheit

Stellen Sie sich vor:
DAS LEBEN WIRD ZU EINEM FREUDIGEN FLIEßEN
Das Leben wird zu einem immerwährenden freudigen Fließen im weiten Universum: Jede Zelle, jeder Sinn, jeder Aspekt unseres Bewusstseins, sei es in Vergangenheit oder Zukunft, wird zu einem Bestandteil dieses Flusses. So lernen wir, freudig und lang zu leben, denn unser Leben ist heil und ausgeglichen.

Stellen Sie sich vor:
DAS GANZE DASEIN LÄSST SICH BESÄNFTIGEN
Bewusstes Atmen schließt unsere Gefühle und Empfindungen mit ein, unsere gesamte innere Struktur wie auch unsere äußere Form und Gestalt. Während der heilenden Selbstbehandlung durch bewusstes Atmen durchdringen uns feine Gefühlsstimmungen oder Energien und besänftigen unser ganzes Dasein. Sie integrieren das Mentale mit dem Körper und verbinden die Gefühle mit der Form. Wenn sich die Entspannung vertieft, können wir die Zusammenhänge zwischen Atem, Sinnen, Geist und Körper direkt fühlen.

Stellen Sie sich vor:
WIE SIE EFAHRUNGEN MIT DEN GEFÜHLEN DES HERZENS IN VERBINDUNG BRINGEN:
Oft verfangen wir uns in den Denkmustern über unsere Erfahrungen, bewerten sie, ordnen sie ein und schließen daraus auf ihre Beschaffenheit. Dadurch bestärken wir das Subjekt, das Ich, das meint, eine Erfahrung zu haben, und die Erfahrung selbst wird zum Objekt, das in eine bestimmte Form und Bedeutung gezwungen wird. Nun aber haben wir uns entschieden, die Qualität des Lebens zu verändern und unvoreingenommen die Erfahrungen mit den Gefühlen des Herzens in Verbindung zu bringen und sich berühren zu lassen.

Stellen Sie sich vor:
WIE SIE GENIEßEN KÖNNEN
Essen wird zur Opfergabe unserer Sinne an die Ganzheit unseres Lebens. Wenn wir lernen, alle Gefühlsstimmungen des Schmeckens zu genießen und sie über den ganzen Körper und selbst jenseits der Grenzen zu verteilen, dann wird Essen zur Begegnung der Sinne mit ihrem Objekt und zu einem Freudenfest des Genießens.

Stellen Sie sich vor:
WIE SIE EINE INNERE SONNE ERZEUGEN KÖNNEN.
Wir können Gefühle ausstrahlen, die uns erwärmen und alles um uns durchdringen, indem wir uns bewusst dafür entscheiden. Die Energie dieser in-

neren Sonnen ist wie eine fließende pulsierende Aura, die uns durchdringt, von uns ausströmt und uns umgibt.

Stellen Sie sich vor:
WIE SEHEN ZUM SCHAUEN WIRD.
Betrachten wir etwas, dann konzentrieren wir uns sanft auf das Objekt, so dass die Form eine Art Gefühl in uns hervorruft. Wenn wir unsere Augen auf diese Weise gebrauchen, dann ermöglichen wir ein ekstatisches Zusammenspiel zwischen inneren und äußeren Energien. Dann wird Sehen zur Schau, zu einem ständigen Ausdruck lebendiger Ganzheit.

Stellen Sie sich vor:
WIE DIE EINÜBUNG IN DAS INNERE GLEICHGEWICHT GELINGT.
Je mehr wir in der äußeren Welt nach Erfüllung suchen, desto mehr verlieren wir den Kontakt zu uns selbst und zu den Empfindungen in unserem Körper: Wir erwarten meist, dass die anderen uns die positiven Gefühle der Freude und des Erfülltseins geben und wir dann darauf reagieren, da unsere alten Gewohnheiten uns Befriedigung dort draußen suchen oder von anderen Mitmenschen erwarten lassen. Wir sind es gewöhnt, zu reagieren, statt zu agieren und selbst Verantwortung für das Geschehen zu übernehmen. Doch indem wir uns entscheiden, die Verantwortung zu übernehmen, antworten wir, bevor wir noch gefragt oder gefordert sind: Wir haben uns entschieden, uns ohne Unterbrechung auf einen Zustand des inneren Gleichgewichts hin zu bewegen und den Zustand der Ausgeglichenheit aus eigener Kraft hervorzubringen.

Stellung nehmen: Ohne gefestigte Haltung, ohne standfeste Position sind alle weiteren Bewegungen unmöglich. Das Bild des chinesischen Schriftzeichens für «Stellung» zeigt eine Person, die zwei Schritte macht. Wenn die Krieger in alten Zeiten trainierten, legten sie großen Wert auf die Körperhaltung. Sie bestanden darauf, dass man nicht schlagen, treten, boxen oder einen anderen Menschen überwältigen kann, wenn man nicht das eigenen Gleichgewicht bewahren und mit den Füßen fest auf dem Boden stehen kann. Ein Krieger achtet darauf, sich nie ohne einen Standpunkt antreffen zu lassen, nie ohne eine Strategie, nie ohne Taktik. Das Üben von Körperhaltungen lehrt uns, dass die eigenen Position gefestigt werden muss, aber nie statisch bleiben darf. Aus der Kenntnis und dem Bewusstsein einer Strategie ergeben sich in jeder Situation Dutzende von Positionen, zu den man sofort übergehen können sollte.
Im Leben muss man, wie beim Üben über Festigkeit und Beweglichkeit zugleich verfügen.
DENG MING-DAO, TAO IM ALLTÄGLICHEN LEBEN

Wie wir mehr Qualität ins Leben bringen können

Wo können wir ansetzen, wenn sich unser Leben zum Besseren wenden soll? Strategien geben uns Wegkarten an die Hand und zeigen uns Möglichkeiten auf, wie wir an jeder Stelle unseres Weges sie einsetzen können.

Das Wesentliche einer Strategie besteht im Wissen, wann und wie man seine Kräfte einsetzt. Das Bild des chinesischen Schriftzeichens für «Strategie» zeigt zwei Hände, die eine Streitaxt halten.
Es ist nicht so, dass die, die dem Tao folgen, niemals Stärke einsetzen.
Doch sie tun es zur richtigen Zeit und am richtigen Ort.
Es ist nicht so, dass die, die dem Tao folgen,
sich nie auf einen Kampf einlassen.
Doch sie tun es als letzten Ausweg.
Es ist nicht so, dass die, die dem Tao folgen, nie den Sieg anstreben.
Doch sie wissen, dass Gewinnen seinen Preis hat.
Deshalb sind die, die dem Tao folgen,
sich stets ihrer Lage und des richtigen Zeitgefüges bewusst.
Müssen Sie handeln, handeln Sie mit dem Ziel zu siegen.
Doch ziehen Sie es vor, in Frieden zu leben, das heißt, nicht einzugreifen.
DENG MING-DAO, TAO IM ALLTÄGLICHEN LEBEN

Übung in vier Schritten:
1. Vergegenwärtigen Sie sich auf möglichst konkrete und sinnliche Weise den Eindruck von Qualität – entweder einer bestimmten Qualität, die Ihnen jetzt gerade fehlt, oder der Qualität an sich, wobei «Qualität» als allgemeiner Begriff eine Steigerung des Guten ist. Achten Sie jedoch darauf, dass «Qualität» in Ihrer Vorstellung nicht ein abstrakter Begriff bleibt, sondern zu einem konkreten Ereignis wird.
2. Ziehen Sie (ganz konkret auf dem Papier um das Wort, oder in Ihrer bildhaften Vorstellung) einen Bannkreis um diesen Eindruck von Qualität, so dass der Eindruck sich nicht verflüchtigen kann sondern wie ein kostbarer Duft oder ein besonderer Glanz eingefangen wird. Indem Sie diesen Eindruck «einkreisen», bannen Sie ihn in eine Form – er wird zur Formel, zum Symbol. Geben Sie dieser Form, dieser Formel, diesem Symbol einen Ort. Nehmen Sie

z.B. einen Stuhl, legen Sie das Papier mit dem Wortkreis darauf, um das Zentrum der Qualität zu markieren, und ziehen Sie wieder einen Kreis darum, z.B. mit Kreide oder einer ausgelegten Schnur. Machen Sie sich dabei den Unterschied zwischen Konkret und Abstrakt bewusst: Machen Sie sich bewusst, wie sich das Konkrete verflüchtigen kann oder in der Vorstellung verschwimmt. Als Abstraktion (als Zauberwort oder Symbol) ist der Begriff «Qualität» losgelöst und unabhängig von seinem zufälligen Auftreten. Allein durch das Denken oder Benennen des Wortes können Sie die Qualität herbei zaubern – allerdings nur, wenn sich die Abstraktion mit einem konkreten Eindruck verbindet. Machen Sie sich also ein Bild von der Qualität, destillieren Sie daraus eine Essenz, ein Elixier. Finden Sie eine Metapher dafür, z.B. das Zauberfläschchen oder eine Schatztruhe, in die Sie die Essenz einschließen, oder finden Sie in Ihrer Vorstellung andere Arten, um die flüchtige Essenz haltbar zu machen.

3. Fragen Sie sich selbst, wo Sie mehr Qualität in Ihrem Leben wünschen und lassen Sie in Ihrer Vorstellung die Essenz dorthin fließen und sich dort auswirken, wo sie am dringendsten gebraucht wird. Wenn nichts zum Fließen kommt, können Sie durch Visualisierung nachhelfen und sich vorstellen, wie Sie die Essenz dorthin tragen und dort ausgießen, wie Nährstoff und Heilwasser. Wenn Sie sich nicht entscheiden können, wo der größte Bedarf ist, können Sie es dem Gefälle überlassen, wohin das Wasser fließen will.

4. Vertrauen Sie darauf, dass Qualität sich durchsetzt und in einem magischen Kreislauf qualitativ (und nicht quantitativ) alles durchdringen und beeinflussen wird. Vertrauen Sie darauf: Wenn einmal die Entscheidung für Qualität gefallen ist, wird diese Entscheidung sich auswirken, auch dort, wo Sie es am wenigsten vermutet oder für nötig gehalten hätten. Stehen Sie von Ihrem «Qualitätsstuhl» auf, treten Sie aus dem «Qualitätskreis» heraus und gehen Sie voller Vertrauen in den Alltag hinein, voller guten Mutes und dazu entschlossen, die ersten Anzeichen einer positiven Veränderung auch in noch so kleinen Details wahrzunehmen. So können Sie den Einfluss der Qualität in Ihrem Leben verstärken.

Bedenken Sie: Es ist möglich, auch solche Kräfte zu nutzen, die sich noch nicht aktualisiert haben. Ein wichtiger Schritt auf dem Weg ist das Als- ob- Tun: Man tut einfach so als ob man schon über die gewünschte Kraft verfüge und sich jetzt schon kräftig fühlt, d.h. in Verbindung mit der Energie steht und den entsprechenden Energiezuwachs erlebt – aufgrund der vorgestellten Kräfte tritt dieser tatsächlich ein, weil in der inneren Abbildung die Landkarte schon erweitert wurde um eben jene Möglichkeiten, die sich schon jetzt auswirken, obwohl sie noch nicht in der äußeren Realität in Kraft getreten sind. Durch das innere In-Kraft-Treten, das in der Vorstellung aktualisiert wird, wird eine

Realisation im Außen vorbereitet und eingeleitet. Es ist, als ob man sich in eine neue Realität hineinträumen würde. Leitfaden für diese Technik des bewussten Träumens ist die Qualität, die den Vorstellungen Leben einhaucht. Durch die «Qualifizierung» der Traumvorstellungen gewinnen diese an Qualität, d.h. Intensität und Präsenz. Sie sind energetisch aufgeladen. Solcherart «qualifizierte Träume» unterscheiden sich grundlegend von abstrakten Gedanken, die wenig anschaulich bleiben und das Unterbewusste nicht zu mobilisieren vermögen.

Zur Quelle des Glücks: Kreativität als Königsweg

Kreativität ist das wichtigste Mittel der Lebenskunst. Durch Kreativität können wir das Leben neu erfinden. Eine kreative Glücks-Strategie heißt: «Den Weg des Glücks-Helden gehen». Was macht einen Helden (eine Heldin) aus?

> **Der Weg des Helden**
> *Ein Held führt an und weist den Weg aus der bequemen Mittelmäßigkeit.*
> *Das Bild des chinesischen Schriftzeichen für «Held» zeigt ein Zeichen,*
> *das wiederum auf ein anderes Zeichen verweist: die Spitze eines*
> *Grashalms ist nicht nur dessen höchster Teil, sondern auch der*
> *Teil der Pflanze, von dem aus die Pflanze weiter wächst.*
> *Niemand kann sich aufmachen, um ein Held zu sein.*
> *Ein Held zu sein heißt, rechtzeitig auf ein Geschenk vorbereitet zu sein*
> *und eine Chance zu ergreifen. Die Zeit eröffnet Ihnen eine Gelegenheit.*
> *Wie Sie dann darauf reagieren, wird darüber entscheiden, ob Sie Ihre*
> *Chance zu nutzen wussten.*
> *Wenn Sie das fertig bringen, sich entgegen aller Wahrscheinlichkeiten in*
> *ihrem Willen zu behaupten und über alle Widrigkeiten zu siegen,*
> *haben Sie in einem seltenen und flüchtigen Augenblick*
> *etwas Besonderes erreicht.*
> *Wer im Mittelmaß bleibt und sich dort einrichtet, entwickelt nie das*
> *Wahrnehmungsvermögen und die Reflexe, die wir brauchen,*
> *um dem Tao zu folgen.*
> *Wenn ein Mensch die Bedeutung eines Augenblicks begreift, die*
> *Gelegenheit wahrnimmt und mit seinem gesamten Wesen darauf*
> *reagiert, kann er sich als Held betrachten.*
> *Das ist die wahre Bedeutung des Heldentums: Wir stellen uns mit allem,*
> *was wir haben, allem, was immer uns auf dem Weg begegnet.*
> DENG MING-DAO, TAO IM ALLTÄGLICHEN LEBEN

Folgende Übung lässt sich als Meditation alleine durchführen, kann aber auch in einer Gruppe gemacht werden. Der anschließende Austausch hilft, die eigenen Probleme und Hürden besser zu erkennen ebenso wie die Hürden anderer Menschen (z.B. der eigenen Kinder, des Partners oder des Kollegen bzw. Chefs) zu verstehen. Notieren Sie sich zu jedem Schritt in der Heldenreise Ihre Beobachtungen, Erinnerungen, Gefühle und Gedanken.

• Ausgangspunkt ist die «BEQUEME MITTELMÄSSIGKEIT» Wählen Sie eine Sitzgelegenheit, die sowohl bequem ist als auch sich in der Mitte Ihrer gewohnten Umgebung befindet und mit der sich Assoziationen wie «Gemütlichkeit», «Geborgenheit», «SICHERHEIT UND KOMFORT» verbinden. Sie können sich diese auch vorstellen (das Sofa im Wohnzimmer, der Ohrensessel vor dem Kamin oder dem Fernsehen, der Schaukelstuhl im Garten oder auf dem Balkon, der Veranda, der Stuhl am Küchentisch) oder eine geeignete Metapher dafür finden wie die sprichwörtliche Bank hinter dem Ofen. Wählen Sie nun eine typische Sitzhaltung, die Ihnen suggeriert, dass Sie nie mehr aufstehen wollen. KUSCHELN Sie sich hinein, VERGRABEN Sie sich, erlauben Sie sich zu VERSACKEN, beobachten Sie, wie Sie dabei vorgehen müssen, um beste Ergebnisse zu erzielen. Für manche Menschen bedeutet es eine richtige Anstrengungen, SICH GEHEN ZU LASSEN und NICHTS ZU TUN. Wenn sie sich sacken lassen, versacken sie nicht nur, sondern versumpfen und kommen nicht mehr aus dem Sumpf heraus. Deshalb machen sie immer weiter, aus Angst, und sitzen auch sie in ihren Gewohnheiten fest, wobei sie dies rastloser Dynamik überspielen. Sie leisten sich keine Muße. Aber auch sie sind in der Mittelmäßigkeit gefangen.

• Der erste Schritt führt HERAUS AUS DER KOMFORTZONE. Sie betreten unbekanntes Gebiet. Sie suchen einen «Inneren Raum», und dazu gehört, aufzustehen, wegzugehen, weg vom Ausgangsort. Auch wenn Sie die Übungen in der Vorstellung machen, sollten Sie jetzt aufstehen bzw. die Körperhaltung verändern. Setzen Sie sich auf einen anderen Stuhl oder ans andere Ende des Sofas, gehen Sie im Raum umher und finden Sie einen Ort, der Ihnen geeignet scheint, um diesen neuen Raum zu markieren. Legen Sie ein Kissen dorthin, setzen Sie sich darauf. Dieser Raum ist zunächst ein LEERRAUM, achten Sie also darauf, dass er leer bleibt. Stellen Sie nicht dieselben alten, gewohnten Ansprüche und Anforderungen an sich selbst, haben Sie keine Erwartungen, die noch aus der Vergangenheit stammen. Seien Sie OFFEN FÜR DAS, WAS JETZT GESCHIEHT. Vor Ihnen liegt ein offener Raum, und die Zukunft beginnt da, wo sich der Raum eröffnet. Von da aus werden Sie wachsen.

• Vergegenwärtigen Sie sich das Gefühl, IN EINEM WACHSTUMSPROZESS zu sein. Sie können sich vorstellen, wie sich neue Zellen bilden, während alte abgestoßen werden. Genau ist es mit den Erfahrungen. Sie machen neue Erfahrungen, fühlen neue Gefühle, fällen neue Urteile, während alte Vor-

Urteile einfach verschwinden. Sie identifizieren sich nicht mehr mit alten Gefühlen. Sie haben neue Ideen. Atmen Sie tief aus, und dann wieder tief ein, wiederholen Sie das bewusste und vertiefte Atmen mehrmals. Sie sind jetzt die SPITZE DES GRASHALMS, Sie sind innerlich an der Stelle, von der aus der Grashalm weiterwächst. Sie sind der Held. Sie wissen, dass es zum Heldentum gehört, sich rechtzeitig auf ein Geschenk vorzubereiten. Wie bereitet man sich auf ein Geschenk vor? Man hebt z.B. die Hände und öffnet sie. Finden Sie eine Körperhaltung, die diese EMPFÄNGLICHKEIT symbolisiert. Stellen Sie sich ein Energiefeld vor, das vor Ihnen liegt, und das Sie betreten können, um teilzuhaben an dieser neuen Energie. Oder stellen Sie sich eine energiegeladene Gestalt vor, die vor Ihnen steht und bereit ist, Ihnen «unter die Arme zu greifen», wenn Sie bereit sind, sich helfen zu lassen.

• Dann machen Sie einen weiteren entscheidenden Schritt nach vorne. Sie treten in das Energiefeld. Sie selbst werden zur energiegeladenen Person, während Ihr Alltags-Ich zurückbleibt – offen für Wunder, empfänglich für den Energieschub. Sie erfahren Ihr Energie-Ich – bei dieser Erfahrung können Sie mit Visualisierung, Phantasie und Vorstellungsvermögen nachhelfen. Sie wissen, dass Sie zum Heldentum ein besonderes Wahrnehmungsvermögen und besondere Reflexe brauchen, die Sie niemals entwickeln würden, wenn Sie in der Identität Ihres Alltags-Ichs und der bequemen Mittelmäßigkeit verharren würden. Je mehr Sie sich hineinfühlen in die neue HELDEN- QUALITÄT, desto bessere Chancen hat diese Qualität, sich jetzt in Ihnen zu MANIFESTIEREN.

• Und nun geben Sie dem Prozess eine entscheidende WENDUNG, mit der Sie sich als Helden-Ich Ihrem Alltags-Ich ZUWENDEN. Wenn Sie als Held immer voraus gehen, kann Ihr Alltags-Ich bald nicht mehr folgen und bleibt zurück. Das Alltags-Ich wird Zuflucht suchen in der bequemen Mittelmäßigkeit, weil es sich abgehängt und ausgeschlossen fühlt. Wenn Sie sich ihm zuwenden wie jetzt, dann fließt die Kommunikation und durch den Informationsfluss kann das Alltags-Ich lernen, was es braucht, um im Alltag ein Held zu werden, d.h. die Bedeutung eines Augenblicks zu begreifen, Gelegenheiten wahrzunehmen, mit seinem ganzen Wesen darauf anzusprechen und so die Chancen zu nutzen, die sich bieten. Sie können körperlich spüren, ob der Austausch zwischen Helden- und Alltags-Ich stattfindet oder nicht. Sie spüren, ob das Alltags- Ich vom Helden-Ich WERTGESCHÄTZT, RESPEKTIERT UND GEACHTET wurde. Sie spüren, ob das Helden-Ich mit seinen Geschenken und Botschaften vom Alltags- Ich ANGENOMMEN wurde. Sie spüren es körperlich. Als Wärme, als Licht, als STRÖMEN, DAS STAU UND STAGNATION AUFLÖST.

- Kehren Sie nun von der «Heldenposition» in die Position des Alltags-Ichs zurück und spüren Sie nach, ob Sie die Geschenke, die Botschaften des Helden-Ich nutzen, ob Sie sich «sich einverleiben» und «verdauen», integrieren können. Ob Sie noch etwas brauchen zu Ihrer Klärung – dann können Sie die Schrittfolge «hinein in die Heldenposition» – «Zuwendung von der Heldenposition aus» – «Rückkehr in die Alltags-Identität» wiederholen. Und auch hier ist die Übung noch nicht zu Ende. Kehren Sie nun von der Alltags-Position in die Position der bequemen Mittelmäßigkeit, Ihrem Ausgangsort, zurück. Schauen Sie von dort noch einmal auf die Stationen Ihrer Heldenreise. Was haben Sie mitgenommen? Was ist unterwegs verloren gegangen? Was hat sich verändert?

- Schließen Sie die Übung mit einem Auftrag an Ihr Unterbewusstsein ab: Immer wenn Sie in der bequemen Mittelmäßigkeit zu versacken drohen, wird Ihnen das Unterbewusstsein einen Anstoß dazu geben, aufzustehen und aus der Komfortzone herauszutreten. Raus aus dem Schlucker-Dasein. Etwas Heldenhaftes wagen. Mit einem Ruck. Ruck-Zuck.

Profit: *Wer geschickt die kleinsten Details dessen, was gerade und um einen herum passiert, kennt und für sich als Vorteil erkennt, hat tatsächlich einen Vorteil, der manchmal an Wunder zu grenzen scheint.*
Dabei macht er sich nur die natürlichen Ereignisse zu nutze.
Das Bild des chinesischen Schriftzeichens für «Vorteil» zeigt ein Gefäß: Wasser fließt in Fülle über. Eine Metapher für Profit:
Profit ist das, was von dem Überflüssigen im Gefäß überbleibt.
Die, die dem Tao folgen, schärfen ihre Wahrnehmung für das Gleichgewicht der Kräfte und beeinflussen es entsprechend der ihren offenstehenden Möglichkeiten.
Sie entwickeln eine Strategie und können so ihre Energie bewahren, eben weil sie das Tao kennen.
DENG MING-DAO, TAO IM ALLTÄGLICHEN LEBEN

Nachwort: Zur Aktualität des ökologischen Denkens

Entgegen eines weitverbreiteten Vorurteils hat Ökologie nicht mit Verzicht zu tun, sondern mit einem Zuwachs an Kraft, der aus einer übergreifenden Sicht der Dinge resultiert. Der Taoismus hat ein solches Denken aus einer ökologischen Perspektive entwickelt und gewinnt auch im Westen zunehmend an Beachtung. In Abgrenzung zum traditionellen Harmonie-Ideal soll hier das Modell einer dynamischen Ökologie vorgestellt werden. In ihr sind der Energiefluss und die Stärke der jeweiligen Position im System die entscheidenden Kriterien. Glück ist etwas, das sich nicht planen lässt. Aber stetige Standortbestimmung (Was mache ich hier?) und das Überprüfen der eigenen Glücksvorstellungen (Und was macht das mit mir?) geben im Leben Orientierung und Selbstvertrauen. Ich hoffe, dass dieses Buch als Einstiegshilfe dient und danke Franz Redl, der mich mit der Fünf-Elemente-Lehre der TCM vertraut machte und mit dem mich eine lange Zusammenarbeit verbindet. Dank vor allem auch Monika Lederer. Sie hat im Rahmen ihres Horizont- Beratungs- Konzepts das ökologische Phasen-Modell entwickelt.

> *Himmel:*
> *Der Horizont ist nur das vorläufige Ende der Welt.*
> *Der Himmel geht weiter darüber hinaus.*
> *Das Bild zeigt eine oberste horizontale Linie. Das ist der Horizont.*
> *Darunter steht der Mensch.*
> *Der Himmel ist immer größer als der Mensch.*
> *Die Alten deuteten mit einer Hand zum Himmel*
> *und mit der anderen zur Erde.*
> *Diese Geste stellt den Menschen an seinen Platz*
> *zwischen Himmel und Erde.*
> DENG MING-DAO, TAO IM ALLTÄGLICHEN LEBEN

LITERATURANGABEN

AOYAMA Shundo, Pflaumenblüten im Schnee. Gedanken einer japanischen Zen-Meisterin. *Theseus Verlag Berlin 2002*
BLOFELD John, Der Taoismus oder Die Suche nach Unsterblichkeit. *Diederich Verlag München 1991*
BLOFELD John, Das Geheime und das Erhabene. Mysterien und Magie des Taoismus. *Diederich Verlag München 1988*
BLOFELD John, Eine Reise von tausend Meilen beginnt mit einem Schritt. *O.W. Barth Verlag Bern 1990*
CHANG; Garma C.C.: Die buddhistische Lehre von der Ganzheit des Seins. *München 1989*
CSIKSZENTMIHALY Mihaly, Lebe gut! *Dtv Verlag München 2001*
DENG Ming-Dao, Tao im alltäglichen Leben. *Goldmann Verlag München 1996*
DIOLOSA Claude, in: Die Welt der Fünf Elemente. *Bacopa Verlag 2000*
ELIAS Jason und Katherine Ketcham, Selbstheilung mit den Fünf Elementen. Das Standardwerk der chinesischen Heilkunde. *O.W. Barth Verlag 1998*
FISCHER Theo, Lass dich vom Tao leben. *Rowohlt Verlag Reinbek 2000*
FONTANA Dr. David, Kursbuch Meditation. *O.W. Barth Verlag Bern 1994*
GOLDSTEIN/ KORNFIELD, Einsicht durch Meditation. *O.W. Barth Verlag Bern1987*
HOFFMAN Kay, Das Anima-Orakel. *Bacopa Verlag 2001*
HOFFMAN Kay, Der begeisterte Körper – Play Ecstasy. *Bruno Martin Verlag 1993, bei Werner Pieper, Verlagsversand Der Grüne Zweig, erhältlich. Bestellungen unter: 0049.(0)6201.65791, www.gruenekraft.net*
HOFFMAN Kay, Im Tao der Gefühle, *Anarche Verlag Inning 1996*
LAM KAM CHUEN; Chi Kung, Weg der Heilung. Wie Sie Ihre Gesundheit und Heilkräfte stärken. *Joy Verlag Sulzberg 1999*
LAUXMANN Frieder, Wonach sollen wir uns richten? Ethische Grundmodelle von den Zehn Geboten bis zum Projekt Weltethos. *Kreuz Verlag Stuttgart 2002*
KOPP Wolfgang: Befreit euch von allem. *Interlaken 1994*
MINTZBERG Henry, Strategy Safari. Eine Reise durch die Wildnis des strategischen Managements. *Ueberreuther Verlag Frankfurt 1999*

MOORE Thomas, Die Seele lieben. *Knaur Verlag München 1992*
REDL Franz, (Hrsg.) Die Welt der Fünf Elemente.
   Bacopa Verlag 2000
ROCKWELL Irini, Die fünf Weisheits- Energien. Selbsterkenntnis und
   Menschenkenntnis wie Buddha. *Integral Verlag München 2002*
ROMHARDT Kai, Wissen ist machbar. 50 Basics für einen klaren
   Kopf. *Econ Verlag München 2001*

KONTAKTADRESSEN

Kay Hoffman, Bodymind-Coaching
Freischützstr.110/803
D- 81927 München
0049.(0)89.952336
www.bodymind-coaching.de

Dr. Monika Lederer, Horizont-Coaching
Neubeuernerstr.8
D- 80686 München
0049.(0)89.572336
www.team-workshop.de

Franz Redl, E-Motions & Visionquest
Im Shambhala Tai-Chi Zentrum Wien
www.shambhala.at

MUSIK

Eine Musik, passend zu den Fünf Elementen und dem Tao-Modell des Selbstmanagements:
«Die Fünf Jahreszeiten – Musik für Tanz und Trance" im Verlag «Pilgrim of Sounds» RichArt München 2004, auch zu beziehen über Bacopa Versand, CD: ca. 55 Min, EURO 19,90

Bücher aus dem BACOPA Verlag

Hoffman Kay
Anima-Orakel. Westliche Erkenntnisse der Tiefenpsychologie und die östliche Weisheit im Orakelbuch des Yijing

Das metaphysische Bedürfnis; Kernaussagen über das Anima-Orakel; Anima-Ausführungen über die Seele; Wenn die Seele sich zum Rätsel wird; Landschaften des Phantastischen; Die Seele und ihre Zeit, ihr Raum; Die Chiffrensprache des Orakels; Naturelemente; Kultursymbole; Das Orakel-ein Kosmos in sich.

233 Seiten, brosch.
ISBN 3-901618-07-4 € 25,00

Sabernig Katharina
Tiger bändigt Drachen

Lebendig, nachvollziehbar, praxisorientiert – so beschreibt die Autorin das medizinische Weltbild Chinas von den Anfängen bis zur Gegenwart. Ärzte, Patienten und interessierte Laien finden hier unter anderem die Antwort darauf, warum die hohe Ethik konfuzianischer Ärzte es ihnen eher nahe legte, ihren Finger mahnend zu erheben, als tatsächlich am Patienten Hand anzulegen.

268 Seiten, Abb., geb.
ISBN 3-901618-11-2 € 29,00

Redl Franz P. (Hrsg.)
Die Welt der Fünf Elemente

Anwendungsbereiche in Theorie und Praxis: Akupunktur, Ernährung, Psychologie, Philosophische Praxis und NLP, Qigong, Taji, Tanz und Bewegung. Mit Beiträgen von: Zhi Chang Li, Claude und Ina Diolosa, Hans-Peter Siebler, Wilhelm Mertens, Gitta Bach, Franz P. Redl, Achim Eckert, Johannes Romuald, Kay Hoffmann

224 Seiten, zahlr. Fotos/Abb., 2. Auflage
ISBN 3-901618-04-X € 29,00

Eckert Achim
Das heilende Tao. Die Lehre der fünf Elemente
Basiswissen für Qi Gong und Tai Ji, Akupunktur und Feng Shui.

Der zum Standardwerk über die chinesische Fünf-Elemente Lehre avancierte Longseller jetzt in neu bearbeiteter, vierfarbiger illustrierter Fassung. Liegt ein Ungleichgewicht der Elemente vor, so bringen die vorgestellten einfachen, aber wirkungsvollen Übungen das Zusammenspiel der Elemente wieder in Harmonie. (aus H. Bauer Verlag)

158 Seiten, farbige Abb., brosch.
ISBN 3-7626-0869-5 € 20,60

Bücher aus dem BACOPA Verlag

Fehlinger Walter (Hrsg.)
Shaolin Kung Fu – Bildband

Erster deutschsprachiger Bildband über die Shaolin-Mönche mit einzigartigem Bildmaterial. Aus dem Inhalt: Einleitung; Chan-Buddhismus und Shaolin-Kungfu; Erleuchtung durch Selbstschulung; Dreizehn Shaolin- Mönche retten den Tang-Kaiser; Die 72 Künste des Shaolin; Meditation, Hartes Training und Ausdauer bestimmen den Weg und Die Lehre des Buddha ist grenzenlos.

121 Seiten, durchgehend vierfarbig, brosch.
ISBN 3-901618-00-7   € 21,63

Grolle-Moscovici Daniel
"Tai Chi Verstehen". – Der Spielweg zu den Quellen der ursprünglichen Freiheit

Die Tai Chi Quan Kurzform nach Cheng Man Ching
Es erscheinen zunehmend Taiji-Bücher, die sich differenzierter mit Teilaspekten des Taiji beschäftigen. Ein Buch, das eingehend Form und Inhalt einer Taijiform vermittelt, gab es bislang nicht. "Tai Chi Verstehen" setzt einen neuen Standard in der Darstellung und Vermittlung des Taiji und verspricht ein "Taiji Klassiker" auf lange Sicht zu werden.

ca. 240 Seiten, durchgehend vierfarbig, geb.
ISBN 3-901618-16-3   € 35,00

Sari Laszlo (Hrsg.)
Shulazi Morgengespräche im Kloster des Abtes Linji

"Wäre er nicht buddhistischer Mönch geworden, so sicherlich Räuberhauptmann" - behaupteten Biographen über Abt Linji, einen Meister des chinesischen Buddhismus. Die Morgengespräche sind geprägt von erstaunlichen Fragestellungen und Antworten, von Schlussfolgerungen, die ein unbeschwertes, fehlerloses philosophisches System bilden, und behandeln immer das Wesentliche, die großen Fragen des Seins und der Erlösung.

242 Seiten, geb., Lesebändchen
ISBN 3-901618-14-7   € 20,00

Wu Runjin
**Übungen für ein gesundes Leben.
Qigong aus der Traditionellen Chinesischen Medizin**

Dies ist das erste Lehrbuch aus einer Serie von Videos vom Meister Wu Runjin. Die Funktion der Übungen und die Hintergründe der jeweiligen Qigongfamilie können in einem Buch auch ausführlich vermittelt werden. Man kann dieses Buch auch ohne Video benützen, mit den Fotos ist bereits ein hoher Grad an Anschaulichkeit erreicht.

101 Seiten, vierfarbig, Spiralheftung
ISBN 3-901618-12-0   € 21,00

Bücher aus dem BACOPA Verlag

Ploberger Florian
Tibetische Medizin

Dieses Buch vermittelt einen tiefen Einblick in die tibetische Medizin. Das Jahrhunderte alte Wissen der Tibeter um Heilung ist untrennbar mit buddhistischen Werten verbunden. In diesem Buch wird dieses alte Heilsystem anschaulich erläutert. Persönliche Erfahrungen, Interviews mit zeitgenössischen, tibetischen Ärzten sowie Abbildungen tibetischer Thankas (tibetische Malereien) runden den Inhalt ab.

ca. 180 Seiten, zahlreiche farbige Abbildungen, gebunden
ISBN 3-901618-17-1   € 38,00

Ploberger Florian
Diagnostik und Therapie. Fallbeispiele aus der Praxis der TCM

Vermittelt einen tiefen, persönlichen Einblick in die Arbeit eines Arztes der TCM. Anhand von Fallbeispielen werden Krankheitsbilder und ihre Differentialdiagnosen aus Sicht der TCM beschrieben und Behandlungsmöglichkeiten erläutert. Bei jedem Fall wird die Anamnese sowie der Zungen- und Pulsbefund eines Patienten anschaulich beschrieben. Plus zahlreiche Anmerkungen und Tipps aus dem Praxisalltag.

ca. 180 Seiten, gebunden
ISBN 3-901618-18-X   € 29,00

Ploberger Florian
Westliche Kräuter aus Sicht der Traditionellen Chinesischen Medizin

Beschreibt bei uns im Westen vorhandene Kräuterso, wie sie in China beschrieben werden würden. Jedes der ungefähr 150 Kräuter wie zum Beispiel Rosmarin, Basilikum, Frauenmantel, Erdrauch, Enzian, Hirtentäschel, Liebstöckl usw. wird mit deutschem und lateinischem Namen, thermischer Wirkung, Geschmack und Organzuordnung beschrieben. Vorwort von Claude Diolosa.

3. Auflage, 255 Seiten, zahlreiche farbige Abb., gebunden
ISBN 3-901618-05-8   € 29,00

Ploberger Florian
Rezepturen aus westlichen Kräutern für Syndrome der TCM

Hier werden Rezepturen für Syndrome der TCM wie zum Beispiel der Nieren-Yang-Mangel oder die Leber-Qi-Stagnation beschrieben. Bei jedem der Syndrome werden die Ursachen, Syndrome sowie Zungen- und Pulsbefund abgehandelt. Die Kräuter stammen aus mitteleuropäischen Ländern. Eine gute Ergänzung zum ersten Werk des Autors : "Westliche Kräuter aus Sicht der Traditionellen Chinesischen Medizin"

247 Seiten, brosch.
ISBN 3-901618-09-0   € 29,00

Bücher aus dem BACOPA Verlag

Ploberger Florian
Lehrtafel: Wuxing Die Fünf Wandlungsphasen: PATHOLOGIE

Auf einen Blick lassen sich hier Fütterungszyklus, Erschöpfungszyklus, Kontrollzyklus und Verletzungszyklus erkennen. Krankheiten und ihr Verlauf lassen sich so wunderbar erklären. Um ein gutes Verständnis zu gewährleisten, befindet sich zusätzlich zur Graphik eine Tabelle im unteren Bereich der Wandtafel. Sie beinhaltet die üblichen Zuordnungen zu den Fünf Elementen und geht speziell auf die psychischen Aspekte ein.

Poster 59,4 x 84 cm, Vierfarbdruck, Versandrolle
ISBN 3-901618-02-3   € 23,26

Ploberger Florian
Lehrtafel: Wuxing Die Fünf Wandlungsphasen: PHYSIOLOGIE

Stellt die Fünf Wandlungsphasen in ihrer physiologischen („normalen") Weise dar. Bewegungsrichtung, Jahreszeiten, Tageszeiten, Himmelsrichtung und die Pulsqualitäten zu den Jahreszeiten lassen sich auf einen Blick ablesen. Auch die Übergangsphasen, basierend auf dem alten chinesischen Kalender, sind gut zu erkennen.

Poster 59,4 x 84 cm, Vierfarbdruck, Versandrolle
ISBN 3-901618-03-1   € 23,26

▶ *Setpreis für beide Tafeln zusammen, Bestell.-Nr. 18032:* € 42,00

Schaffar Gottfried und Ulrike
Einstieg in die Phytotherapie und praktischer Einsatz der Traditionellen Europäischen Medizin

Einfacher Leitfaden, wie Pflanzenwirkstoffe einfach und effektiv ausgewählt und eingesetzt werden können. Ohne Botanik und Philosophie werden Auswahlhilfen und Tabellen zur schnellen und praktischen Auswahl angeboten. Eine Einführung in bewährte Anwendungen sowie eine Erläuterung der Gemmotherapie ergänzen den Inhalt.

ca. 140 Seiten, ca. 12 Abbildungen, viele Tabellen, spiralisiert
ISBN 3-901618-20-1   € 21,50

Renz Gottfried
**Traditionelle Chinesische Medizin.
8 Lehrtafeln vierfarbig, Übersichtswerk für Ausgebildete**

Übersichtswerk für Ausgebildete. Dieses Werk ist in der ganzen TCM einmalig! Mittels graphischer Darstellung und Textminimierung bis zum Äußerstmöglichen konnten die einzelnen Kapitel im Wesentlichen auf jeweils eine Schautafel komprimiert werden.

8 Lern- und Lehrtafeln vierfarbig, Format ca. 30 x 45cm mit Hülle
ISBN 3-901618-06-6   € 71,00

Bücher aus dem BACOPA Verlag

Manné Joy
Soultherapy - Seelentherapie.
Die Seele braucht keine Therapie, wir brauchen Seelentherapie

Joy Manné hat den Doktor in Psychologie und PhD in Buddhistischer Psychologie und ist ein Gründungsmitglied des International Breathwork Foundation IBF. Sie beeinflusste massgeblich die Etablierung der Professionalisierung und der professionellen Standards in der Atemarbeit auf jeder Ebene.

207 Seiten, gebunden
ISBN 3-901618-15-5   € 25,00

Schaffar Gottfried und Ulrike
Einstieg in die Phytotherapie und praktischer Einsatz der Traditionellen Europäischen Medizin

Einfacher Leitfaden, wie Pflanzenwirkstoffe einfach und effektiv ausgewählt und eingesetzt werden können. Ohne Botanik und Philosophie werden Auswahlhilfen und Tabellen zur schnellen und praktischen Auswahl angeboten. Eine Einführung in bewährte Anwendungen sowie eine Erläuterung der Gemmotherapie ergänzen den Inhalt.

ca. 140 Seiten, ca. 12 Abbildungen, viele Tabellen, spiralisiert
ISBN 3-901618-20-1   € 21,50

Miriam Wiegele
Kräuterelixiere – Die selbstgemachte Hausapotheke

In einer Zeit, in der Krankheiten neu entstehen wird es wichtig, neue Heilmittel zu suchen. Die altbekannten und auch die vergessenen Heilpflanzen könnten hier zu einer therapeutischen Vielfalt verhelfen. Miriam Wiegele verfügt über fundierte Kenntnisse vieler alternativer Heilmethoden. Ihr Spezialgebiet ist die Kräuterheilkunde, dieses Buch versteht sie als flammenden Appell, die Heilkräfte der Pflanzen wieder richtig zu nutzen.

166 Seiten, zahlreiche farbige Abbildungen, gebunden
ISBN 3-901618-21-X   € 20,60

Schmidt Wolfgang G. A.
CD-ROM, Der Klassiker des Gelben Kaisers zur Inneren Medizin

Im Gegensatz zu anderen Werkausgaben in westlichen Sprachen finden Sie hier das komplette Gesamtwerk in allen drei Teilen, das direkt aus dem klassischen Urtext übersetzt, eingeleitet und ausführlich kommentiert und mit einem ausführlichen Registerteil, der u.a. auch drei chinesisch-deutsche Glossare enthält, versehen wurde.

ISBN 3-901618-10-4   € 30,00

Alle Seitenangaben, Preise etc. vorbehaltlich Satzfehler

Fordern Sie bitte unseren Gratiskatalog an!
BACOPA Handels- und Kulturges.m.b.H. / Verlag – Bildungszentrum – Versand

Waidern 42, 4521 Schiedlberg/Austria, Tel.: +43 (0)7251-22235; Fax: DW -16
e-mail: bookstore@bacopa.at, Web: www.bacopa.at